安徽省教育厅人文社会科学重点研究基地重点研究项目
"皖北民俗语言研究"(2010sk328zd)成果

皖北民俗语言概观

高 群 胡习之 著

中国科学技术大学出版社

内容简介

民俗是民间流行的风尚、习俗,是群体共同创造或接受并共同遵循的民间文化模式。民俗产生于民间,传承于民间,深藏在民众的行为、语言和内心中,并规范着民众的行为。本书从皖北方言入手,运用民俗语言学的理论、方法,从民俗学、语言学、文化学等角度,探讨皖北灿烂的地域历史文化之中色彩斑斓的民俗语言文化。

本书为安徽省教育厅人文社会科学重点研究基地重点研究项目"皖北民俗语言研究"的研究成果,内容包括:皖北语言民俗,皖北"数"语俗,皖北语讳、口彩与隐语行话,皖北谚语、歇后语,皖北酒文化中的民俗语言等。

图书在版编目(CIP)数据

皖北民俗语言概观/高群,胡习之著. —合肥:中国科学技术大学出版社,2018.1
ISBN 978-7-312-04327-7

Ⅰ.皖…　Ⅱ.①高…②胡…　Ⅲ.江淮方言—研究—安徽　Ⅳ.H172.4

中国版本图书馆 CIP 数据核字(2017)第 235965 号

出版	中国科学技术大学出版社 安徽省合肥市金寨路 96 号,230026 http://press.ustc.edu.cn https://zgkxjsdxcbs.tmall.com
印刷	安徽省瑞隆印务有限公司
发行	中国科学技术大学出版社
经销	全国新华书店
开本	710 mm×1000 mm　1/16
印张	15.75
字数	292 千
版次	2018 年 1 月第 1 版
印次	2018 年 1 月第 1 次印刷
定价	48.00 元

目 录

第一章 引论 ······ （1）
  一、皖北地区概况 ······ （1）
  二、民俗语言 ······ （5）
  三、皖北民俗语言 ······ （5）
  四、研究角度与基本内容 ······ （6）

第二章 皖北语音民俗 ······ （7）
  一、皖北读音民俗 ······ （7）
  二、皖北谐音民俗 ······ （23）

第三章 皖北语法民俗 ······ （42）
  一、色彩纷呈的词法现象 ······ （42）
  二、独具特色的句法现象 ······ （52）

第四章 皖北方言语汇与民俗 ······ （61）
  一、皖北饮食语汇与民俗 ······ （61）
  二、皖北婚丧生诞语汇与民俗 ······ （71）

第五章 皖北地名、人名语俗 ······ （75）
  一、皖北地名语俗 ······ （75）
  二、皖北人名语俗 ······ （88）

第六章 皖北称谓与"数"语俗 ······ （98）
  一、皖北称谓语俗 ······ （98）
  二、皖北"数"语俗 ······ （104）

第七章 皖北语讳、口彩与隐语行话 ······ （109）
  一、皖北语讳 ······ （109）
  二、皖北口彩 ······ （114）
  三、皖北隐语行话 ······ （120）

第八章　皖北谚语、歇后语 ……………………………………… (126)
一、皖北谚语、歇后语的类型 ……………………………………… (126)
二、皖北谚语、歇后语中的衣食住行习俗 ………………………… (128)
三、皖北谚语、歇后语中的婚丧喜庆习俗 ………………………… (133)
四、皖北谚语、歇后语中的节日习俗 ……………………………… (135)
五、皖北谚语、歇后语中的行业习俗 ……………………………… (139)
六、皖北谚语、歇后语中的佛教与道教信仰习俗 ………………… (142)
七、皖北谚语与汉民族传统文化心态 ……………………………… (144)

第九章　皖北酒文化中的民俗语言 …………………………… (149)
一、"酒"字、酒词 …………………………………………………… (149)
二、皖北酒俗 ………………………………………………………… (155)
三、皖北酒宴习俗 …………………………………………………… (161)
四、阜阳酒歌与酒文化 ……………………………………………… (173)

附录　皖北谚语、歇后语辑录 ………………………………… (183)
一、皖北谚语 ………………………………………………………… (183)
二、皖北歇后语 ……………………………………………………… (222)

参考文献 ……………………………………………………………… (242)

后记 …………………………………………………………………… (244)

第一章 引 论

一、皖北地区概况

"皖北"一词由来已久,早在清代就已经约定俗成指安徽长江以北地区。在清代名臣曾国藩的家书中,"皖北"一词就多次出现,如他在同治二年(1863年)三月初四日家书中说:"目下皖北贼犯湖北,皖南贼犯江西,今年上半年必不安静,下半年或当稍胜。"同年六月初一日,他在家书中说:"苦攻无益,又以皖北空虚之故,心急如焚。我弟忧劳如此,何可再因上游之事,添出一番焦灼。"曾国藩家书中的"皖北"指的就是安徽长江以北地区。不过在当今,"皖北"常指安徽省淮河以北地区,有时又指安徽省沿淮及淮河以北的地区,范围大小不完全相同。

本书所说的"皖北"主要是指安徽省淮河以北地区,东靠江苏,西连河南,南接皖中,包括20世纪七八十年代人们常说的淮北、濉溪、亳州、涡阳、利辛、蒙城、阜阳、界首、颍上、临泉、阜南、太和、凤台(在新中国成立后凤台县长时间划属阜阳市,1977年1月20日起划属淮南市管辖)、宿县、砀山、萧县、泗县、灵璧、固镇、五河、怀远及横跨淮河两岸的蚌埠在内的二十多个县市。按照当前的行政区划,皖北地区主要指阜阳市、亳州市、宿州市、淮北市及蚌埠市5个地级市所辖区域。阜阳市现辖颍州、颍东、颍泉3区和太和县、临泉县、阜南县、颍上县4县以及县级界首市,亳州市现辖涡阳县、蒙城县、利辛县及谯城区3县1区,宿州市现辖砀山县、萧县、灵璧县、泗县和埇桥区4县1区,淮北市现辖濉溪县、相山区、杜集区、烈山区1县3区,蚌埠市现辖龙子湖区、蚌山区、禹会区、淮上区和怀远县、固镇县、五河县3县4区。皖北地区土地面积约为3.67万平方千米,约占全省总面积13.94万平方千米的26.33%。

皖北地区的自然地貌以平原为主,除濉河以北和沿淮散布有小片或孤立的丘陵外,地面均为由淮河、黄河及淮河诸支流的沉积作用所形成的平原。在北部和西北部,其由近代黄河及其决口泛滥所形成,为典型黄泛平原的一部分,其中高滩地、决口扇、倾斜地、洼地交织错布。在中部和南部,其由淮河及其多条平行支流形成,地面除以1/7500~1/12000的坡度自西北向东南倾斜外,地势又多沿岸高起,河间地区形成众多半封闭状洼地,形成了平原之中岗、坡、洼地相间分布,小区地形起伏跌宕,具有"大平小不平"的地貌特征。皖北地区平原地貌适宜旱农业,旱、杂粮为皖北地区粮食生产的主体,主要品种有小麦、大麦、红薯、玉米、高粱、大豆、绿豆、豌豆等。

皖北地区地处黄河以南和秦岭淮河以北的中原地带,历史悠久,属于中华民族的发祥地,很早就有居民。据史书记载,在春秋前期本地区就有"淮夷""徐""胡""许"等古国。《通志·氏族略》:"淮夷小国,其地今淮甸,在江淮地区。创造相当高的地方文化,与建都中原的夏、商、周历代王朝都有交往,或友好顺从,或武装反抗。"《诗经·鲁颂》:"明明鲁侯,淮夷攸服";"既克淮夷,孔淑不逆";"式固尔犹,淮夷卒获";"憬彼淮夷,来献其琛";"淮夷来同,鲁侯之功"。与山东的杞(今安丘东北)、鄫(今苍山西北)及鲁禧公发生过战争,之后,淮夷与鲁国修好,直到春秋末年,仍然保持着相当的实力,参与大国争霸的斗争。"徐",故城在今泗县西北25千米,与淮夷的关系密切,曾多次联合起来共同抗周。"胡",归姓,在今阜阳市治。"许",姜姓,与周的关系密切,开国君主文叔,故城原在河南许昌东,公元前576年迁今河南叶县南,鲁昭公九年(前533年)迁今亳州市谯城区东南35千米的城父集。秦以前先后有"州来""蔡""宿""亳"等古国及古都。"州来"在今凤台县治,为淮河中游战略要地。"蔡"原在河南上蔡,后楚王伐蔡,蔡在鲁哀公二年(前493年)迁往今凤台,是为下蔡。"宿",在今宿州市,《元和郡县志》载为春秋宋人迁宿之地。元和四年(809年),析徐州之符离、蕲县与泗州之虹县置宿州,"取古宿国为名也"。"亳"为古都,《史记·殷本纪》注认为:汤都南亳,故城在今商丘南。汤受命置地为北亳,在今商丘北。今商丘南,即为亳州。据《亳州志》记载:城东北二里有汤陵,俗称汤王墓。

秦汉时期,先后分别在皖北地区设有县、郡,如:"符离",秦置县,治所在今宿州市埇桥区东北;"下邑",秦置县,治所在今砀山县;"谯县",秦置县,治所在今亳州市谯城区,东汉时(208年)为谯郡治所;"洨县",西汉置县,治所在今固镇县东;"铜阳",西汉置县,治所在今临泉县西北鲖城。"砀郡",秦置,治所在砀县(今河南永城县境),辖境相当于今河南开封、通许以东,永城以北,山东曹县、嘉祥以南和安徽砀山、亳州市谯城区等地。西汉高帝五年(前202年)改为梁国,都睢阳(今河南商丘市),在今皖北地区设杼秋(今萧县境)、下邑(今砀山县境)2县。"楚国",西汉高帝置,都彭城(今江苏徐州市),辖境相当于今皖北宿州市埇桥区、濉溪县北部及与江苏、山东临近地。东汉章和二年(88年)改为彭城国。"沛郡",西汉高帝四年(前203年)置,治所在相县(今濉溪县境),平帝辖境相当于今安徽淮河以北、西淝河以东、濉河以西及河南东部、江苏北部地区，在今安徽省境内设20个县，其中皖北地区有铚（今濉溪境）、蕲（今宿州市埇桥区境）、萧（今萧县境）、夏丘（今泗县境）、洨（今萧县境）、虹（今五河县境）、下蔡（今凤台县境）、城父（今亳州市谯城区境）、山桑（今蒙城县境）及郸（今涡阳县境），东汉建武二十年（44年）改为国。魏晋南北朝时期分别在皖北地区设有"汝阳·弋阳"郡（今阜阳市城区）、"新蔡"郡（辖境在今临泉与河南临近地）、"南谯"（今蒙城县境）、"徐州"（辖境包括今濉溪、萧县、宿州市埇桥区、亳州市谯城区等地）。

隋唐以后，在皖北地区设置的行政区划主要有"徐州""亳州""宋州""宿州""颍州"等。"徐州"，隋开皇初置，大业改为彭城郡，辖境包括今萧县、濉溪、宿州市埇桥区、灵璧、怀远、固镇等县地。唐、宋、元均置徐州，辖境含今萧县地。明置徐州，辖境含今萧县、砀山2县。清雍正十一年（1733年）置徐州府，治所在今江苏徐州市，今皖北地区萧县、砀山属之。"亳州"，北周末改南兖州，治所在小黄（今亳州市谯城区）。隋大业间改谯郡，唐武德时改亳州，唐治所在谯县（今亳州市谯城区），辖境相当于今皖北的亳州市谯城区、涡阳、蒙城及河南鹿邑、永城等地。历北宋、金、元。明初以州治谯县省入，降为县，弘治九年（1496年），复升为州。清不辖县。1912年改为县。元末刘福通起义，立韩林儿为帝，曾建都于此。"宋州"，隋开皇十六年（596年）置，大业初改梁郡。唐武德四年（621年）复改宋州，治所在宋城（今河南商丘境）。领10县，今皖北境设砀山1县，五代梁、唐、晋、汉、周因之。"宿州"，唐元和四年（809年）置，治所在虹县（今泗县）。大和七年（833年）移治于埇桥（今宿州市埇桥区），领4县：苻离（今宿州市埇桥区）、蕲（今宿州市埇桥区）、临涣（今濉溪县）、虹（今泗县）。历五代、北宋、金、元、明；清宿州不领县，属安徽省；1912年改州为县。"颍州"，北魏孝昌四年（528年）置州，北齐废，唐初复置，治所在汝阴（今阜阳市）。辖境相当于今皖北阜阳、颍上、阜南、太和、界首、临泉及河南临近地。五代因之。北宋政和中改为顺昌府。金复改为颍州，元、明因之。清顺治初属凤阳府。雍正十三年（1735年）升为府，治所在阜阳县（今阜阳市市区），领阜阳、颍上、霍邱、亳州（今亳州市谯城区）、太和、涡阳、蒙城7县。

清康熙六年（1661年）才正式置安徽、江苏2省，1932年设立10个行政区，今皖北地区多数县市分属6区、7区，1938～1942年设9个行政督察专员区，今皖北地区多数县市分属第3区和第4区。中华人民共和国成立后，将江苏省萧县、砀山划归安徽省，即成今日皖北地区现状。

皖北地区历代人口有增有减，增大于减，汉初人口较少，汉武帝曾两次下令从北往南移民于江淮之间，皖北地区人口也有所增加。唐至宋人口变动不大。

据葛剑雄等研究,经过元末战争,整个北方人口密度急剧下降,根据《元史·地理志》和《新元史·地理志》的记载测算,安徽省长江以北地区每平方千米平均不超过10人。淮河两岸是元末农民战争的首义之区,人口损失十分严重,每平方千米不足5人。所以明初朱元璋为了恢复和开发淮河流域的经济,开始组织向淮河两岸移民,移民有的来自南方的江苏、浙江,也有的来自北方的山西、山东。明洪武年间宿州、灵璧两地北方移入人口占当地总人口的80%,主要是来自山西北部的移民。宿州、怀远以西地区是山东人移民点,其间也夹杂由一些来自江南的江西移民,移民数占当地总人口的71.1%。江浙、皖南人北移,因社会生活习惯原因,多不过淮北,定居淮河南岸。所以淮河以北地区居民多是山东、山西移民的后裔。清代自顺治及康雍乾嘉时期,政治比较安定,农业连年丰收,人口急剧增长。

截至2014年,皖北地区人口约为2922.4万(阜阳市约为1056万,亳州市约为634.4万,宿州市约为651.66万,淮北市约为215.3万,蚌埠市约为371.1万),约占全省总人口6082.9万的43.7%,是安徽省人口密度最大的地区。皖北地区绝大多数为汉族,其余少数民族主要聚集在淮河沿岸和豫皖接壤地区,主要有回族、满族、蒙古族、藏族、维吾尔族、彝族、壮族、布依族、傣族、羌族等民族。①

皖北地区最具代表性的文化为淮河文化。淮河发源于河南省桐柏山,流经河南、安徽、山东、江苏4省,流域面积达26万平方千米,在安徽境内(主要在皖北地区)流域面积有6.4万平方千米,干流长约1000千米,流经安徽境内(主要在皖北地区)长约430千米。皖北境内河流均属淮河水系。淮河是我国南北方重要的地理分界线,其独特的地理位置与人文环境,使得淮河文化成为了南方文化(吴越文化、荆楚文化)与北方文化(中原文化)之间的过渡文化带,造成淮河文化具有兼容性和过渡性的特点。就皖北地区的淮河地缘文化而言,它是在融合中原文化、江淮文化基础上形成的一种区域文化,曾经孕育出中华文化奠基人的老子、庄子、管子、闵子骞等先哲,以及"三曹父子""竹林七贤"等文学艺术的巨擘。

皖北地区方言绝大部分属中原官话,只有极小部分(蚌埠市南部及怀远县城区)属江淮官话。其沿淮地区方言处于中原官话和江淮官话的过渡地带,语音方面除了普遍存在的韵母、声调方面的过渡语音特征,沿淮中部地区,如凤台县、颍上县东南部等,缺少唇齿音声母(f)成为一种独具特色的语言现象,如:"风"(feng)说成"hong"。在词汇方面,词法、句法特征等也体现出南北过渡地

---

① 以上关于皖北地区的自然地貌、历史沿革、历代人口等内容及表述主要引自:徐红梅.皖北方言词汇研究[D].广州:暨南大学,2003.

带的特点,既有北部中原官话的一些特征,也有南部江淮官话的一些特征。

皖北地区历史悠久,人文蔚盛,人灵地杰,曾经创造出灿烂的地域历史文化。皖北地区独具特色的地理环境、历史沿革、人口分布等等造成了独具特色的地域语言文化、民俗风情。

二、民俗语言

"民俗语言"这一概念有广义和狭义的理解。狭义的民俗语言是指"经过约定俗成,获得广泛认知、习用的涵化有民俗要素的语言材料。民俗语言的主体,由俗语与民俗语汇两大语类构成"。[①] 广义的民俗语言还要包括民俗语言现象,或者说语言民俗。广义的民俗语言既包括俗语、民俗语汇,即民俗语言材料,也包括语言民俗,其实就是民俗语言文化。本书所说民俗语言是广义的理解,也就是说本书论述既有民俗语言的内容,也有语言民俗的内容。

三、皖北民俗语言

民俗是民间流行的风尚、习俗,是群体共同创造或接受并共同遵循的民间文化模式。民俗产生于民间,传承于民间,深藏在民众的行为、语言和心理中,并规范着民众的行为。"语言记载了民俗内容,语言本身也是民俗的一部分。作为一种制度文化,语言有语音、语汇和语法等方面的规范,作为一种心理文化,语言又有思维方式、表达方式和象征体系等文化背景的规范。""中国语言民俗的第一个特点就是统一中的变异,这一特点最明显地体现在汉语的方言差异上。"[②]本书正是从皖北方言入手探讨皖北民俗语言与皖北语言民俗的,或者说探讨的就是皖北灿烂的地域历史文化之中色彩斑斓的民俗语言文化。

皖北民俗语言既包括皖北广大民众口头传承的具有浓厚民俗文化特色的俗语和民俗语汇,如皖北民众在日常生活中惯用的方言土语、俗语、谚语、歇后语、称谓语、流行语、吉利语、委婉语、俏皮话、招呼语、口头禅,在特殊场合或仪式中使用的行话、隐语、咒语、禁忌语等,也包括皖北语言习俗,如地名习俗、人

---

① 曲彦斌.中国民俗语言学[M].上海:上海文艺出版社,1996:6.
② 陈克.中国语言民俗[M].天津:天津人民出版社,1993:17;19.

名(大名、乳名、绰号)习俗、称谓习俗、数字习俗等,以及民间文艺,如神话、传说、故事、歌谣、谜语、说唱(戏曲、曲艺)等。这些丰富多彩的语言文化是皖北民众在生产劳动中逐渐积累和总结出来的,是他们真实生活的写照和自然情感的流露,值得我们珍视、继承。

四、研究角度与基本内容

本书主要是从皖北方言入手研究皖北民俗语言的,但本研究与现有的皖北方言的本体研究,无论是研究的性质、方法、角度,还是对象、目的、范围等都迥然有别。例如,"阜阳"的"阜",按语音演变规律该读 fù,但阜阳人却一律读 fǔ。按现有的皖北方言本体研究,对"阜阳"一词的语音描写就是:"阜阳"按普通话应读"fùyáng",但当地人错读作"fǔyáng"。本书不做这种传统的、与普通话对照的、所谓方音"错读"式的方言研究,对"阜阳"一词的读音我们关注的是其中的民俗成分、民俗因素(参见本书第一章)。再如,"焦馍裹徽子——自身难保",这是皖北地区比较流行的一句歇后语。从语言本体的角度来研究它,主要侧重其语音和比喻义。但从民俗语言学的角度来看,这句歇后语记录下了皖北地区的饮食民俗。这个定型的句子属典型的民俗语言材料之一,其中心意思虽并非交代民俗事象,但中间夹带表示民俗事象的词语:"焦馍"和"徽子"。"焦馍"和"徽子"都是皖北特有的产物。焦馍薄薄的,形状像十五的月亮,是人们过中秋节时常做的食物,用鸡蛋、白糖、面粉和芝麻炕制而成,吃起来香甜可口,又脆又酥。到了春节,几乎家家都炸徽子。徽子是用面粉制成的油炸面食,形状像麻花(细条相连扭成花样),但要比麻花细得多、长得多、脆得多。所以,焦馍是无论如何也裹不住徽子的。

皖北民俗语言材料与语言民俗或民俗语言文化现象都极为丰富,本书只能选择其中的一部分内容,尝试着运用民俗语言学的理论、方法,从民俗学、语言学、文化学等角度进行一些探索。从语言学角度审视,皖北民俗语言所用的语言材料和结构规则是其"表层结构",通过它可以弄清皖北民俗语言同一般语言现象的联系和区别。从文化学、民俗学的角度来审视,皖北民俗语言所反映的民俗文化是其"深层结构",通过皖北民俗语言可以在共时轴线探求皖北地区人民历时的物质、精神文化的底蕴。

本书对皖北民俗语言材料与语言民俗做概要性叙述,其基本内容如下:皖北语音民俗,皖北语法民俗,皖北方言语汇与民俗,皖北地名、人名语俗,皖北称谓语俗,皖北"数"语俗,皖北语讳、口彩与隐语行话,皖北谚语、歇后语,皖北酒文化中的民俗语言等。

第二章 皖北语音民俗

语音是语言的声音,是有意义内容的语言成分的外部形式。什么样的语音形式表达什么样的意义是由使用该语言的全体社会成员约定俗成的。皖北方言是汉民族共同语的一种地域分支,或者说一种地域变体,它和汉民族共同语其他地域分支有同也有异,其语音形式所表达的意义,既有使用汉语的全体社会成员的约定俗成的内容,也有使用皖北方言的全体社会成员,或使用皖北方言的群体的约定俗成的内容。皖北方言的语音面貌,皖北方言语音形式所代替的语言意义,造成了独具特色的皖北地域语言文化、语音民俗。

一、皖北读音民俗

汉语方言最大的差异是在语音上,表现为同一个音节(字)有不同的读法。这些不同的读法深深地植根于方言地区,造成各具特色的乡音,形成不同的方言民俗。皖北地区的方言也是如此。皖北地区的方言除蚌埠市南部及怀远县城区话之外,均属中原官话,其对外有较强的一致性,但在内部也有大小不等的差异。

(一) 皖北话的语音面貌

1. 概述

皖北方言(以下称作皖北话)表现在语音上有很多共同特点:

(1)都是4个声调。分为阴平、阳平、上声、去声4个调类,调值大都是212(或213)、55、24、53。阴平一般都读下拐弯的调子(类似于普通话的上声调)是皖北话语音上区别于安徽省内其他方言的重要标志。

(2)普通话读开口呼零声母的字(如"安、哀、恩、袄、欧、额"等),皖北话大都读成舌根浊擦音[ɣ]声母字。

(3) 声母 n、l 不混。如：牛—刘，年—连，怒—路，女—吕。

(4) 古全浊声母全部读成清音声母。今读塞音、塞擦音声母的字，平声送气，仄声不送气。

(5) 韵母的元音韵尾大都丢失，鼻辅音韵尾大都变成鼻化韵母。

皖北话在语音方面也有一些差异，从而形成各具特色的皖北各地的方音。

2. 部分皖北话音系

此处简略介绍阜阳市、亳州市、宿州市、淮北市、蚌埠市及其所辖部分区域县市方言的音系，以便对皖北方音有个概括的认识。

(1) 阜阳话音系

阜阳市地处安徽省西北部、黄淮海平原南端、淮北平原西部，西面与河南的信阳市、驻马店市、周口市为邻，北面接亳州市，东面与淮南市相连，南面与六安市隔淮河相望。阜阳历史悠久，人文蔚盛，几千年来一直是淮河流域一个十分重要的都会，地理位置处于中原地区向南方地区的过渡地带，方言区属处于中原官话和江淮官话交界处。按照《中国语言地图集》(中国社会科学院、澳大利亚人文科学院，1987 年)的划分，阜阳话属中原官话郑曹片。

① 阜阳话的声母。阜阳话有 20 个声母(包括零声母)。

p	布不帮八	p'	怕皮盘朋	m	麻米买门	f	飞书分冯
t	到夺地胆	t'	它太题同	n	拿怒女年	l	拉立吕连
ts	糟招增争	ts'	全初仓昌	s	散扇旋师	z	若日认用
tɕ	焦举精经	tɕ'	权去桥穷	ɕ	希虚玄向		
k	哥贵干公	k'	开奎看坑	x	胡化海红	ɣ	爱袄安硬
Ø	严约五闻						

说明：

◎ [ts][ts'][s]的发音比北京音摩擦成分多，略带舌面化。

◎ [n]和开口呼、合口呼韵母相拼时是[n]，和齐齿呼、撮口呼韵母相拼时实际音值是[nʲ]。

◎ [tɕ][tɕ'][ɕ]的发音部位比北京音的靠后。

◎ [ɣ]为硬腭后部擦音，带有鼻化色彩。

② 阜阳话的韵母。阜阳话有 37 个韵母。

ɿ	资支吃诗	i	第皮米衣	u	出故木吴	y	雨虚女吕
a	爬刷辣那	ia	夹架夏亚	ua	花抓刮挖		
o	波婆摸馍						
ɤ	河车个舌			uɤ	多郭落窝	yɤ	脚钥岳药
ɛ	百帅墨色	iɛ	姐接铁介	uɛ	怪快国歪	yɛ	确缺月决
e	倍妹推对			ue	桂贵亏位		

ɔ	饱保桃烧	iɔ	条庙跃腰				
ɤu	斗丑收走	iɤu	丢九求流				
ã	胆竿含三	iã	间减连廉	uã	短酸船全	yẽ	权圆卷鲜
ə̃	本根深顺	ĩ	林邻心新	uə̃	春魂温问	yə̃	云群均勳
ɑŋ	党桑常港	iɑŋ	讲良枪养	uɑŋ	床光庄王		
ɤŋ	凤庚横增	iŋ	定灵星影	uŋ	红宋永翁	iuŋ	穷琼胸倾
ɿ	而耳二儿						

说明：

◎ 舌尖韵母[ɿ]带有摩擦，[i]的舌位没有北京音的靠前，[y]的圆唇度远不如北京音的[y]。

◎ [a][ia][ua]里的[a]实际音值是[A]，[iã][uã]里的[a]，实际音值是[ɛ]。

◎ [o]的发音没有北京音中韵母[o]的圆唇度高。

◎ 韵母[e]实际音值是动程很小的[ei]。

◎ [uŋ]既出现在零声母中，也出现在其他声母后。

◎ 老派卷舌韵母是舌尖后浊边音[ɭ]，自成音节；新派受普通话影响，读音接近[ɚ]。

③ 阜阳话的声调。阜阳话有4个声调。

| 阴平 | 212 | 诗天桌灭 | 阳平 | 55 | 时毒棉穷 |
| 上声 | 24 | 题九免委 | 去声 | 53 | 是世凳到 |

说明：阳平单字调实际音值略降，为54，两音节相连时前一音节阳平调值为55。[①]

(2) 颍上话音系

颍上县位于淮北平原南部，东邻凤台，西毗阜南，北连利辛，南与霍邱、寿县隔河相望。颍上县历史悠久，源远流长。春秋时期建制设邑，秦汉置慎县，刘宋到陈名"楼烦"，隋大业二年(606年)，定名颍上。颍上话属于中原官话信蚌片。

① 颍上话的声母。颍上话有20个声母(包括零声母)。

p	比八波不	p'	批趴泼铺	m	抹摸门灭	f	法佛福飞
t	打都刀爹	t'	锑踏秃涛	n	妮纳奴弄	l	狼路轮篮
ts	资砸咱早	ts'	仓蚕草层	s	丝撒苏扫	z	日热让绕
tɕ	鸡叫角急	tɕ'	欺区卡七	ɕ	西虚夏瞎		
k	害哥姑歌	k'	客棵苦夸	x	哈喝虎好	ɣ	安恩二阿
Ø	温云英鱼晕雨						

说明：

---

① 王琴.皖北阜阳方言同音字汇[J].方言，2012(3)：242-243.

◎ [f]只在颍上县西部靠近阜阳的地区有,其他地区混入[x]中。

◎ [ɣ]是舌根部位的浊音,出现在普通话开口呼零声母韵母前面。

◎ 普通话中的舌尖后音[tʂ][tʂʻ][ʂ][ʐ]在颍上方言中并入舌尖前声母[ts][tsʻ][s][z]。

② 颍上话的韵母。颍上话有 36 个韵母。

ɿ	资四丝死	i	皮你鸡米	u	五不姑路	y	女雨遇去
a	拉大发八	ia	加掐虾牙	ua	花瓜挖夸		
e	给吹配梅	ie	夜写血姐	ue	亏灰贵费	ye	瘸靴雪掘
ɤ	波鹅泼摸			uɣ	窝锅棵多	yɣ	药学脚缺
ɛ	摆菜摘海北麦			uɛ	歪槐坏国		
ɔ	袄高刀烤	iɔ	咬飘交敲				
ɣo	都够偷揍	iɣo	油九秋刘				
ã	担盘山安	iã	巨天脸偏烟	uã	万晚乱换	yã	远卷权圈
ə̃	跟门很怎	ẽ	宾敏拼姻	uə̃	昏滚困问	ỹ	晕军熏运
ɑ	帮当长缸	iɑ	杨呛香凉	uɑ	汪广黄矿(ɑ鼻化)		
əŋ	蒙升碰绷	iŋ	更三更半夜 轻兴名				
oŋ	东中通公	ioŋ	穷凶窘用	ueŋ	翁嗡		

说明:没有卷舌音"ər",颍上话中的"儿、耳"等字韵母为[e],"二"韵母为[ɛ]。

③ 颍上话的声调。颍上话有 4 个声调。①

| 阴平 | 213 | 诗梯衣高缺 | 阳平 | 44 | 提移鹅牛白 |
| 上声 | 35 | 水体草好鸟 | 去声 | 53 | 坏六太放宋 |

(3)蒙城话音系

蒙城县位于安徽省北部偏西,黄淮海平原南部,东邻怀远,西接涡阳、利辛,南靠凤台,北依濉溪。蒙城话属中原官话郑曹片。

① 蒙城话的声母。蒙城话有 23 个声母(包括零声母)。

p	波把步	pʰ	飘片婆	m	蒙卯面	f	副法肥		
t	到丁夺	tʰ	太滩条	n	难怒年			l	兰吕连
ts	遭奖在	tsʰ	仓才灿			s	散僧俗		
tʂ	招挂寨	tʂʰ	昌巢丑			ʂ	声事上	ʐ	忍绕日
tɕ	精经旧	tɕʰ	清轻穷			ɕ	修休玄		
k	贵郭跪	kʰ	开康葵			x	呼韩好	ɣ	哀熬俺
Ø	以延而								

---

① 吴晓红.安徽颍上方言语法研究[D].南宁:广西大学,2006:7-8.

说明：

◎ [n]声母拼开口呼、合口呼韵母时读[n]，例如：那[na⁵³]、能[nəŋ⁵⁵]、暖[nuæ̃²⁴]、挪[nuo⁵⁵]；拼齐齿呼、撮口呼韵母时读[ȵ]，例如：你[ȵi²⁴]、念[ȵiæ̃⁵³]。

◎ 开口呼零声母字，读成舌根浊擦音[ɣ]声母。例如：哀[ɣɛ²¹³]、昂[ɣã⁵⁵]、藕[ɣəu²⁴]、恩[ɣə̃²¹³]、饿[ɣɤ⁵³]。

② 蒙城话的韵母。蒙城话有37个韵母。

ɿ	资丝四寺	ʅ	直日支诗	i	踢衣集第	u	布拂戊出	y	许女律剧
ɚ	而耳尔二								
a	爬他法拔			ia	架夹牙瞎	ua	话化袜刮		
ə	鹅河播车					uo	科活落我	yo	脚学药
ɛ	开柴盖排					uɛ	帅怪坏外		
e	北色百对			ie	杰聂列谢	ue	灰葵贵卫	ye	月缺瘸
ɔ	饱桃烧绕			iɔ	条桥鸟彪				
əu	斗丑口肉			iəu	流久有丘				
æ̃	胆三扇岸			iæ̃	间衔检莲	uæ̃	短万官关	yæ̃	权远涓旋
ə̃	门认人陈			ĩ	紧林心因	uə̃	魂温遵准	yə̃	云勋群均
ã	党棒纺夯			iã	讲良枪羊	uã	床光撞狂		
əŋ	增争硬奉			iŋ	灵兵星萤	oŋ	宫东宏翁	ioŋ	胸穷拥炯

说明：

◎ 蒙城方言的[ə]和北京音[ɤ]近似，没有单韵母o。

◎ [a][ia][ua]中的[a]是央低不圆唇的[a]，[ã][iã][uã]的[a]是低而稍后的不圆唇元音[ɑ]，此处均记作[a]。

◎ 鼻化元音的鼻音性较强。

◎ [əŋ][iŋ][oŋ][ioŋ]主要元音略带鼻化。

③ 蒙城话的声调。蒙城话有4个声调①。

阴平	213 高边七木	阳平	55 凌平石笛
上声	24 古口老五	去声	53 胖跳地会

(4) 涡阳话音系

涡阳县位于安徽省西北隅，东依蒙城县，南接利辛县，西邻亳州，东北靠濉溪县，西南与太和县接壤，正北与河南省永城县相接。涡阳话属中原官话郑曹片。

① 涡阳话的声母。涡阳话有23个声母(包括零声母)。

p 布步　　　p' 怕盆　　　m 门米　　　f 飞熟

---

① 胡利华.蒙城方言研究[M].合肥:合肥工业大学出版社,2011.

t	到达	t'	太同	n	年难	l	连兰
ts	早精	ts'	曹清	s	嫂须		
tʂ	赵争	tʂ'	超初	ʂ	生烧	ʐ	人用
tɕ	经街	tɕ'	轻去	ɕ	休下		
k	高柜	k'	开葵	x	荷花	ɣ	爱岸
Ø	二夜问云						

② 涡阳话的韵母。涡阳话有37个韵母。

ɿ	资知	ʅ	知	ɚ	儿	i	鸡七	u	步入	y	虚局
a	爬杂					ia	家瞎	ua	瓜滑		
ɛ	排海					ie	铁夜	uɛ	怀快		
e	杯白推							u	归国		
ɤ	河车							uɤ	多波和	yɤ	脚决
ɔ	高刀					iɔ	小巧				
oɤ	豆肉					ioɤ	柳九				
ā	淡蛋					iā	天甜	uā	关船	yā	权泉
ə̃	人门					ĩ	民心	uə̃	轮滚	yĩ	均运
ǎ	帮忙					iǎ	香娘	uǎ	窗光		
ɤŋ	丰灯					iŋ	平京				
oŋ	东工					ioŋ	穷兄	uoŋ	翁		

③ 涡阳话的声调。涡阳话有4个声调①。

阴平	213	高天山七桌麦	阳平	55	平葵龙白滑特
上声	24	古手买	去声	53	道快大帽

(5) 淮北话音系

淮北市地处苏、鲁、豫、皖四省交汇处，北临萧县，南接蒙城，东与宿州相邻，西连涡阳和河南永城。淮北市，古时称之为相邑、相县，别名相城。淮北话属中原官话郑曹片。

① 淮北话的声母。淮北话有24个声母(包括零声母)。

p	背悲不别	p'	破皮拍爬	m	们米眉嘛		
f	飞服罚烦	v	闻为歪味				
k	哥个改锅	k'	可楷空卡	x	和还号汗		
tɕ	即加教姐	tɕ'	前强瞧琴	ɕ	想下鞋弦		
ts	再最坐宗	ts'	错灿岑催	s	撒三宋斯		
t	但短搭炖	t'	它抬陶童	n	那楠弩脓	l	龙力卢淋

---

① 徐红梅.皖北方言词汇研究[D].广州:暨南大学,2003.

tʂ 追状站专　　tʂʻ 垂辰仇厂　　ʂ 设甩手熟　　ʐ 然染如冗　　ɭ 儿二耳而
Ø 页岩孕卫

说明：在淮北方言中声母[ɭ]较为特殊，在老年人的发音中十分明显，但是在年轻人中却弱化了，趋向于边音[l]，这一声母使得本身为零声母的"儿、耳"等字，在淮北方言中发音[ɭə]。

② 淮北话的韵母。淮北话有36个韵母。

ɿ 字刺四思
ʅ 世志池日　　　　i 比疲利题　　　　u 捂步涂陆　　　　y 区鱼具虚
a 塔答琶呐　　　　ia 假洽虾甲　　　　ua 花瓜抓耍
ɔ 掏暴刀挠　　　　iɔ 咬乔肖习
ɣ 和克歌壳　　　　　　　　　　　　　　　　　　　　　yɣ 药雪嚼雀
　　　　　　　　　　　　　　　　　　uo 锅棵说火
ə 扯这涉呐　　　　　　　　　　　　　uə 波破朵脱
ɛ 海苔呆拜　　　　iɛ 叶帖蝶血　　　　uɛ 甩拐拽俭
ei 白麦肺给　　　　　　　　　　　　　uei 追垂水蕊
əu 斗投授楼　　　　iəu 又休遛九
æn 潭冉南兰　　　　iæn 岩甜荤现　　　uæn 碗换团乱　　yæn 元娟玄泉
ən 奔辰趁闷　　　　　　　　　　　　　uən 困荤嫩囤　　yən 寻俊逡韵
　　　　　　　　　　in 音英丁厅
ɑŋ 糖郎尚邦　　　　iɑŋ 阳酿相凉　　　uɑŋ 爽皇光床
uəŋ 疼彭能翁　　　　ioŋ 兄涌穹永　　　uŋ 用洞童弄

③ 淮北话的声调。淮北话有4个声调①。

阴平　213　　药缺多托　　阳平　44　　齐凉云泉
上声　24　　眼少你米　　去声　52　　去刹诺硕

（6）濉溪话音系

濉溪县位于安徽省北部，东、南、西、北分别与安徽宿县（现宿州市埇桥区）、涡阳县，河南永城市，安徽萧县接壤。濉溪话属中原官话郑曹片。

① 濉溪话的声母。濉溪话有23个声母（包括零声母）。

p 布傍八白　　　pʻ 怕婆喷泼　　m 馍慢明木　　f 富翻坟服
t 多动跌夺　　　tʻ 拖贪腾秃　　n 挪南拧捏　　l 萝兰嫩劣
ts 早造截挤　　　tsʻ 粗餐残七　　　　　　　　　s 苏搜旋习
tʂ 知争真烛　　　tʂʻ 耻柴船深侧　　　　　　　ʂ 所扇赏事　　ʐ 人永日肉
tɕ 家妗脚掘　　　tɕʻ 掐期琴曲　　　　　　　　ɕ 虾兄杏学

---

① 丁婷婷. 淮北方言语音研究[D]. 上海：上海师范大学，2012：7-10.

k 哥跪钢格	k' 跨筐狂客			x 花河恢鹤		γ 爱熬袄摁讹昂	
∅ 窝亚夜眼晚玉闰							

说明：[tʂ]做声母时卷舌色彩不明显，舌位较北京话靠前。

② 濉溪话的韵母。濉溪话有37个韵母(包括自成音节的[ŋ̍]、[l̩])。

ɹ̩ 而二儿耳							
ɿ 资雌自四次							
ʅ 知师世吃直		i 毕遗细尾笛		u 做抽谋缩没~池~		y 女矩俗黢	
a 扯白~杀腊罢		ia 家瞎匣侠牙		ua 瓜画挖袜抓			
ə 婆薄车褶				uə 棵初饹略雀勺		yə 瘸约月阅药学	
ɛ 来败太挨海		iɛ 姐矮灭叠液		uɛ 外拽快歪揣			
e 对煤刻测格				ue 回脆味国或			
ɔ 毛劳吵贸矛		iɔ 教笑鸟要饺					
əu 头口手都肉		iəu 秋牛游六					
æ 般班砍敢产		iæ 减厌店间边		uæ 短完关晚全		yæ 卷权宣院鹃	
ẽ 沉森任根侦		iẽ 品邻紧拎音		uẽ 顿论昏嫩俊		yẽ 均群孕润闰	
aŋ 帮狼常方扛		iaŋ 娘两将江巷		uŋ 网矿汪庄双			
əŋ 灯仍耕蒙风		iŋ 冰兵另杏顶		uŋ 东中荣勇嗡		yŋ 窘穷熊胸兄	
ŋ̍ 嗯							

③ 濉溪话的声调。濉溪话有4个声调[1]。

阴平　213　诗梯方高天婚竹月　　阳平　44　时题房平娘笔急白
上声　24　使体等椅比死老暖　　去声　42　是弟厚盖共漏怒用

(7)萧县话音系

萧县位于淮北平原北部，东与江苏铜山县毗邻，西同安徽砀山、河南永城两县接壤，南和安徽淮北市、宿州市、濉溪县相连，北与江苏丰县交界。萧县之"萧"，为草本植物，《尔雅·释草》："萧，萩。"《诗经·王风·采葛》："彼采萧兮。"由地名观之，萧县"初期应该是一片繁茂的萧草之地"[2]。萧县话属于中原官话洛徐片。

① 萧县话的声母。萧县话有24个声母(包括零声母)。

p 巴包别布	p' 怕派盘普	m 麻门米木	f 发废冯符	v 维微唯味
t 达灯敌夺	t' 他导梯土	n 纳谬女怒		l 来力鲁旅
ts 糟增资浊		ts' 曹撑从辞	s 桑生诗苏	

---

[1] 郭辉,王旭东.皖北濉溪方言音系//梁家贵.皖北文化研究集刊：第二辑[M].合肥：黄山书社,2010：52-53.
[2] 周运中.地名所见上古黄淮海平原植被//梁家贵.皖北文化研究集刊：第三辑[M].合肥：黄山书社,2012：139.

tʂ	知蒸张主	tʂʻ	绍奢楚池	ʂ	扇生书失	ʐ	日然软肉
tɕ	精机菊轿	tɕʻ	辑歼阎唇	ɕ	哇徐休悬		
k	该僵姑跪	kʻ	开看葵哭	x	黑寒呼话	ɣ	爱安呕额
Ø	逆言武闻						

说明:[n]只拼开口呼、合口呼韵母,拼齐齿呼、撮口呼韵母时实际音值是[ȵ],[tʂ、tʂʻ、ʂ、ʐ]的发音部位比北京音略微靠前。[ɣ]是舌根浊擦音,只拼北京音读开口呼的零声母(不包括"儿、耳、而、二"等字)。

② 萧县话的韵母。萧县话有38个韵母(不包括自成音节的 m、n、ŋ和儿化韵母)。

ɿ	支疵矢时	i	备题滴肥	u	绿肚佛做	y	举俗吕玉
ʅ	汁迟识食						
ɭ	儿耳而二						
a	马杂拉答	ia	家掐夏鸭	ua	瓜花刷蜗		
ɔ	胞刀豪袄	iɔ	漂跳消妖				
ɤ	车合哥俄	iɤ	灭姐歇夜	uɤ	破科戈握	yɤ	脚缺学月
ɛ	买呆猜哀	iɛ	街解遣崖	3ɛ	揣帅怪淮		
ei	麦德雷格			uei	追国或伟		
ɣu	豆走勾欧	iɣu	丢柳秋有				
ā	班淡甘安	iā	百棉田间眼	uā	关酸欢弯	yā	卷权选元
ɔ̃	林妹跟恩	iẽ	民金信引	uɔ̃	轮春昆温	yẽ	君群旬云
ʌŋ	帮党刚肮	iʌŋ	江抢娘央	uʌŋ	装床光汪		
əŋ	蹦灯拯哼	iŋ	平顶星影				
oŋ	冬工中农	ioŋ	穷倾凶拥	uoŋ	翁嗡瓮蓊		

说明:[ɭ]是自成音节的舌根浊边音。[ɤ]拼舌根音声母[k][kʻ][x][ɣ]时,实际音值是[ɣ]。[uɤ]拼唇音声母[p][pʻ][m]时,有人读作[o]。[ei]稍有动程,逢阳平、去声有人读作单元音韵母[e]。[ʌŋ][iʌŋ][uʌŋ]主要元音[ʌ]略带鼻化,[ŋ]尾弱化。

③ 萧县话的声调。萧县话有4个声调①。

阴平 212 方天低尊德出 阳平 55 平体床也白石
上声 24 粉短古走眨朴 去声 53 播旧早意牧历

(8) 五河话音系

五河县位于安徽省东北部、淮河中游,隶属于安徽省蚌埠市,东邻江苏省泗洪县,南接嘉山县、凤阳县,西毗蚌埠市区、固镇县,北抵泗县、灵璧县。五河县

---

① 吕永卫,张鹏.萧县方言同音字汇(上)[J].彭城职业大学学报,2003(6):44-45.

始建于南宋咸淳七年(1271年),因淮河、浍河、沱河、潼河、漴河交汇于此,故名为五河县。五河话属于中原官话信蚌片。

① 五河话的声母。五河话有21个声母(包括零声母)。

p	逼博百背	p'	坡陪跑聘	m	摸梅买媚了		
f	非罚富饭	v	汪屋完魏				
t	搭德岛代	t'	她抬套探	n	妮闹拿奈	l	罗莱老禄
ts	知张找债	ts'	辞糙采挫	s	三赛洒搜	z	睿饶冉热
tɕ	基睽凯客	tɕ'	青瞧请气	ɕ	西消想县		
k	钢干广告	k'	开可砍阔	x	喝行海获	ɣ	安熬俺
∅	语意韵音						

② 五河话的韵母。五河话有29个韵母。

ɿ	字此四死	i	七集宜里	u	虎路五步	y	于率局虚
a	蛤马拉纳	ia	加压恰牙	ua	话夸耍瓜		
ɛ	北凯莱买	uɛ	怪外槐侩				
ie	介业窃野						
ɔ	搞傲草到	iɔ	票教乔条				
uo	科活过扩						
ɤ	撒博泼喝						
ei	背腿雷内	uei	贵会吹水				
ou	走鸥楼后	iou	求牛就有				
æ	班赶按汉	iæ	变言钱连	uæ	款晚还乱	yæ	宜怨远全
ã	棒肮党纲	iã	将养抢想	uã	广慌床狂		
əŋ	更份冷肯	iŋ	请饮拧林	uŋ	懂宏龙空	yŋ	熊永琼囧

③ 五河话的声调。五河话有4个声调①。

阴平 31　丝三天一羔圈　　阳平 55　倪来词民能迟
上声 24　好奶老努请果　　去声 52　去次末靠碰福

(二)皖北话及其民俗事象中的特殊读音

1. 皖北话中的特殊读音

皖北有些地区,如临泉、阜阳、界首、阜南、太和、涡阳、亳州等地 sh、f 不分,如:书—服,双—方,水—匪,即有以"f"声母取代"sh"声母的现象,表现为唇齿清擦音 f 的出现频率高,如"书、刷、涮、双"等字,都念 f 声母,而不念 sh 声母。如"说"读如"fǒ","书"读如"fū","水"读如"féi"。

---

① 岳刚.安徽五河方言语法研究[D].上海:上海师范大学,2010:9-11.

皖北有些地区,如涡阳、蒙城、亳州、利辛、临泉、阜南、界首、阜阳、宿州、砀山等地有以"z、c、s"声母取代"j、q、x"声母的现象,或反过来的情景,即以"j、q、x"声母取代"z、c、s"的现象。如普通话声母是 j 的"浚、俊、峻、竣"等字,都读为 zùn;声母是 q 的"全、泉、痊、醛、权、诠、铨"等字,都读为 cuān;声母是 x 的"旋、漩、选、癣、鲜"等字,读为 suan。普通话声母是 z 而读为 j 的:"最、宗、总、尊、卒、坐、阻、左、昨"等;普通话声母是 c 而读为 q 的:"从、聪、摧、催、璀、翠、寸、唇、措、磋、促、醋、存、村"等;普通话声母是 s 而读为 x 的:"素、酥、苏、碎、穗、岁、随、孙、损、算、酸、索、哨"等。

皖北有的地区分尖团音。所谓"尖音"是指 z、c、s 声母与齐齿呼韵母、撮口呼韵母拼成的音节,即 z、c、s 声母拼 i、u 或 i、ü 起头的韵母;"团音"是指 j、q、x 声母与齐齿呼韵母、撮口呼韵母拼成的音节,即 j、q、x 声母拼 i、u 或 i、ü 起头的韵母。在古汉语里,是存在"尖音"的,但随着汉语的发展,北方不少地区已没有"尖音",原先的"尖音"都并到"团音"里了。如今的普通话里就没有"尖音",但在有些汉语方言里还存在"尖音"现象。如"借词"的"借"读尖音,声母为 z,"介词"的"介"读团音,声母为 j。一部分撮口呼韵母字,如"全、泉、选、雪、薛、俊、迅"等字的声母仍读 z、c、s,但韵母转为合口呼了。而"足、宿、俗"等字,普通话读 z、s 声母,方言却读 j、x 声母。皖北的涡阳、蒙城、亳州、利辛、临泉、阜南、界首、阜阳、宿州、砀山等地有的就是如此,表现为在齐齿韵前分尖音和团音。如把"尖、千、先"读作 ziān、ciān、siān,把"兼、牵、掀"读作 jiān、qiān、xiān。

雪涅在《阜阳十八怪》中介绍,太和县有一好收集异趣者,将当地方言一锅烩之,如此这般撰了一个段子,叙说一村民误砍了大队书记的树,而前去书记家认错的过程:

村民(进门):"复(书)记在。"

书记(看他一眼):"决(坐),喝匪(水)不?"

村民:"俺才喝过匪"。

书记:"有事儿?"

村民(笑笑):"复记,俺犯了一个大确(错)误……"

书记(一惊):"啥大确误?"

村民:"俺看走了眼,把你家的付(树)当俺家的付给砍了。"

书记(不悦):"那咋说?"

村民:"俺把俺地里的悬(蒜)和穷(葱)拔了,抵你的付。"

书记:"你的悬和穷俺不要,俺只要俺的付。"

村民:"那可叫俺咋办?"

书记:"你把你家的付抵俺家的付不就行了?"

村民:"可俺的付小,你的付大,你不吃亏?"

书记(皱眉):"你是老实人,可咋就犯这确误?"

村民(低下头):"俺是不该犯这确误……"

书记(挥挥手):"悬(算)了悬了,拿走你的悬和穷,把你的付给俺,还讲啥大小,悬了!"

这个段子十分形象生动地反映出皖北话中的一些特殊读音。

"隔、客、黑"等,临泉、太和、界首、阜阳等老派话读成 j、q、x 声母。如"天黑了,家里来客了",说成"天 xiě 了,家里来 qiě 了"。

凤台、颖上等地方音中没有 f 声母,凡是普通话中读 f 声母的字都读成 h 声母与合口呼韵母(韵母为 u 或以 u 开头的韵母)相拼的字了,如"发(fā)"读成"花(huā)","佛(fó)"读成"活(huó)","方(fāng)"读成"荒(huāng)"等。所以人们常说 h、f 这两个音在凤台话、颖上话里面是不分的:风(feng)说成 hong,胡子(huzi)说成 fuzi,老虎(laohu)说成 laofu,发财(facai)说成 huacai。

阜阳等地将 yong 自成音节的字读成 r 声母,如"拥、痈、庸、墉、慵、镛、鳙、雍、臃、壅、饔、邕、永、泳、咏、甬、勇、恿、涌、蛹、踊、俑、用、佣"等字被读成 rong 这样的音节,而又将原本 rong 音节的字读成 yong 音节,如"容、溶、熔、蓉、榕、荣、嵘、蝾、戎、绒、狨、融、茸、肜"等字被读成 yong 这样的音节。

皖北有将普通话 b 声母字读成 p 声母字,如:"波(bo)浪"读成"po 浪","卑鄙(bi)"读成"卑 pi","濒(bin)临"读成"pin 临","逮捕(bu)"读成"逮 pu","哺(bu)乳"读成"pu 乳","贲(ben)门"读成"pen 门"。

皖北有将普通话 e 韵母字读成 ai 韵母字,如:特、忒、忑、锝、得、德、测、恻、侧、策、册、厕、乐、仂、肋、勒、色、塞、瑟、涩、艳、啬、穑、责、则、泽、择、赜、额、厄。

有将普通话 e 韵母字读成 uo 韵母字,如:课、可、棵、科、颗、壑、戈。

有把韵母 ün 的字读成 un 韵母的,如:旬、荀、询、循、寻、讯、训、熏、循、迅、巡、勋、汛、殉、驯。

有将"墨、默、末、陌、脉"(mo)读成 mai 的。

有将 li 读成 lei 的,如"里"读成"磊","梨"读成"雷","利"读成"累"。

有将 uo 韵母的字读为 uai 韵母的,如"国(guo)"读成"guai","获(huo)"读成"huai"。

有将 ai 读成 ei 的,如将"白"(bai)读成 bei,"摘"(zhai)读成 zhei,"拍"(pai)读成 pei。

皖北方言土语更能反映皖北话读音的特殊性,有些有音无字的更显读音的特殊。如:

kéi(尅):逮,打,吃喝等意思。如:kéi 住他(逮住他)。kéi 了一架(打了一架)。他又 kéi 了一碗(他又吃了一碗)。

bǎn(板):丢掉,扔掉等意思。如:把那个破凳子bǎn了。

quē(攉):坑害,糟了等意思,与"kāo"同义。如:我被他quē(或kāo)喽(我被他坑了)。这回quē(或kāo)了,我什么事也办不成了(这回糟了,我什么事也办不成了)。"quē"还可以与"dai"连用而成为"quēdai",其意思与单音节的"quē"字相同。"quē"有时也可以用kāodai替代。如:"你别quē我了"也可以说成"你别kāodai我了"。

chào(chào事):挑衅,捣乱,无端地搭讪等意思。如:你chào什么事?我看你是没事找事chào寡话!chào熊chào?

si(或shi)(石):撞的意思。如:一头si到南墙上(一头撞到南墙上)。

me(墨):借的意思。如:me几个钱给俺,可管?

zhuai(拽):骄傲,炫耀等意思。如:你拽啥,不就考了个第一吗?

蒙城方言动词"suan巴""chuǎ""不棱"等等比较特别。

"suan巴"表示"折磨"的意思,如:你不要suán巴人了(你不要折磨人了)。

"chuǎ"表示"抢"的意思,如:不管chuǎ谁的东西,都不对(不管抢谁的东西,都不对)。

"不棱"表示"挣扎"的意思,如:再不棱也不管用(再挣扎也不管用)。"不棱"还可以重叠为"不不棱棱",如:鸡被抓着的时候,都不不棱棱的(鸡被抓着的时候,都不停挣扎)。

以下为几则阜阳方言土语经典段子,从中可以体味出皖北方音的独特性:

◎ 麻雀见到乌鸦问:我里乖,你是啥鸟?黑里洋熊样。乌鸦说:傻瓜,我是凤凰!麻雀说:白靠得人拉,哪有嫩黑的凤凰?乌鸦说:答里熊,我是烧锅炉的凤凰,知道了吧!我里乖,那你是啥鸟?麻雀说:我里孩由,你连老鹰都不认识,咋弄!乌鸦说:那俺咋没见过嫩小老鹰,天天就知道胡扯。麻雀说:你是也熊拉,这你都看不出来,因为俺是吸毒的!

意思是:

麻雀见到乌鸦问:我的天,你是什么鸟?黑得很。乌鸦说:傻瓜,我是凤凰!麻雀说:别骗人了,哪有那么黑的凤凰?乌鸦说:懒得搭理你,我是烧锅炉的凤凰,知道了吧!我的天,你是啥鸟?麻雀说:我的儿哟,你连老鹰都不认识,怎么办?乌鸦说:那我没见过这么小的老鹰,天天就知道胡说。麻雀说:你拉倒吧,这你都看不出来,我是吸毒才这样的!

◎ 负(树)上待喽俩鸟,母鸟佛(说):真咯念,往边上股弄股弄,把俺哩毛都弄枯楚来。公鸟佛(说):哽叽啥,佛白。枯楚来拨拉拨拉不豆(就)光油来?来来啥来来!

这是一段公鸟与母鸟的调情对话,大意如下:

树上停着两只鸟,母鸟说:真讨厌,往边上挪挪,把我的毛都弄压皱了。公鸟说:说啥呢,压皱了,拨拉拨拉,不就光亮了吗?说啥说?

◎ 曾经有段过劲的爱搁在俺跟前,过劲类洋熊是里,俺逗是不搭她腔。后来,她跑啦,俺才知道。乖乖。嗐熊。原来俺爱她爱里很昂!

意思是:曾经有一段很好的爱在我面前,很好很好,我就是不理她,后来,她走了,我才知道。呵呵,算了,原来我爱她爱得很啊!

皖北地处平原地区,和皖南山区相比,人们的来往相对便利一些,区域间语音面貌较为接近,当然同一地区、同一县市内读音也会有些差异。比如阜南县隶属阜阳市,位于阜阳地区南部,地处豫皖两省边界,与皖北的颍上、阜阳、临泉,河南的淮滨、固始接壤,语言不同程度地受到相邻市县的影响,方言读音存在差异。比如说话的"说",阜南县就有好几种读法:有的读如"shuǒ",有的读如"fǒ",有的读如"xuě",有的读如"shuǎi"。这些特别的读法体现出皖北不同地域的差异。

2. 地名"阜阳"的读音

皖北读音民俗还表现在对某些地名的读音特殊上。例如,"阜阳"的"阜",按语音演变规律该读 fù,但阜阳人却一律读 fǔ。中央电视台、中央人民广播电台等媒体在涉及阜阳时,主持人、播音员都读 fù,当地人听来总有格格不入之感,并不畅快。其实对地名的读法按照名从主人的原则最为合适,因为这不是简单的对比普通话的错读,这其中包含着民俗成分、民俗因素。对"阜阳"一词的读音,阜阳作家雪涅说过一番很有趣的话:"阜阳人……觉得倘将'阜'读成轻飘飘的'富'音,那就是'撇',就是拿腔捏调,要招人嫌的。他们讲的就是个掷地有声,沉如磐石。一人如此,百人如此,便人人如此,不约而同,一千四百多万人的大市,也没开个碰头会商量一下,大家就异口同声地喊出:'阜(fǔ)阳!'""在这一点上,阜阳人空前地团结,手拉手,抱团儿,圈出了自己的语音范围,大凡将'阜'读'富'音的,他绝不是阜阳人。"①多年前安徽省电台、电视台播新闻、天气预报,"阜阳"皆读作"阜(fù)阳"。很多阜阳人听了很不顺耳,纷纷投诉电台、电视台,要求播音员"入乡随俗",下顺民意。最后安徽电视台《安徽新闻》著名主持人胥午梅代表省台在省新闻联播中添了一则"安民告示",谓之曰:为尊重阜阳人的"地方习惯",以后遇到"阜阳"一律读作"阜(fǔ)阳"。这种地方情感的胜利,这种不念"fùyáng",念"fǔyáng"的约定俗成的"集体无意识",显现的是一种语音民俗——我们称之为读音民俗。

无独有偶,作为地名用字"六"的读音亦如此。我国有两个地名中的"六"念作"lu",一个是安徽的六安,还有一个就是南京的六合。中国社科院语言研究

---

① 雪涅.阜阳十八怪[M].北京:团结出版社,1996:3-4.

所编的《现代汉语词典》(商务印书馆出版)2005年前的版本均对"六"字的发音做出了两种解释,即在用作数词时读liu,而在用作地名时则应读为lu。但从第5版(2005年)、第6版(2012年)始,"六"字在用作地名时被取消了"lu"的读法。对此,两地居民纷纷反对。"从小到大都念'lu',假如念'liu'的话,怎么听都别扭!""我每次都读'lu',哪个读错了,我还会纠正他。这么看来,难道是我读错了?"……有不少人还从历史、地方文化保护角度"抗议":"汉武帝取'六(lu)地平安,永不反叛'之意,赐名六(lu)安。而'lu'的读音更是可以追溯到上古时期,'皋陶卒,葬之于六(lù)。禹封其少子于六,以奉其祀'。""六合的'六'自古以来就念作'lu',这是当地老百姓方言的叫法,已经沿用了一千多年。在地名记载中,六合古称棠邑,隋开皇四年因境内有六合山(定山),六合山有六峰,即寒山枫、邓子峰、石人峰、芙蓉峰、妙高峰、双鸡峰,因六峰环河而立,故棠邑更名为六合。""这么悠久的读法,岂是说废就废的。"

"六"在地名中读"lu"音,是有地方文化历史渊源的,不是一个简单的数字读音,取消是不合适的。更何况"六安"之"六"作为皋陶的封地,指水边的高坡,与"陆"字通假,符合当时沿淠河周边的地形地貌。"汉武帝设六安国,意思是'六地平安,永不反叛',这个'六地'指的是'六(lu)'这个地方,而不是指'6个地方'。"当地人仍读"lu",对外介绍时还是读"lu"音。六安市地名委员会顾问史红雨甚至认为,作为地名读音,六(lu)安有两千多年的历史,"它的价值可以申报世界地名文化遗产"。①

方言是地方文化的特殊载体,没有方言,地方文化也就失去了重要依附。地名的用字和读音,是约定俗成的方言,是当地民俗风情的一部分,是当地独特的非物质文化遗产的一部分,应得到保护,不应该硬性地"规范"。地名的特殊读音应遵循当地人的方言文化,"名从主人",即取决于当地人的习俗称呼。

3. 地名"宿县"的读音

宿县位于安徽省北部,东邻灵璧县,西接濉溪县,南与怀远、固镇两县毗连,北与萧县和江苏省铜山县相接。宿县为世人所知的事情,在古代有大泽乡的陈胜、吴广起义,项羽垓下落败和虞姬自杀。唐代大诗人白居易的"离离原上草,一岁一枯荣"描写的就是宿县的现在称为符离的区域景致。近代淮海战役之双堆集大决战就发生于此。不过,宿县已是个旧县名,当今为安徽省宿州市埇桥区。宿县及前身宿州的名称起源于春秋时期的"宿国",当时是一个驿站。1912年,宿州改为宿县。宿县这个名称一直使用到1990年撤县并市,宿县地区相当

---

① 龙冬冬.词典取消六字地名中 lu 读音 六安当地仍读 lu[EB/OL].[2013-08-26]. http://www.ahwang.cn/anhui/20130826/1308303.shtml.
陈岑.词典取消 lu 读法引六合网友热议[N].金陵晚报,2013-08-23.

于今天的宿州市,宿县相当于今天的埇桥区。自此之后,宿县名称就消失了。不过,现在的宿州人在宿州本地都是自称宿县(xǔxiàn)。

"宿县",普通话读音是 sùxiàn,但在皖北地道的读法却是 xǔxiàn。在今天阜阳人去宿州仍然说去"宿[ɕy²¹³]县",在火车站买票若说"买一张去宿州的",售票员很有可能误以为是"买一张去苏州的",这时的阜阳人会紧接着解释说"就是去宿[ɕy²¹³]县的",这样票就不会买错。

4. 地名"焦陂""土陂"的读音

皖北有些地名以"陂"字命名,如"焦陂""土陂"。"焦陂"在阜南县,现在叫焦陂镇。焦陂系历史古镇,传说为春秋名将伍举封地,北宋为汝阴十大重镇之一,宋欧阳修常来此饮酒赋诗,并留下"焦陂八月新酒熟,秋水鱼肥脍如玉,清河两岸柳鸣蝉,直到焦陂不下船"的名句。"土陂"在临泉县,现在叫土陂乡。"陂"普通话念"bei",但在当地却念"po","焦陂"念 jiaopo,"土陂"念"tupo"。"陂"因为念作 po,皖北一些以"陂"命名的地名中的"陂"往往被讹变为"坡",如"土陂"当地多写成"土坡"。

5. 酒名"颍州佳酿"的读音

提起"颍州"牌颍州佳酿酒,在阜阳可谓人尽皆知。这个由金种子集团生产和注册的"颍州牌"颍州佳酿,2011 年 3 月被商务部认定为"中华老字号"。凭借悠久的酿酒历史、独特的传统酿酒技艺、丰厚的地方文化底蕴和地区品牌影响力,颍州佳酿的品质获得了阜阳广大"酒友"的信赖与认可,被人们誉为"阜阳小茅台"。有趣的是,这个"颍州佳酿"的"酿"字在阜阳当地一直被读成 rǎng,即使当今阜阳的"酒文化人"明知"颍州佳酿"的"酿"字应读为 niàng 而仍说成 rǎng,如果有谁在饭店高喊着要喝什么"颍州佳 niàng",反而会被认为是说错了,从而被人耻笑。这应该就是约定俗成的力量吧。

6. 皖北民俗事象中的特殊读音

皖北某些民俗事象中的读音有些特殊。例如:濉溪话中有一些字的白读音与北京话比较显得较为特别。如:

"寻"只在表改嫁义的"寻人"一词中读[siẽ]⁴⁴,其他情况下读[suẽ]⁴⁴。

"六"字只在当地传统节日"六月六"(农历六月初六,兴吃糖包子)这一词语中读音为[lu²¹³]。该词语在老派读音中,前后两个"六"都读作[lu²¹³]。而在新派读音中,前一个"六"读[liəu⁴²],倾向于北京话;后一个"六"读[lu²¹³],则与老派相同。①

亳州谚语"六月六,挂锄钩"中"六月六"两个"六"都念"lū",不念"liù"。

---

① 郭辉,王旭东.皖北濉溪方言音系[M]//梁家贵.皖北文化研究集刊:第二辑.合肥:黄山书社,2010:66.

再如：

(1) 菠菜根，铺地黄，
　　人家有娘俺没娘。
　　亲娘死了还好过，
　　就怕爹爹娶晚娘。
　　娶个晚娘三年整，
　　生个妹妹比我强。
　　妹妹吃馍我喝汤，
　　搁下碗来哭亲娘。
　　晚娘问俺哭啥呢，
　　俺说碗底烫得慌。
　　晚娘叫俺去榷米，
　　掂起碓碓愁断肠。

(2) ……
　　丈夫喝酒回来晚，
　　点上银灯绣鸳鸯；
　　丈夫嚷着要喝汤，
　　你待身边问短长；
　　要喝酸的多加醋，
　　要喝辣的着生姜；
　　……

例(1)为太和县歌谣《菠菜根》。歌谣中"榷米"之"榷"，太和方言不读"què"，念"quǒ"，为"舂""捣"之意。例(2)为太和县歌谣《十学歌》(闺女出嫁前，娘嘱咐其到婆家后如何做贤惠勤劳媳妇的话语，此处为节录部分)，其中"着"，太和方言不读"zhuo"，也不读"zhao"或"zhe"，而是读"zhuāng"，"放，搁进去"的意思。

二、皖北谐音民俗

语言是民间风俗习惯、社会礼仪风尚得以形成、巩固的重要因素之一。谐音的运用便是其中一个极为突出的方面。谐音是利用语音的相同或相近条件以此音来代彼音，以此意来代彼意的表意方式。人们通过谐音来趋吉避凶、趋利避害、求美尚雅或获得谐趣。谐音是中华民族喜闻乐见的一种言语形式，谐音现象深深根植于中华民族的文化土壤之中。

萨丕尔曾说："每一个语言本身都是一种集体的表达艺术，其中隐藏着一些审美的因素——语言的、节奏的、象征的、形态的——是不能和任何别的语言全部共有的。"[1]其实不止每一种语言如此，就是同一种语言的地域分支——方言也是如此。方言区因为语音的差异、语言文化的差异等往往会形成不同的言语形式。汉民族人口众多，分布广泛。由于历史变迁、社会发展、民族融合等原

---

① 萨丕尔.语言论[M].北京:商务印书馆,1995:201.

因,形成了不同的方言区。各个方言区的人们在长期的生活中,形成了自己本地区特定的人文、风俗,作为承载民族地区文化的一种语言形式——谐音,具有鲜明的地域性特点。这主要表现在对于同一事物或行为,不同地区因发音不同而造成不同的谐音现象,"不同地区,同一语音组织在人们的观念世界中所引起的联想以及由此而产生的风俗习惯往往会是不一样的"。① 如在台湾有忌葱的风俗,因为台湾方言中"葱"与"冲"同音,所以人们在日常言谈时很少涉及。相反在北京,新生儿出生时有"洗三"的习俗。"洗三"中有一程序是拿葱打小孩的头部、背部、腰部等身体部位,轻打时还要说着:"一打聪明,一打伶俐……"这是因为北京话中"葱"和"聪"读音相同,用葱敲打新生儿,就预示着孩子能聪明成长。又如,粤语方言中"杠"和"降"同音,因字义而避讳,他们把"竹杠"改说成"竹升"。在粤语方言区"输"也不是好事,于是他们就把"丝瓜"说成"胜瓜","通书"说成"通胜",因为"丝""书"与"输"的读音相同。同样,皖北地区因自身方言的特点也形成了自己的谐音民俗民风。

(一) 皖北谐音民俗的表现

皖北谐音民俗有丰富多彩的表现,不论是在生育婚丧等人生礼仪中,还是在日常生活习俗和年节习俗中均可常见其形影。

1. 年俗中的谐音

(1) 扫尘

"腊月二十四,掸尘扫房子。"和其他地区一样,皖北每逢春节来临都有扫尘的风俗,即在腊月二十四前后,家家户户床上床下、屋里屋外都要来个大扫除。这既是卫生的需要,同时"尘"与"陈"语音形式相同,"扫尘"谐"扫陈",因而扫尘行为又有了"除旧立新"的附加意义。

(2) 炸馓子、蒸馍、蒸年糕

祭灶(腊月二十三或二十四,俗谓"君祭'三',民祭'四'")过后,人们忙着炸馓子、圆子、麻叶子,蒸馍,进入紧张的春节食品准备阶段。过年蒸馍,油炸圆子、馓子等忌说"完"。蒸馍结束、东西炸好后,不能说"蒸完了、炸完了",因为"完"即意味着终止、没有,不吉利。要说"满盆了",取"圆满"之意。蒸馍还忌说"馍裂了",而要说"馍笑了",取"欢喜"之意。

过年做圆蒸馍,馍顶上点红点,内包大枣或麦麸子,红点象征喜庆,"枣"谐音"早","麸"谐音"福",祈求吉祥。

皖北不少地方过年还有蒸年糕的习俗。年糕以甜味为主,或蒸或炸。年糕

---

① 曲彦斌.中国民俗语言学[M].上海:上海文艺出版社,1996:40.

谐音"年高",有新的一年步步登高的意思。

(3) 倒贴"福"字、插"散岁纸"

大年三十,门、柜、桌、床、劳动工具等都贴春联或吉祥语,门前树上贴"抬头见喜"之类。在贴春联的同时,一些人家要在屋门上、墙壁上、门相上贴上大大小小的"福"字。春节贴"福"字,是我国民间由来已久的风俗。"福"字代表福气、福运,寄托了人们对幸福生活的向往,对美好未来的祝愿。为了更充分地体现这种向往和祝愿,有的人干脆将"福"字倒过来贴,"倒"与"到"音同,"'福'倒了",谐"福到了",表示"幸福已到""福气已到",讨个好口彩。

皖北农村在年三十上午贴春联的同时,还有插"散岁纸"的习俗,即在屋檐、柴垛、粪堆等地方插上夹着火纸的麻秸秆。"岁"与"祟"同音,"散岁"谐音"散祟",暗含驱走鬼怪、不洁、晦气之意,祈求新年吉祥。关于"散岁纸"的起源,有一段美丽的传说:

朱元璋在南京登基,天下大定,万民欢乐,呈现出一派歌舞升平的景象。洪武元年(1368年)的除夕之夜,朱元璋与满朝文武百官吃了辞岁酒后,独自登上五凤楼,凭栏远眺,但见全城十二条大街、七十二条小巷的家家门首,挂起了各式各样的彩灯,姿态万千,光耀夺目,与银河点点繁星上下辉映,直看得眼花缭乱,心驰神往。只可惜墙高数仞,宫禁森严,自己虽贵为天子,但身不由己难以与民同乐、共度良宵,不禁喟然长叹。忽然他灵机一动,赶忙回到后宫,脱下龙袍,换套便服,从后门悄悄走出,顿感浑身轻松,好像又变成了个无牵无挂的平民,于是加紧脚步,淹没于欢腾的人海之中。

在此伏彼起的阵阵鞭炮声中,朱元璋穿街串巷,走走停停,那一只只走马灯、龙灯、凤灯、狮子灯、蛤蟆灯、蛐子灯、老鳖灯……数不尽,记不住,想不到,叫不出,五颜六色,光怪陆离,活灵活现,至善至美,真是开了眼界,长了见识,深深叹服艺人的绝技,感佩市民的精心。他一路观赏,情不自禁,兴致甚浓,暗道:若不赶跑元鞑子,老百姓会有这么大的心劲吗?可是不应遗忘,今天的太平世界是多少将士血染沙场换取的,我一个朱元璋又有什么本领?想到此处,又悲从中来,眼角儿渐渐潮湿了。正在思绪万千,蓦地一抬头,见一家门楼前挂着一只特大的走马灯,他的全部目光一下儿被吸引了。此灯制作精巧,样式翻新,堪称万灯之首。只是马蹄儿太大了,与马身极不相称,看起来甚是刺眼,感到非常别扭。这是制作者的疏忽,还是有意为之?这个疑团悠来荡去,忽地敲开了他的心扉:这家主人别有用心,他分明是在讥笑正宫马娘娘脚大呀?马娘娘脚大怎的?她人样俊,心地好,随我南征北战,吃尽了千辛万苦,朕打下万里江山,也有她一份不应抹杀的功劳啊!朕从不嫌弃她,朝臣也不敢侧目,你个普通人家,竟无端嘲讽,实在有些大不敬了。哼!这家八成是前朝的遗老,元鞑子的帮凶,不然,怎会如此歹毒?你讽刺马娘娘,就是蔑视皇上,罪当斩首。他本想问问这家主人叫什么名字?又怕引起麻烦。于是,从地上捡根断麻秆,上端掰开,夹进一张火纸,插进房檐上做个记号,回头再和他算账不迟。这么一折腾,兴致全无,便蹒蹒跚跚地沿原路转回,差点迷了路。

朱元璋回到后宫,唉地叹了一声气。刚刚入睡的马娘娘,被他惊醒,忙问:"你刚才上哪儿去了,怎么一脸的不高兴?"朱元璋便以实言相告。马娘娘听罢,不仅不生气,还嘻嘻地笑道:"马脚大,能负重,可行远,此本赞美之意,有何讽刺可言!皇上不必介意。"朱元璋说:"不,你不必劝朕。这家分明心怀叵测,如不严惩,有损朝廷威仪,难令天下畏服。"言罢随喊了一声:"来人呐!"一太监急忙走上,跪问:"皇上有何旨意?"朱元璋说:"快告诉御林军头领,速将屋檐插火纸的那户主抓来治罪。"马娘娘劝阻说:"老百姓都在街头狂欢,皇上出动大批兵马抓人,弄得万家惊吓,恐有不妥吧?"朱元璋改口说:"娘娘所言极是,那就四更传旨,五更出动!"太监应了一声:"是。"便缓缓退出。

马娘娘知道朱元璋十分固执,想叫他收回成命,万万不能。但是因些小事,就随意杀人,有点儿太不仁道了。正宫娘娘的职责,就是要补君之过、扬君之德,方可使天下长治久安。想到这里,她马上唤太监送来一桌酒席,对朱元璋说:"今晚是开国首岁除夕,皇上仅与大臣共饮,我还没敬你酒呢!"朱元璋不便推辞,连饮数杯,酩酊大醉,解衣而卧,不多时,便鼾声雷鸣。此时,马娘娘下了一道懿旨,遍告千家万户,五更前各户门首都要插上麻秆夹的火纸,违者斩首。京城军民人等,接到懿旨,连夜动手,各户门首都插上了麻秆夹的火纸,微风吹动,如万旗飘扬,给节日增添了新的气象。待朱元璋醒来,天色已经大亮,让太监传来御林军头领讯问:"那家屋檐插火纸的户主抓住了没有?"头领跪禀:"京城大家小户都插了火纸,不好都抓来呀!"他大惑不解,自语道:"这是何缘故?"马娘娘笑而不答。朱元璋心中明白几分,但又不便追查,只得不了了之。

从此,每年除夕,各户都插散岁纸,渐渐形成了传统习俗。①

(4) 包饺子、吃年夜饭、压锅、挂连纸

除夕夜是团圆夜,皖北家人喜欢围坐在一起包饺子、吃饺子。"饺"与"交"音近,"交"有聚集之意,因此吃饺子便有了团聚、团圆的民俗象征;"饺子"又与"更岁交子"相合,吉祥有余,而且饺子形似元宝,过年吃饺子还寓有招财进宝的意思。

除夕团圆吃年饭,鱼、鸡必不可少。鱼谐音"有余、富余",鸡谐音"吉利"。在蚌埠,年夜饭中除鱼、鸡之外,豆腐也必不可少,有豆腐意为"有福"。年夜饭的宴席上,鱼并不吃掉,而是留着,谐音寓意"年年有鱼(余)"。

皖北还有"压锅"的习俗。就是吃罢年夜饭,刷好锅之后,在锅里放一两个

---

① 武杰民.妙趣横生的阜阳方言:淮北土语面面观之八[EB/OL]. http://blog.sina.com.cn/s/blog_4140fd760100093z.html.

馒头,不能空锅过夜,意即来年就不会"空锅"了,锅不"空"意味着来年就会有吃有穿,富裕满满。

淮河船民旧时过春节有"挂连纸"的独特习俗。"挂连纸"又称"挂廊",在除夕晚上进行。船家用红绿纸剪成菱形图案并连在一起,粘在芝麻秆上,然后挂在正舱门上。芝麻秆意指"芝麻开花节节高",连纸意为生意连续不断。一般船家初三或初五取下,烧香后烧掉,谓之"送连"。有俗话说:"三天烧了连门纸,各干各的旧营生"。送连后,船家即开始正常生活。不过也有一些富裕船家往往在正月十五之后才烧香放炮,起锚行船。

(5) 压岁、吃甜食

吃罢年夜饭,全家团聚,围坐说笑,辞旧迎新,等待新年的到来。这时,老年人给孩子压岁钱。"压岁"谐音"压祟",意味驱赶走一切祸害、不洁,而且钱能给孩子们带来极大的快乐,更添节日的和谐、喜庆、热闹。

正月初一,由户主开门放鞭炮"接年"。家家竞相比早,以求头彩,超越别人。在阜阳,起床后先放三个炮,叫开门炮,以预示新年"开门大吉",然后燃放长鞭炮接年。早餐,先吃些汤圆、点心等甜食或喝上一碗酵子糖茶,寓意新的一年日子"圆"满完美,生活甜蜜,像酵子一样"发"——发达兴旺,再吃扁食(素饺)。饭后,先给自家长者拜年,后给邻人拜年。拜年要挨门挨户,俗话说"能隔一村,不隔一家"。村人、街邻互串互拜,直到中午。此后,聚谈玩耍,尽乐尽兴。在太和,初一吃扁食时,有的人家在下扁食的同时下少许面条,称作"钱串子";也有的吃点大葱、大蒜,"葱"谐音"聪","蒜"谐音"算",祈求聪明、会谋划。

正月十五,是"小年",吃汤圆,"元"谐"圆",取团圆之意。

2. 婚俗中的谐音

皖北婚俗中的谐音现象极为普遍,几乎贯穿于婚姻礼俗的全过程。

(1) 应允

皖北地区有句婚俗俗语叫"新娘进了房,媒人跑断肠"。它既形象地揭示了媒人在婚姻中的作用,也折射了婚姻礼俗的繁复。比如,在男女婚约订立之前,媒人要来往传递生辰八字,由双方父母求卜问卦,进行所谓"合年命"。如果年命相合,双方父母没有异议,媒人就将男方准备的聘礼送到女方,谓之"求允"(或称下允)。女方父母收下聘礼,给予回柬,谓之"应允"。在阜阳市程集等地,女方收下男方聘礼,回给男方一段葱白,以代允贴,意思是以"清白"相许。

固镇县习俗,女方若同意订婚,一般买顶礼帽、两本书、两支笔和黑墨之类送给男方。接着男方回礼要送鸡、鲤鱼以及果子、猪后腿等以图"吉(鸡)利(鲤)"。

(2) 送日子

皖西北人把选定结婚日期叫"择日子"。结婚日期由男方选定,通过媒人向女方征求意见。结婚日期选定以后，媒人要将结婚日期写在帖子上送到女方，名曰"送日子"。送帖子时带上大葱、米面、艾叶等。葱上青下白，象征新娘一生"清清白白"。米面暗示未来要过"米面夫妻"，柴米油盐酱醋茶，过一种琐碎、平淡、美好的生活。艾叶，谐"爱"，寓意夫妻恩恩爱爱。

在怀远，订婚称为"交换庚帖""过庚帖"或"起媒"。订婚前，男女双方需要正式请媒人，通常男女方各二，称四大红媒。过帖要择吉日，由男方请媒人带上内书男青年年、月、日、时生辰八字，面烫金字"敬请金诺"红帖送往女家，以合属相。如果男女属相不相克，女家即回"恭允玉音"绿帖作为正式婚约。庚帖用红绿丝线缠上松树叶和艾叶，富有人家附有金玉饰物，取其"百年相爱""坚如金石"之意。同时由男方赠送女方金器、首饰作为订婚之物，过后选择结婚日期，称"择日""看喜期"，多选双头日子，忌讳选"八"和"三十"，因为"八"音近联想至"巴巴叉叉"，不吉利，"三十"乃是尽头日子，也不吉利。

（3）下礼

婚礼前三天，男家给女家备下彩礼。礼品一般有双刀肉、两条大鲤鱼、一对鸡、二十四个顶头带红点的大馒头、二十四瓶酒（或两坛酒）。各种礼品忌单数；鱼的品种认鲤鱼，忌混子鱼（即草鱼，正式名称为"鲩"，但皖西北通常不用正式名称，而叫做"混子"）或其他鱼，鸡忌毛白色；礼品上剪红纸双喜覆盖或贴红纸。双数寓意"成双成对"。

皖北婚俗中涉及的鱼，如下礼、回礼、喜宴中的鱼一般都是鲤鱼——"鲤"谐音"礼""利"，吉利、吉祥，有好的谐音联想，而混子鱼的谐音联想却是"混日子""混杂""混乱""二混头"等，遭禁忌，实属必然。

（4）背鸡和席

皖北婚姻习俗中有背鸡和席的人，即迎娶队伍中有一名背鸡和席（芦席或竹席）的青年男子。鸡谐音"吉"，席谐音"喜"，有吉喜之意。鸡和席因为与"吉""喜"的声音相谐从而演化为皖北婚姻民俗中比较典型的民俗事象。"背鸡席"的人在迎亲队伍中比较显眼，作用也比较特殊，比如迎亲途中，不管是熟悉还是陌生的人都可以向"背鸡席"的人索要鞭炮（俗称抠炮筒），即使开较重的玩笑，也不可气怒。在阜阳，迎娶时，男方会安排一男青年或男孩"背鸡席"，也就是把一只公鸡、一条芦席或竹席背到女方。返回时，女方再把一只母鸡也拴在芦席上，让"背鸡席"的男青年或男孩一并背回。淮北、宿县一带，青年男女结婚时，女方送嫁妆的行列里会有个男青年抱着一只公鸡和一只母鸡。这对鸡叫"喜鸡"，又叫"长命鸡"。"鸡"谐音"吉"，意表吉祥。鸡选红色，以示吉利，灰白等杂色忌用，连绑鸡双腿的麻绳也要染成红色，预示着夫妻永远相亲相爱、百年和好、白头偕老。喜鸡须选用当年母鸡孵出的小鸡，象征婚后青春常在。忌用隔年老鸡,因为那样有"老夫老妻"之嫌;也忌用一只当年小鸡和一只隔年老鸡,否则有"老夫少妻"或"少夫老妻"之嫌。长命鸡不杀不卖,直到老死同葬一棵果树下,以示"生同床,死同穴"。濉溪县,迎亲时有一男孩压轿前往,后面跟着两个抱鸡的,先抱去一只公鸡,回来时女家送一只母鸡,一同抱回以求吉利。轿杆上挂猪肉一块谓之离娘肉。"背鸡席"的习俗在皖北各地也有一些差异,多数地方迎亲时有专职"背鸡席"的人,但有些地方则无专职者,如凤台县,婚期当天早上发轿,轿杆上放一只公鸡,随带四色礼。回来时,女方给一只母鸡,名为跟轿鸡,表示双双对对。回来时不走原路,沿途要燃放鞭炮。

(5) 吃梨上轿

砀山县为我国著名的梨乡,砀山酥梨闻名遐迩。砀山婚嫁有"吃梨上轿"的习俗。

新娘上花轿之前,由母亲和女性亲属陪坐房中。母亲或者女性亲属削一只梨给新娘吃。母亲在新娘吃梨时,念道:"吃了梨,离开了娘,两口日子蜜一样甜。"之后,母亲再把两只石榴塞到新娘的荷包中,念道:"离了娘,去婆家,实心实意留婿家。""梨"谐音"离",吃梨等于吃掉"离异";石榴,谐音"实留",就是"实心实意地留在婆家",就是和丈夫永远在一起、白头偕老之意,表达了母亲和娘家亲人对远嫁新娘的良好祝愿。

(6) 椅(依)靠

皖北有些县市,新娘上轿前要在椅子上背靠椅背坐着,再由哥哥或叔伯抱上轿。"椅"谐音"依",寓意依靠:有娘家的依靠和婆家的依靠。这是一种祝愿:在娘家有椅(依)靠,到婆家仍然有椅(依)靠。

(7) 套被子

结婚要套被子,通常在被子四角和中间要放进去枣子、花生、核桃等。"枣子、花生"谐"早生贵子","花生"还有"花着生"(男孩女孩交叉着生)之意。"核桃"寓"夫妻和睦"。被子要找上有老下有小的妇女套,而且不能在五至七月间套,以避"五离七散"。

(8) 抱瓶

新娘在轿内怀抱花瓶或宝瓶壶,或者下轿后,抱住迎亲妇人送来的玉瓶或宝瓶壶。"抱瓶""宝瓶"谐"保平",取保平安之意,也有"新人下轿不空怀"之意。

如泗县,花轿到男家门前,先由童男或童女给新娘送"开口茶",内放桂圆、红枣之类,以示早生贵子;然后送宝瓶壶,让新娘抱之于怀,再由女傧扶新娘出轿。萧县,新娘花轿落了轿,男家先来两个中年妇女,打开轿门,递给新娘一个酒壶,让她抱在胸前,叫"送抱壶"。

(9) 穿棉袄

皖北有些地方新娘有穿棉袄的习俗,无论冬夏。棉袄是厚的,薄薄的"厚"

谐丰厚的"厚",寓意将来家资丰厚,家财万贯。如萧县,新娘上花轿,全身穿着红衣裳,五六月也得穿薄袄,叫"新人不穿单";亳州,结婚的日子,新娘忌穿单衣,就是六月天气,新娘也要穿男家送来的暖衣,取温暖之意。

(10) 踏席(袋)

皖北很多地方,新娘有踏芦席或麻袋的习俗。新娘进门时,双脚不可着地,而要踩着男家铺设的芦席或麻袋而行。如:

固镇县,花轿抬到男方门前,鞭炮声中唢呐锣鼓齐鸣,新娘由两位伴娘搀扶,踏在铺好的新芦席上。男家先派两人传席子(一条接一条向前传,有"传代"之说),碎步走向洞房。

砀山县,花轿到男方大门前落下,在唢呐、鞭炮声中,男方一位少女将一个用红布包着的酒壶送给新娘(称送财贝壶)。另有两名与新娘属相不相克的少女扶新娘下轿,慢步走上铺在轿前的芦席,待走上第二条芦席时,再将第一条芦席从新娘头上漫过,如此周而复始,直至院庭中供桌前。

濉溪县则由两位伴娘搀扶新娘出轿,由胭粉客引路慢慢走在由两条芦席轮番铺垫的路上,使之脚不沾土。

五河县,新娘下轿后由两人搀扶走在席上,称"传代"。

凤台县,喜轿回到男家时,新娘、新郎由傧相搀扶,双双拜堂。拜后由家人在地上次递传送麻袋,称为"传代",为新娘铺路到洞房。"袋"与"代"谐音,传袋即传代,代代相传,兴旺发达。

怀远县花轿临门,开轿后新娘由搀亲者搀扶下轿,慢步走在交替接续的红色布袋或席子上,取代代相传之意。

传席风俗古已有之,在唐朝时就较为盛行了。白居易《和春深》诗中就有描述:"何处春深好,春深嫁女家。青衣传毡褥,锦绣一条斜。"这是富贵家以毡褥代替布袋。元陶宗仪《辍耕录·传席》:"今人家娶妇,舆轿迎至大门,则传席以入,弗令履地。"清人王棠也在《知新录》中谈到:"今人娶新妇,入门不令足履地,以袋递相传,令新妇步袋上,谓之传袋,代、袋同音也。"这种婚俗,是取传宗接代的吉兆。

(11) 撒帐

撒帐,又称撒床,是皖北婚礼习俗中的重要内容。撒帐者在新娘踏席过后走进洞房时将若干果品等撒向新娘(婚床、洞房),边撒边唱,祈求子孙绵延、世代繁盛。撒帐时多离不开红枣、花生、桂圆、栗子等实物。撒帐者和撒帐所唱的内容有所不同,但祝愿相同。如:

阜阳,新郎新娘进入洞房时由同辈分的人端着红枣、花生、桂圆、栗子(取谐音"早生贵子"),一把一把地向新娘身上撒去,边撒边唱:"一把金,一把银,撒得新娘进了门,新娘含笑进了门,好像仙女下凡尘;仙女下凡配董永,男耕女织治家勤。一把金,一把银,撒得新娘进了村。村上老幼门前看,像似迎接王昭君;昭君出塞美名传,天涯海角结秦晋……"

利辛,撒床人必须是父母健在、儿女双全的女性,在新人未就寝前,把红枣、染红的花生盛在笸斗里,突然撒向新娘怀里,边撒边唱喜歌:"一把花生一把枣,闺女小子满道跑。生小子要好的,生闺女要巧的……"经济条件好的家庭也有撒栗子(立子)、桂圆(尊贵之意)、香烟(香火延绵)等物以其谐音祝吉祈福。

界首,撒床者将红枣、花生、栗子、糖果等向新娘身上撒去,边撒边唱①:

进了新房喜洋洋,新人请俺来撒床。
绣花门帘三尺长,伸手挂在金钩上。
牙子床,真是美,四块金砖垫床腿。
新人床,奇世材,龙宫将腿造上来。
龙宫腿,黄金称,八宝扣榫好威风。
鸳鸯枕,红绫被,郎才女貌新人配。
一把栗子一把枣,撒得明年生个小。
一把栗子一把糖,撒得孩子会叫娘。
一把撒到床东头,金银财宝往家流。
东一把,西一把,槽头拴着骡子马。
新郎新娘思想好,百年夫妻同到老。

太和,撒床婆唱着《撒床歌》进来撒床②:

无事不进新人房,东家请俺来撒床。
台头观洞房,喜气闹嚷嚷,
一边是鸳鸯,一边是凤凰,
飞来飞去落到梨花宝镜上。
迈走进洞房,洞房好风光。
红绫被,锁金帐,鸳鸯枕,甚奇样,
珍禽异花绣得好,两边又插字两行。
叫秋菊和海棠,端五果来撒床。
头一把撒的是天赐良缘,二一把撒的是龙凤呈祥。
三一把撒的是相敬相爱,四一把撒的是地久天长。
五一把撒的是万事如意,六一把撒的是金玉满堂。

---

① 界首市地方志编纂委员会.界首县志[M].合肥:黄山书社,1995.
② 太和县地方志编纂委员会.太和县志[M].合肥:黄山书社,1993.

七一把撒的是东窗画眉张京兆,八一把撒的是举案齐眉汉孟光。

九一把撒的是观音送子床前站,十一把撒的是明年生个读书郎。

撒罢床,出洞庭,东家请俺吃喜糖,你们大家来闹房。

在皖北,撒帐者不一定都是女性,也有男性的。如:固镇县,由平辈男子将五谷杂粮、枣子、铜钱等向新娘头上抛撒,而濉溪县,则由男家兄长抓着盛放在竹筛中的红枣、花生、栗子、核桃(核桃谐"和睦")等物往新娘头上、身上抛撒,边撒边唱撒帐歌。砀山县,新娘两旁各有一人向新娘头上撒红枣、花生、桂园、栗子、麸皮等物,"红枣、花生、桂园、栗子"谐音寓意"早生贵子","麸皮"之"麸"谐音"福",预示福满堂。

撒帐婚俗利用枣、栗、桂圆、花生等事物的谐音象征抒发传宗接代、延续香火的情思,祝福新人早生贵子、同心合好、富贵长寿、人丁兴旺、钱财无尽。撒帐习俗起源于汉朝。徐矩《事物原始》说:"李夫人初至,帝迎入帐中共坐,欢饮之后,预戒宫人遥撒五色同心花果,帝与夫人以衣裾盛之,云得果多,得子多也。"

(12)斗、秤等

皖西北地区结婚仪式上多有斗、镜子、秤、瓶、如意等实物。这些民俗事象其实皆有谐音寓意。通常盛粮食得用斗,婚礼上摆放斗暗寓婚后生活丰衣足食。镜子用来避邪,也有说"明白如镜"或为心心相照,天人共鉴,永不变心。秤谐"称",寓意"称心如意"。瓶即"守口如瓶""平平安安"。如意,顾名思义,祝愿生活如意、事事如意。如阜南、临泉、利辛等地,婚礼当日,院中有一供桌。桌上点燃香烛,放着一个盛高粱的斗,斗内放一面镜子,插一杆秤。新娘至供桌前,与新郎共拜天地(称拜堂),拜毕,新郎抱起供桌上的斗,引新娘入洞房,把斗放在床上,用秤杆挑去新娘头上的"蒙头红",夫妻共饮交心酒。

(13)生不生

皖北各地,新人入洞房都有吃子孙食或喝子孙汤的习俗,只是食的内容或汤的内容不尽相同。有的是饺子,有的是鸡蛋,有的是面条,有的是疙瘩汤等等,但无一例外,这些食物都不做熟,窗外站着个小孩儿(或者闹洞房的人,有的地方是新郎的嫂子)问:"生不生?生不生?"新娘则娇羞答答地回应:"生!"生熟之"生"谐生育之"生",寓意新娘能生儿育女,传宗接代,延续香火。

这些半生不熟的食物并不会影响新娘的身体健康,因为她只是象征性地吃一下,以谐音形式讨个口彩。

有些地方不止是在入洞房时通过吃不熟的子孙食表达对生育的祈福,还会在新娘的陪嫁中放入生的物品以达到同样的目的。如阜阳,在新娘的陪嫁衣箱中,放些染红的花生和果饼。花生是生的,果饼不能做熟,图"生"字与"生产、生育"的吉祥联想。

（14）床不离七

新婚的大床颇多讲究，所用的木料忌用桑木、楝木。"桑"与"丧"谐音，"楝"与"殓"谐音（也有说"楝"与"链"谐音，"链"指不正当的男女交欢），对新婚的夫妻来说都不吉利。新床长、宽、高都离不开数字"七"(寸)。"七"与"妻"谐音，床不离七，寓为能娶上媳妇。如蒙城、界首等，素有"楝（殓）不做床"之讳，多用杏树、椿树、榆树做床，床宽三尺七寸（市尺），长六尺七寸，高一尺七寸，意取"床不离七（妻）"，床成，忌说"四条腿"（夫妇二人是四条腿，意味着无儿女，所以忌讳说"四条腿"），要说满床腿（腿多意味着儿女多）。

3. 丧葬习俗中的谐音

（1）寿材以柏木为上

寿材选料以柏木为上，一来柏树在地下不容易腐烂，二来"柏"与"百"语音相同，寄寓很多年（"百"年）之后才用得着这副棺材，也就是祝愿寿材主人长寿。忌用楝树，因为"楝"与"殓"相谐，有促寿材主人早死的不好联想。

（2）"寿木"运输时随鸡

做棺材的木材俗称"寿木"，在运输时要系上红布，跟随一只公鸡，以趋吉避凶。"鸡"与"吉"音谐。

（3）寿衣忌用洋布、缎子

寿衣常用棉布做，忌用洋布（机器织的布，针对农家自己用织布机织的粗布而言）、缎子。"洋"与"阳"谐音，去阴间穿着带有阳间含义的寿衣，极为不利，会给死者带来灾难，难以转世。死者还不能穿缎子衣服，怕后世断子绝孙。"缎""断"谐音。

（4）引魂鸡

送葬人群至墓地要带一只鸡，这只鸡即为引魂鸡，又叫领魂鸡，其作用是将逝者灵魂引到坟地，如此才吉利。"鸡"与"吉"谐音，借此来祝愿逝者魂尸相随，入土为安，大吉大利。

（5）忌陪葬褂子

褂子谐"挂子"，意即死者会将子孙挂走，对子孙不利。

（6）忌烧连七纸

葬后逢"七"祭祀，都要提前一天，忌烧连七纸，只可隔七烧纸。"七""妻"谐音，"连七"会将妻子连走，对妻子不利。如死者为女性，"连七"会被妻子连走，则会对活着的丈夫不利。

（7）"五七"

葬后三日圆坟，"一七""三七""五七""百天"都要祭祀。这其中最隆重的祭奠活动是"五七"，又叫上"五七坟"或上"五期坟"。"五七"，谐"吾泣"，一家人最悲哀的丧期。在阜南县,上"五七坟",闺女更要狠哭,说是五阎王最厉害,但他没有闺女,闺女们一哭他的心就软了,就会大发慈悲,减免对死者的残酷惩罚。另外,"五七",丧事已经过去一个多月,逝者已逝,生者应好好地生活,宜尽快恢复原有的气氛和生活、生产次序,"办丧期"到此该结束了。

4. 地名、姓名中的谐音

(1) 乐土、涨子街、长集、垂岗集、找沟、河溜镇

皖北有些地名蕴含着丰富的谐音文化。

蒙城县的乐土(位于县城南13千米),原名骆驼铺,因其地势南北高,中间低,形若驼峰而得名。明代兴集,设邮传铺。"骆驼"与"乐土"音近,后人为祈求太平吉祥,利用谐音,将其改名为乐土。

临泉县,人们出门卖东西见塔不说塔,而说"涨"("塔"与"踏"音谐,不吉利)。老集区李湖乡东北与阜南县交界的地方,原有以塔兴集的塔子街(已集废名存),后被生意人改称为"涨子街"。陶老乡的长集,原名塔集,也是为生意人所改。这两个地名的更改,蕴含着当地人们趋利避害的心理。

鲁迅曾经说过:"在北京常看见各样好的地名:辟才胡同,乃兹府,丞相胡同,协资庙,高义伯胡同,贵人关。但探起底细来,据说原是劈柴胡同,奶子府,绳匠胡同,蝎子庙,狗尾巴胡同,鬼门关。字面虽然改了,涵义还依旧。"(《华盖集·咬文嚼字》)皖西舒城、霍山、岳西三县接壤处有个叫毛坦厂的小镇,近年来因为有个被称为"亚洲最大的高考工厂"的"毛坦厂中学"而令人瞩目。小镇因在茅草丛生的荒凉河滩上建起,故称茅滩场,后谐音得名。这些都是求美尚雅的心态使然。人们通过谐音的方式将这些近似口语、略显粗俗的地名,加工得趋于雅致。皖北地区的人们亦然。颍上县的垂岗乡,明末清初时,这里的老百姓以烧窑打缸为业,此地兴集,名为"打缸集"或"捶缸集",后来雅化为"垂岗集"。泗县东北有个村庄原名叫"找狗",源自一个传说:明代有一位徽商来此地做生意,不小心将一锭白金掉落地上,徽商没发觉,但跟随他的狗看到了,便扑到白金上吠了一阵,以示主人来捡,可徽商未在意,扬长而去。徽商回到家后发现白金丢了,狗也未见到,就匆匆按原路返回寻找。好不容易找到失金地点,发现狗已饿死,但犹如小狮一尊。徽商推开狗身,发现了白金。义犬的忠诚感动了徽商,他在此为爱犬建立了一座祠堂,名曰"义犬祠"。天长日久,当地人便将此地唤作"找狗",或"找狗村""找狗乡"。"找狗"这个名字不太雅致,后来改作"找沟"。

怀远的河溜镇,本为"何溜镇"(因该地居民多为何姓),涡河流经此处时因转弯急、河槽窄,从而形成"迅急的水流","何""河"同音,久而久之"何溜"演变为"河溜"。"溜",指"迅急的水流",谐音演变而成的"河溜"地名,更好地反映了

当地的水流地貌特征,体现了沿淮地区的水文环境。

(2) 姓名寓意

皖北人取名,很多姓名用字中运用谐音寄予美好的希望。如顾家旺、马友图、于得水、郝梦媛等,就是暗含顾家兴旺、马家有前途、如鱼得水、好梦圆(实现)的意思。给子女取名"程天爽",希望子女成天爽快,天天快乐;取名"陈招娣"是希望"招来弟弟",祈望能生个男孩。而常见的"栓柱、留柱、锁柱"之名,显然是谐音"拴住、留住、锁住",家长期望宝贝儿子好长,不被阎王带走,长命百岁。

(3) 认干亲崇尚"刘、柳、程"姓,忌"王、史、施"姓

人们认为"刘、柳"与"留"谐音,孩子认给他们,就能把孩子留住。"程"与"成"谐音,寓孩子能成人、成才。忌讳认给"王、史、施"的人家,因为"王"谐"亡","史、施"谐"死",对孩子不吉利。

(4) 姓氏避讳

姓陈的船民,不说姓"陈"("陈"与"沉"音同),说"耳东";姓"熊"的女子,不说姓"熊"(与皖北地区口语中出现频率极高的贬义词"熊"同),往往改随夫姓,如"张、王"什么的;姓"裴"的老板往往不说姓"裴",因"裴"与"赔"同音相谐,改说"贝"之类有好的谐音联想字。

5. 日常生活习俗中的谐音

(1) 桌不离九

饭桌桌面讲究的尺寸是二尺九,就是小饭桌也是一尺九。"九"和"酒"谐音。桌不离酒,就是希冀过上好日子。

(2) 忘生

小孩满周岁之日叫过生。通常小孩过一周、二周、三周的生日,也有不给小孩过生日的,谓之忘生,取谐音"旺兴"之意。

(3) 送粥米

添丁进口,皖北有送粥米习俗。如利辛县,第一胎婴儿生下第七天,主家煮红鸡蛋送往孩子的姥姥家报喜。男孩送单数,女孩送双数。第十二天,亲朋至友为孩子"送粥米"。旧时送"锞子",隐含"课子",教子成人;送"金耳",谐"金儿",取生子贵重意;送"枣、栗、葱、蒜","枣、栗"谐"早立","葱"谐"聪","蒜"谐"算",寄寓孩子早日成人,聪明俊慧,以掌家计,皆有祝福之意。近年来送粥米,多为一斗米、面,数斤油条、红糖、鸡蛋,小儿衣服、被子、毛线、鞋、袜、帽等装入篮子,"篮子"谐音"拦子",祝愿婴儿健康成长;衣被忌用绸缎制作,因为"绸缎"

有谐音"愁子""断子"不祥之意。①

(4) 走满月

新生儿满月后,母亲带孩子回娘家,称走满月。界首,去时习惯带上一束桃树枝,上拴红线,以驱恶避邪。通常男孩住五天后回家,寓意为"五大三粗"。孩子回来时姥姥家给一只鸡带回。"鸡"谐音"吉"。

(5) 祝寿

老人年届66、73或80岁,儿孙、亲友们要为其祝寿。"66岁",送"双刀肉"(肉中间割一刀),俗话说"六十六吃块肉"。另外准备用面蒸制的"寿桃"、馒头(上加红点)、扁食、糕点、酒等礼品,礼品的数量离不开"六",意取"六六大顺"。"73岁",送鲤鱼,俗话说"七十三,送条鲤鱼猛一窜"(意取闯关)。80岁寿辰比起66岁、73岁来更为隆重。祝寿多选数字相合的日子,如66岁寿辰常选农历初六,73岁寿辰常选农历初三或初七,80岁寿辰常选农历初八。祝寿要吃面条,因面条是长的,取长寿之意,俗称"长寿面"。长度的"长"谐时间的"长"。

(6) 住宅

建房用木忌用桑、楝,有"桑楝不入房","桑不进院,楝不入室"之说,因桑、楝与"丧、殓"同音,视为不利。蒙城县、临泉县、太和县等住宅习俗中,建房材料崇尚枣树做屋脊,榆树当房梁,杏树做屋门。"枣脊、榆梁、杏树门"谐音"早积余粮幸福门",彰显出对美好生活的向往。庭院里喜欢种植石榴(多子)、槐树(长寿、富贵)。屋前忌栽桑树,屋后忌栽柳树,有"前不栽桑,后不栽柳"之习俗(桑、柳与"丧、溜"同音,以为不吉)。阜南县住户院内忌栽桃树,"桃"谐音"逃",以为不祥。

(7) 说合

说合忌"散"。临泉县,买田地请中人和接亲央媒人设宴席忌用馓子和豆腐做菜,因为"馓"谐音"散",不吉利;吃豆腐"嘴松",怕说不成。太和县,为人说媒忌带伞,"伞""散"同音,带伞为犯忌。

(8) 中秋食物

农历八月十五日为"中秋节"。这天,人们举家欢宴赏月,祈求团聚、康乐和幸福。中秋节所吃的食物,习惯上都是圆形的(取其团圆之意),所以俗语说:"八月十五是中秋,西瓜、柿子、月饼共石榴。"

(9) 酒

在皖北酒有个说法很特别,即"拐弯的"。为什么酒叫"拐弯的"呢?因为"拐弯"隐含"九"字;"九"与"酒"谐音,故暗指酒。绕了一个不大不小的弯

---

① 利辛县地方志编纂委员会.利辛县志[M].合肥:黄山书社,1995.

儿呢。

6. 民间文学艺术中的谐音

(1) 歇后语中的谐音

皖北歇后语中的谐音现象比比皆是,因为谐音是歇后语的重要构成手段之一。如:

老龙王搬家——离海(厉害)

拄着拐棍上炭窑——找煤(霉)捣(倒)

狗头上安角——出羊(洋)相

新媳妇不上车——讲轿(究)

卖布不带尺——存心不量(良)

一两面熬锅饭——不稠(愁)

老公鸡头上的肉——大小是个冠(官)

曹寺的石榴——没核(孩)

连边胡子吹喇叭——毛鼓(估)着

有的还带有传说理据。如"周棚牌坊的老石人——你真老实(这是反话,指不老实)"。这个流行于阜阳周棚的歇后语,背后有一个传说:周棚西某村庄有位大闺女得病,怎么也治不好,日渐消瘦,奄奄一息。母亲眼见闺女就不行了,走到闺女床前问道:"闺女啊,所有的先生都看不出你的病,你究竟得的什么病啊?有话可以对娘说。"闺女听了,扑簌簌流下几行眼泪,哭着对娘说:"娘啊,闺女既然已经是快死的人了,我就实话实说吧:每天深夜都有一个黑大个子男人来跟我睡觉,一到鸡叫就走了。闺女实在叫他折腾得撑不下去了。"母亲问道:"那人什么模样呢?"闺女说:"看不到是什么模样,就知道他身穿黑大褂,感觉他浑身冰凉冰凉的。"母亲告诉女儿:今天夜里他再来,趁他不在意,你把娘给你准备的线蛋子缝在那家伙的黑大褂上,就知道他是什么妖孽了。女儿依计而行。第二天早晨,父母亲顺着线寻找,一直撑到周棚牌坊的老石人旁边,那线蛋子还没扯完呢。父亲大怒,找来一个大锤,抡起锤子几下子就把那石头人的胳膊砸了下来。果不其然,自从砸毁那石头人后,闺女的病渐渐好了。从此,周棚附近也就多了一个歇后语:周棚牌坊的老石人——你真老实。它利用"石"与"实"的谐音,意在表明,貌似老实的人其实并不老实。①

(2) 剪纸、壁画、木雕、石雕等中的谐音

皖北民间艺术品、民间建筑装饰艺术,如剪纸、壁画、木雕、石雕等中大量使用了谐音,以谐音来托物寓意。例如:用鹿谐"禄",用鱼谐"余",用冠谐"官",用

---

① 武杰民.妙趣横生的阜阳方言:淮北土语面面观之十[EB/OL]. http://blog.sina.com.cn/wujiemin675899.

猴谐"侯",用蝙蝠谐"福"。剪喜鹊站在梅(梅谐音"眉")树梢上的图纹,表示"喜上眉梢";剪两个柿子(柿谐音"事")和一个如意的图形组成"事事如意(顺利)";剪鹿(鹿谐音"六")与鹤(鹤谐音"合")一并构成"六合同春";剪金鱼(鱼谐音"余")及荷花表示"富贵有余,年年有余",金鱼在缸里表示"金玉满堂";剪鸡(鸡与"吉"谐音)与鱼,组成"吉庆有余";剪象背载花瓶表示"太平有象";剪万年青、如意表示"万事如意";壁画上的松与鹤图案组合,谐音成"松鹤延年";鲶鱼画,谐音成"年年有余";石狮座上"万"字形花边、柿子树与玉如意图案组合,谐音成"万事如意";古民居花门木雕上蝙蝠与海浪图案组合,谐音成"福如东海";等等。

(二)皖北谐音民俗的成因

皖北丰富多彩的谐音民俗主要源自皖北先民们的语音崇拜、语音避忌及其审美追求,有其坚实的语音基础和心理基础。

1. 语音崇拜

祈求幸福安康在民俗形式中特别常见。"社会的和平安定,繁荣富强;家庭的和谐幸福,子孙繁昌;仕途的畅达顺利,尊荣显扬;人生的长命百岁,喜乐安康,都是人们所期望的。在语言习俗上,首先表现为对褒美词语以及反映一些人们认为具有某些优美品行的事物的词语的崇尚上。……通过对这些词语天长地久的崇尚,在人们的潜意识中,反映这些词语的语音组织已深深地扎下了根。"[①]在皖北地区生活、生产等民俗活动中,许多民俗事象都包含有这种对美好事物的崇尚谐音。比如,阜南县大年初一午餐吃馏蒸馍,喝年三十中午剩饭煮的米汤,就是通过谐音取"蒸蒸日上""年年有余"的祝福祈吉之意。蒙城县新人入洞房,撒床妇女用红枣、栗子、麦麸子及染红的花生,撒在新人床上(双涧等地拜堂时撒向新人),边撒边唱撒帐歌。"红枣、栗子、麦麸子、染的红花生"这些民俗事象谐音寓意"早生贵子富贵满门",体现的是一种语音崇拜。

临泉县抚养新生儿有"破衣包裹""种葱蒜"等习俗。婴儿呱呱落地时要用大小孩的旧衣服包裹起来,如果是男孩,就要用男孩父亲的破衣裤包裹起来。俗话说"穿得破布,百事可做","裤"与"苦"谐音,婴儿自幼穿得旧破布,长大经得起艰辛。婴儿第一次理发,即"剃胎头"时,事先挖好一把葱、一把蒜,并准备好一把斧头。剃头师傅上门后,婴儿由其爷爷抱着坐在板凳上,脚下踩着用红布或红纸包着的葱、蒜、斧头。胎头剃好后,葱、蒜由婴儿的父亲马上拿去栽种。"葱"与"聪"、"蒜"与"算"、"斧"与"福"谐音,脚踩葱、蒜、斧意为婴儿聪明、会算,

---

① 曲彦斌.中国民俗语言学[M].上海:上海文艺出版社,1996:29.

生长在福地,祝愿婴儿长大后聪明伶俐,运气好。此外,葱、蒜生命力旺盛,栽于土中很快便能生根、发棵,预示婴儿像葱蒜一样茁壮成长。

2. 语音避忌

语音崇尚源自趋吉心理,故意提及相关的语音(利用同音、近音)是其重要的表现。与此相反,语音避忌源自避凶心理,表现为当某种事物需要避忌,在语音上需不提及(避开同音、近音),如果非要提及,就用某种变通的说法来暗示需要表达的意思。

蒙城、临泉等忌讳用桑树做门,界首也忌讳用桑树做建房木材。这些都是谐音讳"丧"。

阜阳宴宾食俗:平时亲朋好友来家,一般要有四到十个菜,忌讳上八个菜,因为"八"同"扒",有"狗扒桌子"之嫌。太和,宴客也不用八碗菜,"八""扒"同音,俗谓"狗上桌子扒碗席"。临泉县,盖房子的高、宽尺寸和用砖砌墙,都忌八。因"八"与"扒"同音,意即房子要讲年长久远,遇"扒"不利。太和,私人建房,忌初八、十八、二十八动工,"八""扒"同音,为不吉利。

涡阳是老子的故乡。老子,姓李名耳。在涡阳,为了避讳老子的李姓,水果李子不叫"李子",叫"辉子"。

在皖北地区,凡是卖猪、牛、羊肉的地方,一律把"舌头"叫作"赚头"(避开"舌"与"折"同音),把耳朵叫"顺风",取意"顺"字,寓意"一顺百顺"。把"雨伞"叫"雨淋子"(避开"伞"与"散"同音),把"生姜"叫"拐子"(避开与牲畜生殖的动词"jiāng"同音),把棺材叫作"活",也是为了避开不愉快的联想。

皖北淮河两岸船民把船上的帆叫作"篷",而不叫"帆"(避讳"翻"),收篷叫"落篷",开船叫"走船",停船叫"住船",忌讳说"乘船"(沉船)、"帆船"(翻船)。吃饭时,饭不够吃要添饭不能说"盛(沉)饭",要称装饭、舀饭、添饭。称船主为管船的,不叫"老(捞)板"。

3. 审美追求

马克思在著名的《经济学——哲学手稿》中说过:"……人类能够依照任何物种的尺度来生产并且能够到处使用内在的尺度到对象上去;所以人类也依照美的规律来造形。"事实也表明,人类对于自己所关涉的事物都是"在它满足了实用的需要之后,同时要它满足审美的需要"。① 语言活动也是如此。语言活动最根本的目的是传递信息、情感,通过双向的信息沟通完成自己的意图,实现自己的目的。然而语言活动并非简单进行信息、情感的交流与沟通,而是在进行实用追求的同时,还有一种审美的追求。正如钱冠连在《美学语言学》中所

---

① 蒋孔阳.美和美的创造[M].南京:江苏人民出版社,1981.

说:"在一切言语活动、言语行为中,人总是要选择能够迎合自己生命的动态平衡的需要并引起舒心悦耳的美感的话语形式。"①

谐音民俗是在谐音语言活动基础上形成的风俗习惯,它和别的语言活动一样,既有实用的追求,也有审美的追求。如果说趋吉避凶、趋利避害是谐音民俗言语活动最为重要的实用追求,那么谐趣就是谐音民俗言语活动中最为重要的审美追求。汉语中音同(音近)而义不同的字词特别多,利用这种音同(音近)而义不同的字词关系可以创造出一种谐音音趣——同音(近音)异义情趣。如大喜的日子、隆重的节日,小孩子不慎打碎了碗、碟之类,大人们一般不责怪,常常会笑着说"碎(岁)碎(岁)平安"。这种谐音民俗就是在美好的日子里、轻松愉快的氛围下图个吉利——这是其实用追求,但同时"碎"与"岁"的同音利用,又创造出一种同音异义的谐音情趣——这是其审美追求。这种审美追求在皖北民俗歇后语中有更明显的体现。如:

麻包换草包——一袋(代)不如一袋(代)

云彩眼里的绣鞋——不是凡脚(角)

枣核截板——两锯(句)

秃子买木梳——没的梳(说)

孟昭金和泥——做(揍)孩子头(孟昭金是宿县北部著名的工匠)

这些歇后语的产生、使用既非源自语言崇拜,也非源自语言避忌,而是一种生活情趣的追求,增添表达的新颖性、生动性。

4. 皖北谐音民俗产生的基础

皖北谐音民俗的产生有其坚实的语音基础和心理基础。就语音基础而言,皖北话与汉民族共同语一样,存在着的大量的同音、近音、多义现象。大量的同音、近音、多义现象的存在是谐音表达产生的不可或缺的物质条件。

趋吉避凶心理、求美尚雅心理与谐趣心理是皖北谐音民俗产生的心理基础。人类普遍渴望健康、幸福、富裕、快乐,厌恶灾难、痛苦、死亡、疾病、贫穷,避凶求吉是人类的普遍心理,这种心理反映到语言上就形成了语言崇拜和语言避忌现象,表现在语音上就形成语音崇尚和语音避忌民俗语言现象。

"语言的禁忌和崇拜深深地渗透和扎根在各民族的文化之中,反映着人类对各种事物的认识及所形成的观念。在面对生命、鬼魂、自然、图腾、祖先、占卜等文化内容,或出于敬仰、希求,或出于恐惧、不解,而禁忌和崇拜恰是用以维护这种心理平衡的两个方面,合而成为一种特别的社会心理定势,制约人们的思维和行为。语言禁忌和崇拜与其说是人类对语言的神秘力量的拜服,不如说是

---

① 钱冠连.美学语言学[M].深圳:海天出版社,1993.

语言所涵盖的文化内容对人类的思维和行为的规范。"① 陈原认为"在对自然现象和自然力太不理解的环境里,语言往往被与某些自然现象联系起来,或者同某些自然力给人类带来的祸福联系起来。这样语言就被赋予了一种它本身所没有的、超人的感觉和超人的力量;社会成员竟以为语言本身能够给人类带来幸福或灾难,竟以为语言是祸福的根源。谁要是得罪这个根源,谁就得到加倍的惩罚;反之,谁要是讨好这个根源,谁就得到庇护和保佑。这就自然而然地导致了语言的禁忌和灵物崇拜"。② 王苹也认为"汉民族乃至整个人类,自古以来对语言都有着一种崇拜和信仰的心理,即语言拜物教(wood fetishism),认为语言有着超自然的精神力量,它们能降福施吉,也能招灾引祸。因而,人们希望通过语言来沟通人和自然的关系,通过语言来回避自然对人的伤害,借助语言的为善能力求吉祈福;对语言的为恶能力则用禁忌加以回避。表现在语言中,便是谐音方式的应运而生。人们通过谐音,可以给一些最普通、最平凡的事物涂上喜庆的色彩,寄托自己的美好愿望;也可以给一些认为会给自己带来灾祸的事物换个名称,换成另一种语音形式来表达,以此获得心理上的满足与安慰"。③ 应该说皖北语音避忌和语音崇尚的习俗产生也是如此。皖北先民、皖北民众在生产过程中,在社会生活之中将语音形式和其联想的意义、联想的事物联系起来、等同起来,认为吉福语词自身和其声音相同、相近的语音形式会给人带来福运,而那些灾祸不吉的语词自身和其声音相同、相近的语音形式会给人带来霉运。对吉祥美顺的向往与对灾难凶险的惧避逐渐形成皖北先民、民众的强烈的社会心理需求,从而逐渐形成了皖北地区带有自身特色的语音崇尚和语音避忌谐音民俗民风。

另外,求美尚雅心理与谐趣心理形成皖北先民、皖北民众在日常语言中积极的审美追求,这种审美追求促使皖北地区既有源自语音崇尚和语音避忌的谐音民俗民风,又有有别于这两者的谐趣式的谐音民俗民风,即通过谐音创造生活的情趣,既有益身心,又美化了生活。

---

① 沈刚.谐音禁忌与崇拜的文化学解释[J].绍兴文理学院学报,1996(2):62.
② 陈原.社会语言学[M].上海:学林出版社,1983:337.
③ 王苹.汉语谐音表达的客观基础[J].修辞学习,2000(2):8-9.

第三章　皖北语法民俗

　　语法现象的独特性是民俗语言的重要方面与重要体现。皖北语法民俗表现于皖北方言的独特的语法现象。应该说皖北方言与现代汉民族共同语普通话以及其他方言在语法层面上有很多相似性,但也存在一些特殊的现象,从而形成皖北方言语法结构上的特色,与皖北方言语音、语汇上的特色一起构成皖北方言的语言民俗文化的重要方面。比如,皖北方言中的量词和普通话中的量词有些是相同的,有些则是独具特色的,像"合"(两扇门称一合门)、"气(儿)"(一气儿茶)等,这种独具特色的语法现象的存在凸显了皖北方言语法的民俗性。

一、色彩纷呈的词法现象

(一)名词的词缀

1. 后缀"子"

　　皖北方言中由后缀"子"构成的词——"子"尾词极其丰富,数量远超普通话。"不仅普通话绝大部分'子'尾词在皖北方言中仍是'子'尾,而且大量的普通话非'子'尾词在皖北方言中也带'子'尾。据不完全统计,皖北方言中的'子'尾词达 700 条以上,其中与普通话共有的'子'尾词约有 316 条,其余 380 多条基本都是皖北方言有而普通话没有或极少使用的,其中以三音节'子'尾词为甚。"①例如:

　　晕子、皇子(汉子,含有戏谑、贬低之情)、媳子(对已婚成年女性的鄙视、辱骂称呼)、咯子(跳蚤)、洼子(白鹭)、嘴唇子、脖梗子、被页子、顶绳子(顶针)、瓷碗子、竹床子、酱油子、面糊子、丝瓜子、面条子、肉丝子、豆芽子、蝴蝶子、蝙蝠子、蚂蚱子、扁

---

① 侯超.汉语词缀的功能与皖北方言的"子"尾[J].南京师范大学文学院学报,2012(3):179.

嘴子、麻咋子、房檐子、盐子子、麦子子、蛋子子、屁篓子、今年子、春天子、早清子(早晨)、东边子、西头子、下巴壳子、额勒头子、乌勒头子、左不拉子、惊摆头子、数摆头子、红芋秧子(红薯藤)、锅壳郎子(一种以柴火为燃料的土制的炉子)、过勒底子(指农村住人的院子门口内侧的过道)、手掀头子、指甲盖子、鲫鱼巴子、脊梁沟子。

皖北方言中的后缀"子"具有成词、转类、变义、增义等功能：

(1) 成词。附加于不成词的语素之后，使之构成合成词。例如：蛾子、妮子、二不愣子、胳勒拜子。

(2) 转类。将其他词类转化为名词，例如：黄—黄子、混—混子。有些情况下也可将动词性短语或拟声词转化为名词，例如：背锅—背锅子、打摆—打摆子、嗯嗯—嗯嗯子、唧嘹—唧嘹子(知了)。

(3) 变义。改变原词根的理性意义，常常是在转类的过程中实现的，转类的同时实现了变义功能，例如：冷—冷子，只变义不转类的"子"比较少见，例如：肝(指人的内脏)—肝子(指动物的内脏)。

(4) 增义。附加词根后，基本意义没有明显变化，只增添附加意义，如"指小""亲昵""喜爱""轻蔑""贬抑""非正式化(口语化)"等。如：瓜子子(瓜子儿)、小鸡子(小鸡)。①

皖北方言中的"子"尾词指人或人体部位的最多，其他也常见于表示动物、植物、日常用具、生产工具、天文气象、地理环境的名称以及用于表示数量等方面。就指人的"子"尾词而言，以贬义居多，常表达轻视、鄙视、贬斥、厌恶之情。"追溯源头，有的是重男轻女、男尊女卑的传统陋习导致的，如小舅子、小姨子、妮子、丫头片子等；有的是因为本身年纪小或不成熟而受到人们的轻视，如小子、小小子、半拉撅子、牛犊子、羊羔子、小秧子等；有的是生理或者心理缺陷形成的厌恶之情，如愣子、瞎子、憷子、信子等；有的是因为本身的行为偏离人们奉行的正义道德标准，如油子、痞子、流子、势利眼子等。"当然，"'子'作为词语的后缀本身不具有一定的感情色彩，它只不过在原有词根所表达感情色彩的基础上加强了这种贬义色彩，如信子、脚子、拐子、油子等，这些子尾词的词根'信、痛、拐、油(狡猾)'本身就带有贬义的色彩，加'子'尾一方面可以构词，形成指人的语义特征，另一方面加强了词根所表达的感情色彩。有些词根从词语形式上虽然没有明显的感情色彩，但人们某些传统观念和标准已经赋予它约定俗成的色彩意义，加'子'尾只不过加强了这种贬义的色彩意义，如小舅子、丫头片子、牛犊子、羊羔子等，'牛犊''羊羔'虽然没有明显的贬义色彩，但以物喻人，在人们的心里总是感到不伦不类、不恭不敬，所以指人时带有贬义色彩，加'子'尾

---

① 侯超.汉语词缀的功能与皖北方言的"子"尾[J].南京师范大学文学院学报,2012(3):179-180.

后,这种贬义的感情色彩更加鲜明和突出。'子'不仅能加强贬义的感情强度,而且也能加强褒扬的感情强度,如'大妹子'在原有词根的基础上加'子'就把两者的情感拉得更为亲密,语气也更加亲切。"①

2. 后缀"头"

皖北方言中,后缀"头"不读轻声,常跟在名词、动词、形容词性词语后面构成名词。如:

个头、块头、斤头、户头、手指头、额前头、洋葱头、洋蒜头、镐头、锄头、犁头、滑头、楞头、好头、坏头、忙头、荒头、多头、高头。

皖北方言中有一些加后缀"头"的名词,普通话是加"子"或"儿"的,如鼻头(鼻子)、桦头(桦子)、裤头(裤衩儿)、布头(布片儿)。还有些带"头"尾的名词是普通话所没有的,如鬼头(诡计多端的人)、楞头(做事情没头脑,且易冲动的人)、火头大(火势高)、水头大(水势高)、块头大(身材高而壮)、秤头硬(斤两足)、话头多(指人话多嘴快)、笔头快(形容很擅长写文章)、个头小(个儿小)、年头长(年代远)。有些动词性词语加上后缀"头"就变成了指人的名词,并含有贬义,如败乎头(任意毁坏物品、挥霍钱财的人)、拗筋头(特别固执的人)、绝户头(没儿没女的人)、二婚头(再婚的妇女)。

另外,"头"和"子"组成"头子"可以做名词后缀,表示短小、琐碎的事物或人。例如:

故事头子(啰唆琐碎的人)、褂头子(短袖衫)、裤头子(短裤)。

3. 后缀"货"

皖北方言中由后缀"货"构成的名词,多指人(指称具有某种不良性质的一类人)且含有贬义。如:"孬货"指品行不好的人,"骚货"指举止轻佻的人(一般指女人),"洋货"指说话做事不符合社会规范的人,"懒货"指懒惰的人,"笨货"指不聪明的人,"楞货"指做事莽撞的人,"烧包货"指喜爱炫耀自己的人,"邋遢货"指不整洁、不利落的人,"半吊子货"指做事情不符合情理的人。

4. 前缀"俺"

在皖北,口头面称亲属时习惯采用"俺+亲属称谓词"的形式。如:祖父大多面称"俺爷",祖母面称"俺奶";外祖父、外祖母呼"俺姥""俺姥爷"。呼父亲为"俺爸""俺爹""俺伯"或"俺大",母亲大都呼"俺妈"或"俺娘";呼兄弟姐妹为"俺哥""俺兄弟""俺姐""俺妹";呼舅、姨等为"俺舅""俺小舅""俺大舅""俺姨""俺大姨""俺小姨";等等。这种形式中的"俺"意义已经虚化,主要作用是为了表示亲昵、亲切、敬重的感情,可以看成与江淮方言等中"阿爷、阿妈"等亲属称

---

① 于芹.临泉方言中指人"子"尾词考察[J].阜阳师范学院学报(社会科学版),2005(2):64.

谓中"阿"类似的前缀。

5. 前缀"老"

词缀"老"是皖北方言中使用频率较高的名词前缀,其用法比普通话里的更加丰富。例如,它可以和某些形容词性语素组合构成名词,表示具有某种特征的人。比如:

老土:非常土气的人;老抠:非常吝啬、小气的人;老闷:性格非常内向,不爱说话的人;老拐:性格古怪的人;老粗:没有文化的人。

6. 前缀"二"

"二"是皖北方言中一个比较特殊的名词前缀,它可以和普通名称组合构成人物名称类名词(表示具有特定特征的人,含有讽刺意味),例如:

二杆子:指根本不懂道理,说话很随便,举止又很粗鲁的人。

二衣子:原先指阴阳人,现在指打扮得不男不女的少男少女。

二混子:指稍微有点不正派的人。

二愣子:指智力稍微比正常人差一点的人。

二黑子:指皮肤稍微比普通人黑一点的人,或者说不黑也不白的人。

二唱唱:指对上吹牛拍马,对下态度无常的人。①

(二) 动词的重叠形式与动词词缀

1. 单音节动词的重叠形式

皖北方言有两种单音动词的重叠形式是普通话所没有的。一种是"V+V+……"式,这种形式跟普通话"V着V着"的行为持续式相当。例如:

他哭哭笑起来了。(他哭着哭着忽然笑起来了。)

他们说说到家了。(他们说着说着到家了。)

他们喝喝没酒了。(他们喝着喝着没酒了。)

天下下出太阳了。(天下着下着突然出太阳了。)

另一种是"V+V+V……"式,这种说法不仅强调了动作的持续性,而且还可以表现出说话人的厌恶感情。例如:

哭哭哭,看你哭到好昝!(你不停地哭,看你能哭到什么时候!)

骂骂骂,再骂我揍死你!(你再不停地骂,我就揍死你!)

下下下,看你可能塌下来!(不停地下雨,看你能不能塌下来!)

讲讲讲,再讲我撕你的嘴!(再不停瞎讲,我就撕裂你的嘴!)

值得注意的是,这两种重叠形式其重叠成分都不读轻声。

---

① 岳刚.安徽五河方言语法研究[D].上海:上海师范大学,2010.

2. 行为单音动词＋后缀"着玩"

皖北方言存在着一种"单音节行为动词＋后缀'着玩'"的说法，用以表示消遣的方式，如：

他搁街上遛着玩。

他哪会唱歌，只能哼着玩。

他讲着玩可以，真让他上台讲演就不照了。

3. 单音动词＋后缀"乎"

在皖北方言里，有一些动词是由单音动性语素加后缀"乎"构成的。这种说法不仅在形式上使单音动词变成了双音节的，而且在内容上也具有了新的意义，构成了新的动词，例如：

凑乎：将就。如：先凑乎着穿吧，过年再做新的。

摆乎：① 摆弄。如：电视机可不能瞎摆乎。② 坑害。如：这回你可把她摆乎毁喽！

圆乎：替人解释、说好话。如：你去给他圆乎几句吧！

招乎：小心、留神。如：这狗好偷咬人，你得招乎着它。

此外，加"乎"的常用动词还有：

迷乎：糊涂或装糊涂。如：这人够迷乎的！

买乎：理睬，在意，多用于否定式。如：别买乎他那一套！

约乎：揣测或认为。如：我约乎他不会那样做的！

邪乎：虚张、夸大。如：就你会邪乎，哪有恁严重！

悬乎：摸不着边际，非常危险。如：你讲的恁悬乎弄啥？听了半天人家还摸不着头呢！

搅乎：捣乱，够烦的。如：你就别搅乎了好吗？

掺乎：硬要介入。如：那是人家的家务事，你在里面瞎掺乎啥啊？

4. 后缀"拉"

皖北方言中有一些带后缀"拉"的动词。如扯拉、划拉、漓拉、扒拉、阖拉、刮拉、拉拉、踏拉。

这些加后缀"拉"的动词一般都带有动作反复进行和随便、不经意、不认真去做的附加意义。例如：

"阖拉""扒拉"是反复搅动、拨动。"别瞎阖拉！""你也让我扒拉两口饭"都有胡乱进行的意思。

"拉拉""踏拉"形容很随便地拖动。

"扯拉""刮拉"形容随意地拉扯、牵扯。

"漓拉"形容不经意地洒落、抛撒。例如："让他洗个碗，他把水给你漓拉一地！"

"划拉""胡拉"形容挥动、划动，亦多用以指人随便地写、画。例如："他让你写，你弄好给他胡拉两下不就完了吗?"这是劝人不必那样认真地干,应付了事就可以了。①

(三) 形容词的词缀

1. 形容词前缀"血"

皖北方言形容词前缀"血"和形容词组合可以构成新的形容词,表达一种程度的加深,以及非常惊奇的语气。如:

血贵:贵的至极,没有什么比这还贵的。

血辣:尝了之后才发现,辣味十足。

血富:突然发现某人非常有钱。

血丑:没有谁比他丑的了。

血疼:突然疼痛至极。②

2. 形容词后缀"乎"

皖北方言里有一些生理感觉方面的形容词加后缀"乎"构成新的形容词,表示程度的轻微,并增添了性状的形象色彩。例如:

黏乎:富有黏性。江米熬稀饭,又香又黏乎!

忙乎:辛勤忙碌。你忙乎了半天,歇歇吧。

面乎:柔软。红芋炜得面乎!

暄乎:松软有弹性。刚出锅的馒头暄乎。

热乎:亲切热情。多年不见的老同学们一见面,那股热乎劲儿,不知道咋说才好!

近乎:主动亲近。现在她男人在县里当了什么所长,那些沾亲带故的人都上门来拉近乎。

3. 形容词后缀"乎儿的"

皖北方言中还有一些形容词是加后缀"乎儿的"构成的。例如:辣乎儿的(辣辣的),酸乎儿的(酸酸的),咸乎儿的(咸咸的),面乎儿的(面面的),黏乎儿的(黏黏的),痒乎儿的(痒痒的),胖乎儿的(胖胖的),温乎儿的(温温的),憨乎儿的(憨憨的)。这些形容词加上"乎儿的"的后缀之后,表达了"有那么一点儿"的意思,表示了正好、适度以及满意的心情。

4. 形容词后缀"不唧儿的"和"不唧歪(的)"

在皖北方言中,各种色彩词、味觉词和心理生理的感觉词,都可以后附"不唧儿(的)"和"不唧歪(的)"。两种后缀表示的语法意义和感情色彩不同:"不唧

---

① 吴晓红.安徽颍上方言语法研究[D].南宁:广西大学,2006.
② 岳刚.安徽五河方言语法研究[D].上海:上海师范大学,2010.

儿(的)"表示"有一点儿"的意思,感情色彩不鲜明;"不唧歪(的)"表示意义较重,也清楚地表现出说话人很不满意的感情色彩。例如:

(脸)白不唧儿的(脸色有点儿白)。
(脸)白不唧歪的(脸色苍白,很难看)。
(菜)酸不唧儿的(菜有一点儿酸味)。
(菜)酸不唧歪的(菜味很酸,而且难吃)。
(人)瘦不唧儿的(人略瘦)。
(人)瘦不唧歪的(人很瘦,而且瘦得难看)。
(他)洋不唧儿的(有点怪气或看起来有点洋洋的样子)。
(他)洋不唧歪的(他洋味十足,令人看不惯)。①

5. "×巴"或"×巴子"+形容词

皖北话中还有形容词前面加"×巴 A"或"×巴子"构成的结构。这种"×巴A"和"×巴子"结构既可以增强形容词的形容程度,又可以表达说话人厌恶的感情色彩。例如:

通巴(子)红(很红但不好看)。
死巴(子)甜(不欢喜这么甜)。
死巴(子)咸(咸得叫人无法吃)。
黢巴(子)黑(黑得过分,太难看)。
血巴(子)紫(紫过分了,不好看)。
生巴(子)疼(太疼了,令人受不住)。
蛆巴(子)痒(痒得难受)。
死巴(子)重(太重了,不愿弄它)。
死巴(子)远(路太远了,不想去)。
生巴(子)冷(天冷得受不了,什么也不想干)。
蔫巴(子)苦(药太苦了,实在不愿吃)。
霜巴(子)黄(脸色黄得真难看)。②

(四) 代词

1. 指示代词、疑问代词+"子"后缀

皖北方言中,一些指示代词和疑问代词常常可附加"子"后缀。例如:

这样子、那样子、这会子、那会子、这些子、那些子、怎么子、怎样子、咋子、啥子、这咱子、那咱子、弄么子。

---

① 孟庆惠.安徽省志·方言志[M].北京:方志出版社,1997.
② 吴晓红.安徽颍上方言语法研究[D].南宁:广西大学,2006.

实例,如:你爱咋子就咋子吧!你弄啥子?

这些代词加"子"后缀,可以使话语更加口语化和具有亲切感。

2. 疑问代词"谁"+"个"

皖北方言的疑问代词"谁"较有特色,既有和普通话用法一致的,如"这是谁家的丫头?"也有不同的地方:"谁"后还可以加"个",如"你选谁个?""谁个惹你啦?"

3. 指示代词

普通话里"每、各"这两个指示代词在皖北方言里有时改用"一"来表示。如:

俺们一人一天五块钱(我们每人每天五元钱)。

你们一人一支歌(你们各人唱一支歌)。

4. 人称代词

皖北方言人称代词除了有单复数之分外,还有一套带有感情色彩的"俺""咱""恁"。

单数式	单数亲密式	复数式	复数亲密式
我	俺	我们	俺、俺们
你	恁	你们	恁、恁们
他		他们	

此外,"咱"和"咱们"属于亲密包括式。

在皖北方言中,单数亲密式代词,才是人们的日常生活常用词。人们对家人、亲友、乡邻们的指称都是使用这些亲密式代词的。"我、你、他""我们、你们、他们"则是皖北方言区人们对外的社交用词。

太和方言中人称代词"这人"比较特别,表示的是第一人称单数,指我,常用在关系亲近的人之间。如:"你能干,这人也能干",意思是"你能干,我也能干"。

(五)量词

1. 比较特别的量词

棚:相当于普通话"层"。如:那楼有十多棚高。

牙子:相当于普通话"块",用于西瓜切开后的单位。如:你把这个西瓜切成几牙子。

溜:用于成排、成行的事物。如:墙边一溜都是杨树。这一溜地啥都不长。

箍截(子):相当于普通话"段""截"。如:恁长的一棵大树,给截成三箍截子装车拉走了。

披子:整体为双股或多股中的一股为一披。如:四根油条他吃了三根搭一披子(三根半)。

仔子:用于能用手指捏住或掐住的少量细长的东西。如:一仔子韭菜炒俩鸡蛋下酒。

扑子:① 用于打扑克或麻将,数字能凑到一起或一手的牌称"一扑子"。如:手里还有两扑子牌就出完了。② 指人(多指气势汹汹或来历不明)。如:昨儿个工地上来了一扑子人,不知干啥的,吓了俺一跳。

2. 量词＋"子"后缀

（1）物量加"子"后缀

页（子）:看了几页子书　　本（子）:记了两本子笔记　　把（子）:一把子红芋叶
件（子）:买了一件子褂子　　堆（子）:一堆子麦秸　　　　笼（子）:一笼子发面馍
嘟噜（子）:一嘟噜子钥匙　　盆（子）:和了一盆子面　　　帮（子）:一帮子小半橛

（2）动量加"子"后缀

回（子）:来了几回子　　趟（子）:来回走了一趟子

（六）副　词

1. 程度副词"不能行""洋熊样"

"不能行"用在形容词之后,表示程度深到极点,表达夸张的语气。如:

今个热得不能行。

前个去他家溜门子,那屋子里干净得不能行。

昨晚黑被马蜂勾了一下,当时痛得不能行。

"洋熊样"用在消极类或中性类的形容词之后,形容"极、很"之意,表程度。有时除了表达程度极深外,还表达说话者强烈的情绪,如反对、抱怨和责备。如:

快来这里！这里蘑菇多得洋熊样！

我的乖乖哟,这水咋恁热！烫得洋熊样！

你看他笨得洋熊样。

你看你成天懒得洋熊样,就不知道帮俺干点活嘛！

2. 否定禁止副词"白"

"白"是皖北方言里使用频率较高的否定副词,相当于普通话里的"别"(有人认为"白"是"别"的音变)。

（1）"白"用在祈使句里,相当于普通话的"不要、不必"的意思,表示劝阻、商量、提醒、禁止等意义。如:

今个天气不好,上学的时候白忘记带把伞！

你们白吵闹了,老师要来了。

昨个还剩了恁多菜,今个就白炒菜了。

（2）"白"还可以表示推测、估计等意思,常用在复合句里,相当于普通话里的"别是"。例如：

恁晚了她咋还不回来呀，白出啥事了吧？

你还是写个借条吧，白到时候大家都说不清楚。

我昨个告诉他的事情，他今个白忘记了吧。①

否定禁止副词"白"也存在于皖中江淮方言中，这也从一个方面体现了皖北方言带有南北方言过渡性的特点。

（七）语气词

1. "也熊"

"也熊"是皖北方言中很有特色的一个词，表示"算了""罢了""完了"的意思，但语气色彩要比"算了""罢了""完了"更重，有时会表达出说话人的不满。

"也熊"有时是动词，如：

你也熊吧。（你算了吧，带有不满的色彩。）

那也熊了。（那完了。）

"也熊"有时用在陈述句或祈使句末，是语气词。如：

他不吃饭也熊，饿的是他，又不是俺。

这褂子破得洋熊样，板了也熊。

你不去也熊，咱俩去。

让他去也熊。

白理他，让他走也熊。

有这样一个笑话：

据说有几个阜阳人在广州某饭店吃饭，其中一人想叫服务员上汤，他用阜阳式普通话说："小姐，来一点稀的！"小姐可能不太懂"稀的"，回答："'稀的'没有。"这个人接着说了一句地道的阜阳话："那也熊了。"服务小姐接话："'也熊'也没有。"

这个笑话的关键是用上了阜阳方言土语"稀的""也熊"，如果将"稀的""也熊"换成普通话"汤"和"完了、不行了"，那也就没有这个笑话了。

2. 家什

用在反问句末，表示斥责、威胁的语气。如：

你弄啥家什？你笑啥家什？你哭啥家什？你看啥家什？你说啥家什？

---

① 岳刚.安徽五河方言语法研究[D].上海：上海师范大学，2010.

二、独具特色的句法现象

(一) 否定词"不"嵌在双音动词之间表示否定

普通话"否定词'不'+双音动词"的否定句,在皖北方言里却是将否定词嵌在双音动词之间表示否定。如:

你说的那事,俺知不道。(你说的那件事,我不知道。)
干了一整天活也觉不得累。(干了一整天活也不觉得累。)
你说天气变了,我感不觉。(你说天气变了,我没有感觉到。)
你可认识他?我认不识。(你认识他吗?我不认识。)

皖北方言中这种否定形式比较特别,其动词只能是常见的表示感知的双音节动词,而且嵌在该种双音动词之间的否定词只能是"不"。

(二) 程度补语"A+得很得很"和"A+得很得很得很"

与普通话相同,皖北方言中程度补语通常采用"A+得很"的形式。例如:

他的成绩好得很,我可比不上他!
她笑起来好看得很。

这些句子中"得很"只出现一次,但在皖北方言中,还有一种将程度补语重叠的说法,即将"得很"重叠一次或两次,也就是"得很"出现两次或三次。例如:

我头疼得很得很哟!(我头疼得很!)
我身上痒得很得很哟!(我身上痒得很!)
他跑得快得很得很哟!(他跑得快得很!)
那丫头凶得很得很哟!(那个姑娘凶得很!)
小嘴儿会讲得很得很哟!(小嘴儿很会说话!)
毛娃哭得很得很得很哟,快回去喂喂吧!(小孩儿哭得很厉害,快回去喂奶吧!)
他俩好得很得很得很,我一点儿也不胡扯。(他们两个好极了,我一点儿也不说谎。)

将程度补语重叠后,可以起到强化程度的作用,比单说"得很"程度强调意味更重。

(三) 句末重复"主语和述语"

在皖北方言里,通行一种"主+谓+啥"+"主+谓"的说法。例如:

你叨叨啥你叨叨？（你唠叨什么？）

你咋唬啥你咋唬？（你喊叫什么？）

你哭啥你哭？（你哭什么？）

你快活啥你快活？（你高兴什么？）

你摆治啥你摆治？（你乱搞什么？）

你胡扯啥你胡扯？（你瞎说什么？）

"这类句式，一般带有否定意义和训斥口气，多用在关系较近的说话人之间，目的在于评价别人的行动或言语，让对方终止其言行。"①

（四）用拟声词"XX叫"做补语的固定句式

在皖北方言中，有一种用拟声词"××叫"做补语的固定句。例如：

机关枪打得叭叭叫。雨下得哗哗叫。心跳得嘣嘣叫。拖拉机开得嘟嘟叫。电扇转得嗖嗖叫。雷打得轰轰叫。人跑得噔噔叫。孩了笑得嘎嘎叫。

这些补语运用了贴切的拟声词，增强了语言的夸张性和形象性。②

（五）"可＋VP"问句

皖北方言的疑问副词"可"可用在疑问句里表疑问或反问，构成"可 VP"反复问句。普通话问句中的正反问和是非问在皖北方言中一般不采用肯定否定重叠的形式而用疑问副词"可"字句来加以表示。如：

你可喝水？（你喝不喝水？）

恁可去？（你去不去？）

你可能拿动？（你能不能拿动？）

这样做可对呢？（这样做对不对？）

这事可是你干的？（这事是不是你干的？）

俺可能问？（我能不能问？）

（六）"A 动词＋孜"＋"B 动词＋孜"的并列结构式

皖北方言有一种特殊形式的并列结构，即"A 动词＋孜"＋"B 动词＋孜"。如：

那小半橛走孜哭孜。（那小男孩一边走一边哭。）

她男人一进家，她就哭孜讲孜。（她丈夫一到家，她就一边哭一边讲。）

她二婶子跟人拉呱好说孜笑孜。（她二婶跟人聊天喜欢一边说一边笑。）

---

① 胡利华.安徽亳州方言的语法特点[J].安徽工业大学学报(社会科学版),2011(2):58.

② 孟庆惠.安徽省志·方言志[M].北京:方志出版社,1997.

他闺女写孜字看孜电视。(她女儿一边写作业一边看电视。)

这种句式与普通话的"一边+V,一边+V"并列结构句式基本相同。

(七)处置句

皖北方言的处置句以介词短语做处所补语时,常常将其中的介词省略,把处所补语直接放到动词后面。如:

这个孩羔子再不听话,就叫他关屋来。(这个小孩如果再不听话,就把他关到屋里。)

茶开了,叫茶装暖瓶来吧。(水开了,把水装到水瓶里吧。)

天那么冷,叫人关门外头,冻扇风咋能?(天那么冷,把人关到门外头,冻伤风怎么办?)①

(八)"搁"字句

皖北方言中的"搁"字句很有特点,其中的"搁"有时是动词,有时是介词。

"搁"做动词时相当于普通话中的"放""在",后面可以直接带上方位词或方位短语,时间词或合成的表示动作行为、事件发生的处所、时间、范围、条件等的名词、代词及其短语。例如:

茶杯搁桌上吧。

东西搁那儿不合适。

蓝宝城搁和顺花园后边。

俺告诉你重点都搁第三、第四章。

会议搁明天?我看搁今天算了。

这事搁他早就办好了,哪会搞到现在八字还没有一撇?

"搁"做介词时,引介处所、对象、方位等,相当于普通话中的"在"。例如:

他搁银河大市场租了个摊位卖电脑配件。

老三搁我后边,马上就到。

大爷搁东边呢,你快去吧。

他天天搁家里睡大觉,懒得要死!

(九)可能补语的说法

皖北方言中,在疑问式的可能补语前面一般不需要结构助词"得"。例如:

你可拿动喽?(你拿得动吗?)

你能拿动吗?(你拿得动吗?)

---

① 胡利华.安徽亳州方言的语法特点[J].安徽工业大学学报(社会科学版),2011(2):58.

你可接上喽？（你接得上吗？）

你能安上吗？（你安得上吗？）

此外，皖北方言中肯定式的可能补语前面，也不习惯使用结构助词"得"。例如：

我拿动喽。（我拿得动。）

我能拿动。（我能拿得动。）

我安上喽。（我安得上。）

我能接上，他接不上。（我接得上，他接不上。）

普通话中"说得"和"说不得"这种补语表述的方式，在皖北方言中却习惯用"能说"（或"管说"）、"不能说"（或"不管说"）状谓结构的方式进行表述。例如：

烂桃子不能吃。（烂桃子不管吃。）——烂桃子吃不得。

坝埂上尽是烂泥，不能走。（坝埂上尽是泥糊子，不管走。）——坝埂上尽是烂泥，走不得。

温度计不能玩。（温度计不管玩。）——温度计玩不得。①

（十）两种表概数的特殊句法结构

普通话概数表达方式常见的有：第一，将"来、多、把、左右、上下"等放在数词或数量短语的后头；第二，将"成、上、约、小、近"等放在数词或数量短语的前头；第三，相邻两个基数连用。皖北方言除了有这些常见的表达方式外，还有两种比较特别的表达方式：

（1）"××之谱"。如"二十六岁之谱"即二十六岁左右，"七八百斤之谱"即七八百斤上下。

（2）"××啷当岁"。"××啷当岁"是估计青壮年年龄的特殊概数表示形式，如"二十啷当岁"即二十余岁，"三十啷当岁"即三十余岁，"四十啷当岁"即四十余岁。反映皖北农民工生活的长篇小说《农民工》里就有一例：

戴大海喊那个戴眼镜的三十啷当岁的年轻人叫龚经理。②

这种年龄概数的特殊形式在通常情况没有褒贬作用，只在少数开玩笑的场合才带有诙谐的口气。

（十一）动将结构与皖北方言

动将结构指"动词＋将＋趋向动词"这种格式。它是近代汉语中较为普遍的一种句法形式。然而发展到现代汉语，这种格式却不常见了。因此不少学者

---

① 孟庆惠.安徽省志·方言志[M].北京:方志出版社,1997.

② 许辉,苗秀侠.农民工[M].合肥:黄山书社,2010.

认为此格式在现代汉语中已经完全消失,如邢福义认为"'动词+将+趋向动词',是古白话中普遍存在的现象;到现代,这一格式全部消失,……"①我们觉得这一结论不完全正确。因为这一格式只不见于现代汉民族共同语——普通话中,在一些方言中却还有残存。我们的结论是"动词+将+趋向动词"格式在现代汉语中只是萎缩,并未完全消失。此处以皖北方言为个案为这个结论提供一种论据。

"动词+将+趋向动词"这一语法现象,萌芽于魏晋南北朝。据曹广顺统计,这个时期,这种格式在《古小说钩沉》中出现10例,颜之推《颜氏家训》中出现2例,《还冤记》中出现2例。②如:

有二人乘黄马,从兵二人,但言捉将去……(《古小说钩沉·幽明录》)

若生女者,辄持将去……(《颜氏家训·治家》)

忽然有人扶超腋径曳将去,入荒泽中。(《还冤记》)

在《变文》中这种格式有所增加,如《金刚般若波罗蜜经讲经文》:"功德未知何似许,不教贪处唱将来。"《佛说阿弥陀经讲经文》:"利刀截割将来吃,养者凡夫恶业身。"不过,处于萌芽时期的"动词+将+趋向动词"这一格式中的"趋向动词"都为单音节,而宋元往后,其中的"趋向动词"又增加了双音节的(晚唐五代时期的《祖堂集》中已有一例:"从自己胸襟间流将出来"),整个格式的使用也逐渐普遍起来,如:

文远便去路旁立曰:"把将公验来。"(普济《五灯会元》卷四)

你实说将出来,我饶你的性命。(纪君祥《赵氏孤儿》)

都蛙锁豁儿自那山上望见统格黎名字的河边有一丛百姓,顺水行将来。(《元朝秘史》卷一)

叫那水手在舱板底下,翻将起来……(凌蒙初《初刻拍案惊奇》卷一)

那叫花子便和身滚在地下,诈死赖活的闹将起来。(张南庄《何典》卷五)

急得摄政王冷汗直流,几欲跪将下去,求他出力。(蔡东藩《民国演义》第三回)

在明清白话小说中,这种句法现象很常见,可谓达到了运用的顶峰。我们统计了《初刻拍案惊奇》《西游记》和《豆棚闲话》,发现这种句式在《初刻拍案惊奇》中有244例,在《西游记》中有388例,在《豆棚闲话》中有45例。

萌芽时期的"动词+将+趋向动词"这种格式中的"将"还有实在意义,是动词,发展到唐代动词性开始消失,转化为助词。③"将"的助词性语法功能的获得使自己成了表示动态或动向的补语标志,而且有时还表现出在表意上可有可无的特质。如:

---

① 邢福义."起去"的普方古检视[J].方言,2002(2):97-107.

②③ 曹广顺.魏晋南北朝到宋代的"动+将"结构[J].中国语文,1990(2):130-135.

（周舍云）这等,我步行赶将他去。(小二云)我也赶他去。(关汉卿《救风尘》)

老王,……只等三日之后,我轻轻地把着手儿,送你那满堂娇儿来家,你意下如何?……(王林云)李逵哥哥去了,我也收拾过铺面,专等三日过后,送满堂娇儿来家。(康进之《李逵负荆》)

此例第一句中"赶将他去"与"赶他去"二者是同义的,这说明"将"在表意上的可有可无。例第二句也是如此,"送将满堂娇儿来家"用"将",而"送满堂娇儿来家"不用"将",但二者同义。

另外,远在南宋时代就已经出现了后来逐渐取代"动词＋将＋趋向动词"格式的"动词＋了＋趋向动词"格式。大致明初开始这两个格式逐渐混用,最后后者占据主导地位①。陈刚认为"还没有发现元代作品里使用'动了趋'式的可靠证据"。我们在关汉卿《救风尘》中倒是发现了一个"动将趋"式与"动了趋"式并用的例子,但我们也难以绝对肯定关汉卿剧作一点也没有经过后代演员们的改动。这个例子是:

（云）引章妹子,你跟将他去。(外旦怕科,云)姐姐,跟了他去就是死。

应该承认,"将"字在有些场合的可有可无,以及"了"字的兴起、文体的转换(现代白话取代了古代白话),"动词＋将＋趋向动词"这一近代汉语中使用较为普遍的格式在现代汉语中大大萎缩了。但我们认为只是萎缩,而不是完全消失。

陈刚认为"动将趋"式现在主要残存于北方方言,在华北、西南、江淮(主要在安徽)、晋语四个区都有发现。② 陈刚认为杭州话里有"动将趋"式。③

黄伯荣认为"从山西晋语所辖的五个方言片看,云中、五台、并州、吕梁、上党都有类似的结构形式。……可以说,'动＋将＋来/去'结构是山西晋语语法方面的一个比较一致的特点"。④

孟庆惠撰写的《安徽省志·方言志》(方志出版社,1997)将安徽方言分为皖北中原官话、皖中江淮官话、皖西赣语、皖南宣州吴语、皖南徽语、皖南的客籍话六种。该书在概述部分对皖北中原官话的话语特征做了如下的举例式描写:

① 我知不道,他也知不道。
② 我连吆唤是吆唤,他都走得不见影儿喽。
③ 小杨早就杠家了。小杨早就家走了。小杨早就走家了。
④ 你瞎摆乎啥瞎摆乎?!

---

① 陈刚.试论"动－了－趋"式和"动－将－趋"式[J].中国语文,1987(4).
　曹广顺.魏晋南北朝到宋代的"动＋将"结构[J].中国语文,1990(2):130-135.
② 陈刚.试论"动－了－趋"式和"动－将－趋"式[J].中国语文,1987(4).
③ 陈刚.杭州话里有"动－将－趋"式[J].中国语文,1988(3).
④ 黄伯荣.汉语方言语法类编[M].青岛:青岛出版社,1996.

⑤ 天咋还下下下的,咋办耶?

⑥ 小小的年纪,嘴会讲得很得很哟!

⑦ 你可见着俺爷没?

⑧ 天又下将起来了。她又哭将起来了。

⑨ 她哭之细讲之细。

其中⑧就是"动词+将+趋向动词"这种格式。

《安徽省志·方言志》(1997)在分述部分描写皖北中原官话句法方面的特点时将"动词+将+趋向动词"这种格式作为皖北中原官话第十个句法特征来表述:

⑩ 沿淮等市县话有"V(单音节)+将+起来"结构形式。

例如:

这个丫头哭将起来,谁都劝不好。她朝门口一站就嗷将起来。

梅雨天下将起来就没完没了。他只要一坐倒就迁将起来。

他们打将起来了,快去拉架呀! 她溜地一坐就哭将起来。

出现在单音节动词和趋向动词"起来"之间的"将",不仅可以强调行为、现象持续的时间长久,而且还能表达出说话人"不喜欢、不赞成"的感情色彩。

《安徽省志·方言志》(1997)对其他五种方言的描写都没有涉及"动词+将+趋向动词"这种句法形式。然而根据我们的调查,安徽方言除皖北中原官话外,皖中江淮官话中也有"动词+将+趋向动词"这种格式。如:无为(六店乡)话、巢湖(沐集乡)话、池州(池州市区)话、六安(裕安区)话等,像:

笑将起来　骂将起来　跳将起来　哭将起来　吵将起来

搞将起来　打将起来　收将起来

皖中江淮官话中还有"形容词+将+趋向动词"格式,例如巢湖(沐集乡)话中这种句式就很常见,如:

好将起来　坏将起来　远将起来　近将起来　直将起来　大将起来

快将起来　慢将起来　亮将起来　白将起来　绿将起来　多将起来

少将起来　黑将下去　坏将下去

这种"形容词+将+趋向动词"格式中的形容词为表示性质状态的单音节形容词。这些形容词与"将"及"趋向动词"组合形成了形容词的动态化,表示某种性状的兴发或者某种性状的延展。能进入此格式中的形容词在语义上还必须满足"有级差,可加强"的特征,或者说能进入此格式中的形容词必须表示有级差的可以逐渐加强的性状。在巢湖沐集乡方言中"形容词+将+趋向动词"句法形式从语用的角度来说一般表示惊讶,少数表示责备、不应该或反问语气。

地处淮河以北的怀远县城区方言不属皖北中原官话,而属皖中江淮官话。其城区话没有动将结构,但找郢乡和包集乡等地方言中有动将结构格式。如:

手叉腰骂将起来　　闹将起来　　跑将起来　　跑将出去

　　中原官话为现代汉语八个官话方言之一。安徽省内中原官话包括淮北17个市县(不包括怀远城区话)和沿淮以南的凤阳、蚌埠、寿县、霍邱、金寨(北部)等五县市话。因为其中多数县市在淮河以北,所以通常又称作皖北中原官话、皖北官话、皖北话、皖北方言。

　　以下我们在原有研究的基础上,结合我们的方言调查,对皖北中原官话中的"动词＋将＋趋向动词"格式做一较为全面的描写,以修正原有的某些不太正确的观点。

　　(1)皖北方言"动词＋将＋趋向动词"格式的分布。根据2003年5月我们对皖北方言所做的调查(部分),目前至少以下县市方言仍残留有"动词＋将＋趋向动词"这种句法形式:凤台县(焦岗乡、城关镇、毛集镇)、宿州市(永安镇)、颍上县等。

　　在我们所做的调查中,曾有人提供了阜阳市颍东区老庙乡村民在夯地基时所唱的号字中有"夯将起来"的话语。不过这不能作为阜阳市所辖三区方言中有"动词＋将＋趋向动词"这种格式的证据。我们认为这只是近代汉语中动将格式在说唱形式中的一种口头传承,而不是现今活的方言中的表现形式的一种真实反映。

　　(2)皖北方言"动词＋将＋趋向动词"格式中的动词。和近代汉语比较起来,皖北方言中动将格式中的动词的使用范围大大缩小了,现在只有少部分表示动作行为的单音节动词以及少数表示心理活动或变化的单音节动词能进入此格式。如:哭、笑、闹、唱、跳、打、骂、说、跑、吵、吃、疯、演、收、拢、恨、怕、变……

　　(3)皖北方言"动词＋将＋趋向动词"格式中的趋向动词。皖北方言动将格式中的趋向动词主要是双音趋向动词"起来"。除此之外,还有少数其他形式的趋向动词,如"下来、下去、开"等。

　　(4)皖北方言中还有少量的"形容词＋将＋趋向动词"的句法形式。如:"富将起来""大将起来""多将起来""快将起来""坏将起来",等等。和皖中江淮官话中的"形容词＋将＋趋向动词"的句法形式一样,能进入此格式中的形容词必须是表示有级差的可以逐渐加强的单音节性状形容词。这种"形容词＋将＋趋向动词"句法格式中的形容词其实已经动态化。

　　(5)皖北方言"动词＋将＋趋向动词"格式举例:

　　(你看你)疯将起来!

　　他们跑将下来了。

　　那几个人闹将起来了。

他们又闹将开。

戏还是演将下去。

闹将起来　　笑将起来　　吵将起来　　富将起来　　收将开始

阜阳报纸上的几个用例：

① 凭借这一"学问"，尽管"五毒"在身，张二江在官场仍然发将起来。①

② 你不是杀鸡儆猴看吗？我也学你那样杀将起来看，情绪上来，还要操刀杀向主人呢！给你来个杀你给鸡看！②

③ 不过油的烧饼就简单了……夹上刚出锅的羊杂碎，或者卤牛肉、咸鸭蛋、豆瓣酱、"阿香婆"之类，便可吃将起来。③

（6）皖北方言中"动词＋将＋趋向动词"格式与"动词＋了＋趋向动词"格式并行，但主要使用后者。我们认为这两种格式的表达作用不完全相同。我们认为前者侧重于表现动作行为的出现与持续，后者侧重于表现动作行为的完成。"动词＋将＋趋向动词"中的"将"有舒缓节律的作用——黎锦熙认为"使硬拙的单音动词得着一个字音上的调节"，同时还可以突出强调动作行为的持续。④

（7）皖北方言中"动词＋将＋趋向动词"格式的主要表达作用在于强调动作行为及其现象的出现与持续时间的长久，其功能属数量范畴。它并非表示说话人"不喜欢""不赞成"的感情色彩，不属情感范畴。

我们的结论：

第一，"动词＋将＋趋向动词"格式不仅是皖北中原官话的句法特征，同时也是皖中江淮官话的句法特征。

第二，和近代汉语比较起来，皖北方言"动词＋将＋趋向动词"格式的使用已经大大萎缩了，现在只有少部分单音节动词（如"哭、笑、闹、唱、跳"等）与双音趋向动词"起来"以及"下来""下去""开"等组合构成"动词＋将＋趋向动词"的句法形式。

第三，"动词＋将＋趋向动词"格式主要表达作用在于强调动作行为及其现象的出现和持续的时间，并非表示说话人"不喜欢""不赞成"的感情色彩。

---

① 邵道生.贪官有没有"保护伞"[N].阜阳广播电视报,2002-8-16.
② 米录."杀鸡儆猴"三疑[N].阜阳广播电视报,2002-9-3.
③ 雪涅.马糊烧饼人人爱[N].阜阳广播电视报,2002-10-22.
④ 黎锦熙.新著国语文法(1924)[M].北京:商务印书馆,1992.

第四章　皖北方言语汇与民俗

　　皖北方言语汇是皖北方言词语和固定短语的集合。皖北方言语汇与皖北民俗有着十分密切的关系，皖北方言语汇不仅自身是民俗的内容，而且它还是皖北地区民俗的载体和表现形式，是皖北民俗文化赖以留存、传承的媒介。皖北方言语汇有的具体陈述民俗，直接反映了某种民俗形态或具体的民俗事象，直接道出了民俗的具体内容，例如，"走盅"（反映了皖北的喝酒习俗）、"拜天地"（反映了皖北的婚姻习俗）、"送汤"（反映了皖北的丧葬习俗）。这种类型的皖北方言语汇可以称之为皖北民俗语汇。独特的皖北民俗语汇对于皖北民俗的形成和巩固具有极强的聚集和凝固作用。皖北方言语汇有的间接地涉及某种皖北民俗形态或某种具体的民俗事象，例如"卖了孩子买蒸笼，不蒸馒头蒸（争）口气"（"蒸笼""馒头"反映了皖北的饮食习俗），"宿州的高跷——半截不是人"（"高跷"反映了皖北的游戏习俗）。

　　皖北方言语汇，特别是其中的民俗语汇与皖北社会习俗制度、民俗风物抑或民俗事象的关系结合得非常紧密，但随着社会的发展，经济文化的发展，科学技术的进步，人们生产、生活方式的改变，一些民俗发生了相应的变化，某些习俗制度、民俗风物抑或民俗事象等不存在抑或隐退了，而与之相应的民俗语汇也随之进行隐退，有的成为了语言中的活化石。

　　方言语汇与民俗值得讨论的问题有很多，本章只讨论两个方面的问题。

一、皖北饮食语汇与民俗

　　俗话说"民以食为天"，"吃什么，怎么吃"体现了当地的民俗风情。皖北方言中饮食语汇极其丰富，其中蕴含着吃什么、怎么吃的习俗。皖北饮食民俗与皖北的地理环境、经济、政治、文化等等紧密地连接在一起。

　　陈光新曾论述过中国饮食民俗的成因，认为中国饮食民俗主要导源于五个方面:一是经济原因。食俗虽然是种文化现象,但其孕育和变异无疑会受到社会生产力发展程度的制约。换言之,有什么样的物质生产基础,便会产生相应的膳食结构和肴馔风格。二是政治原因。饮食民俗经常受政治形势的支配,尤其是当权者的好恶和施政方针,往往会左右民间食俗风尚的兴衰。像唐王朝崇奉道教,视鲤鱼为神仙的坐骑,加上"李"为国姓,讲究避讳,故而唐人多不食鲤鱼,唐代也极少见鲤鱼菜谱。三是地缘和气候原因。饮食民俗对自然环境有很强的选择性和适应性,地域和气温不同,食性和食趣自然也就不同。四是宗教信仰原因。"民俗是退化的宗教",不少食俗乃是从原始信仰崇拜或现代人为宗教的某些仪式演变而来的。像蒙古族尚白,以白马奶为贵;高山族造船后举行"抛舟"盛典,宴请工匠和村民。五是语言原因。"语言既是人们交流思想感情的工具,又是食俗世代传承的工具,同时语言本身也是民俗事象之一。像刀工、涨发、焯水、走油、火候、调味、端托、折花这类烹饪术语的问世;餐旅业中常见的店名、菜名、席名、台名、楹联、字幌、厨谚和歇后语的流行;以及某些食品的传闻掌故,某些地区的饮馔歌谣,某些菜种的方言土语,某些名师的雅号美称之类,无不具有这种属性。而且不少涉馔语言被各阶层采用后,就变成全社会习用的普通词汇,随着这类词汇的广泛传播,它所体现的食俗也就逐步地深入人心了。"①皖北饮食民俗也导源于陈光新所说的五个方面。本节即从皖北饮食语汇来看皖北饮食民俗,揭示皖北饮食习俗的方方面面。

(一) 常见的饮食名词

皖北地区地处黄淮之间,位于暖温带南缘,属暖温带半湿润季风气候。季风明显,四季分明,气候温和,雨量适中。由于皖北地区南临淮河,而淮河以南属北亚热带湿润季风气候,因此皖北地区气候具有以暖温带向北亚热带渐变的过渡带气候特征。皖北地势以平原为主,拥有广袤的淮北平原,东接江苏,西连河南,南靠皖中。这些自然地理条件决定了皖北和周边饮食文化的同中有异、异中有同的特点,在饮食语言习俗方面也是如此。考察皖北饮食名词由此可见一斑。皖北常见的饮食名词如下:

面:面粉。

好面:小麦面粉。

杂面:高粱和豆类混磨的面粉。

酒米、江米:糯米。

糁子:谷类磨成的碎粒。

秫秫、小芦秫、小秫秫:高粱。

---

① 陈光新.中国饮食民俗初探[J].民俗研究,1995(2):9.

玉秫秫、玉芦、大芦秫、玉榴、苞谷、油秫秫、大秫秫、六谷:玉米。

秫秸、甜秫秸、哑巴秸:皖北当地产的一种甘蔗。

红芋、山芋、白芋、芋头、玉薯、地瓜:甘薯。

土豆子、地蛋、山药蛋、地豆子、洋山芋、地瓜子:马铃薯。

倭瓜、望瓜、方瓜、倭倭:南瓜。

洋白菜:卷心菜。

金金菜:黄花菜。

地梨子:荸荠。

包心白、包头菜、抗头白、包菜:包心菜。

菠菜:菠菜。

莴笋、莴瓜、笋菜:莴苣。

秦椒、辣子、大椒:辣椒。

药芹:芹菜。

辣疙瘩:芥菜。

顺气丸:萝卜的别称。

辣姜、拐子:姜。

白子:葱白。

卷子:方形馒头。

馍、馍馍:馒头。

蒸馍:发面做成的馒头。

壮馍、枕头馍:小枕头似的大蒸馍。

老雁馍:大雁形状的馍。每年正月十六,娘家人接闺女,闺女必带的一种食品就是老雁馍。

猫耳朵、清汤:馄饨。

扁食、小汤、小角子:饺子。

锅巴:麦面、红芋面或其他杂面贴在锅边炕成的饼。

干饭疙巴:米饭在锅底结的锅巴。

干饭:大米饭。

二米(子)饭:大米和小米掺和着做的饭。

二馍头饭:半稀不干的饭。

面叶儿、面皮儿:面片儿。

米油子:做米饭时取出的稠米汤。

米茶:用少量大米烧的茶,代稀饭。吃馒头时喝。

(面)糊涂、面糊儿:一种稀饭。水开后,拌上干面粉,搅成糊状烧开即成。

面疙瘩(茶)、疙瘩汤、面鱼茶:一种稀饭,先把面搅成面筋泡上水,约半小时后,倒出水,把面筋边搅边放入开水中,使之形成许多像鱼苗似的细长条,烧开即成。吃馒头时喝。

咸麻糊(汤):用千张丝、花生、海带等勾芡烧成,微带辣味,也可无辣味,可当早餐的稀饭。

烀辣汤:用豆腐、海带丝、淀粉等做成的辣糊儿。

马虎子、淡马糊:米面糊。

缸贴:烧饼。

耳巴梃:锅边贴蒸而成的高粱饼子。

油果子:油条。

油旋子:用甜面油炸而成的小圆饼。

油馍:一种油炸的短宽形的饼。

油蛤蟆:将面粉糊掺杂切碎的蔬菜(加盐),放在铁皮做的圆形工具内,在滚油中炸制而成的食品。

油角子:素馅、饺子形状的油炸食品。

煎饼:形似春卷皮的大圆薄饼,通常卷油条或抹水辣酱吃。

烙馍:用鏊子烙成的圆形薄饼。其制法是先将和好的面(死面)擀成圆形(直径尺余薄如厚纸的馍坯),后放在热鏊子上烙熟而成,过去常在面内掺入芝麻,制成烙馍,再炕焦给小孩做点心吃。

水烙馍:将面团擀成薄圆片放在锅中蒸熟后卷菜吃的食品。

面酵子、面起子:酵头。

糯米酵子:用糯米做成的酒酿。

麦仁酵子:用麦仁做成的酒酿。

水豆腐:比较嫩的豆腐。

豆腐脑子:蒸蛋状的嫩豆腐。

老豆腐:比较硬的豆腐。

豆腐皮子、百页子:千张。

豆腐泡子:油炸而成的豆腐果。

糖糕:一种糖心的油炸面食。

绿豆丸子:用绿豆面粉加小虾米、黄豆瓣及葱姜盐等和成面糊,舀成球状后油炸而成。

皮丝:将加工过的猪皮切成细丝条,油炸后做成的高级菜肴。

大菜、大肉、狠子肉:猪肉。

血盎子、猪盎:猪血。

口条、赚头:猪舌头。

蹄筋:油炸制成的猪蹄的筋,可做高级菜肴。

蹄冻、蹄冻儿、冻蹄:蹄子鲜汤凝固成的冻儿。

脯味:禽类的肫。

青皮:鸭蛋。

搅粥:著名的砀山小吃。搅粥不是粥,而是饭。是玉米面省时又省粮的一种做法。在玉米面粥中加面搅和,稠至可用筷子夹起止,就菜食用。原本为艰难岁月潦草度日的吃法,今日成了变换口味、改善生活的美味。

皖北地区自古盛产小麦、高粱、玉米、红芋、大豆等,除沿淮地区外一般不种植水稻,因而民间主食主要以小麦、红芋、高粱、黄豆、豌豆、绿豆等为主。

皖北传统米食种类极少,而面食种类较多,如卷子、蒸馍、锅巴、蛋卷、烙馍、油饼、菜馍、千层咸馍、油馅馍、水烙馍、大卷馍、蛋盒子、菜盒子、糖角、焦馍、烫面角、面条、面叶、回锅面、肉丝面、炒面、热干扣、卤面、炮锅面、凉拌面、格拉条、刀削面、酸辣面、油炸面、荤饺、素饺、掺头馍、荤包、素包、汤包、懒豆腐、马糊(有咸、淡两种)、烧饼、油条。家常饭有卷子、菜馍、荤饺、素饺、蛋饼、烙馍、油馍、锅贴、米饭、面条、稀饭、玉米粥、油茶等。皖中地区盛产水稻,通常说"饭""吃饭",不言而喻、理所当然指的就是大米饭、米饭,不必加"大米、米"修饰限定,而在皖北地区却一定要加上,说成"米饭""大米饭""吃大米饭""吃米饭"。

皖北地区习称麦面为"好面",习称麦面以外的面粉为"杂面"。这是因为过去人们生活水平低,只有少数官僚、地主、富人才能以麦面为主食,而广大农民、一般市民常年以杂粮杂面为主食,荒年歉月以瓜菜野菜代主食,只有在年关和收麦季节吃麦面。俗话说:"正月初一吃好面,过了初五就换饭。"麦收时吃上个把月麦面,俗语谓之"抢场饱",民谣有"擀杖响,鏊子热,扑登扑登一个月",意谓一般人家只吃得上一个月的鏊子馍就不够再吃了。

皖北地区在清末、民国时期,城市居民,除商人之外,习惯每日两餐;农村农闲时亦习惯两餐。农民重视早餐和午餐,轻晚餐;市民重视午餐和晚餐,轻早餐。皖北家常饭有馍、面条、稀饭。馍区分发面馍和死面馍,面粉用酵子发起的叫发面馍,不用酵子发起的叫死面馍。发面做的有蒸馍、卷子、包子、烧饼、烙饼等。死面做的有锅巴、饼子、咸馍、油馍、烙馍等。还可用面糊做成煎馍、煎饼。面条按质料、工艺分为白面条、豆杂面条、绿豆面条,手擀面条、刀切面条等。稀饭有米稀饭、豇豆稀饭、绿豆稀饭、红芋稀饭、八宝稀饭、咸稀饭等。不稀不稠的米稀饭,叫"二一子"稀饭。市民早餐多食油条、烧饼、稀饭,农民晚餐多吃馍、喝稀饭。早晚以腊菜、酱豆子、萝卜干等咸菜为主,至今皖北中老年家庭仍有腌腊菜、萝卜干,晒酱豆子的习惯。

普通话中的"汤",只指肉类或菜蔬等加水煮沸后所得的汁水,但在皖北饮食方言语汇中还有其他的意思,指面条、饺子,"擀面条"俗称"擀汤","吃面条"叫"喝汤","下面条"就说是"下汤","包汤"就是"做饺子"。晚餐因为经常是喝稀饭,所以吃晚饭也俗称"喝汤"。阜阳人有个顺口溜"头妻臭,二妻香,三妻尿尿管下汤",是说男人往往不把大老婆当作一回事,把二房看得很香;如果再娶个第三房,那小老婆撒的尿都可以下面条了啊!

普通话中"糊涂"指不明事理,认识模糊或内容混乱等意义。但皖北方言中还指把干面直接拌入开水锅中搅成糊状的稀饭。如:今儿晚黑喽(指天黑了,即晚上)咱不做旁的啥饭了,光喝糊涂可管?在亳州等地,吃早饭俗称"喝糊涂"。

普通话中的"茶"多指茶叶或茶叶做成的饮料,但皖北有些地方将吃米汤、山芋汤叫"喝茶"。在20世纪60年代初的经济困难时期,皖北地区曾以山芋充当主食,出现过山芋做成的馒头、包子、面条、水饺、糕点等。当时有顺口溜曰"山芋面,山芋馍,离了山芋难存活"。以前,本地把山芋切成一段一段的("段",方言中称"轱辘子"),加水烧成"山芋轱辘子汤",也叫"山芋茶"。因为皖北地区以馒头为主食,吃馒头(尤其晚餐)时常喝"米茶"(用少量大米烧的稀饭),所以饮食民俗中有用"喝茶"代替吃饭的情形,如太和一带的人把吃晚饭称为"喝茶"。如挽留客人到家吃晚饭,说是"到家喝茶去",令外地人大惑不解。类似地,河南安阳地区的习俗,吃晚饭叫喝汤,连晚饭前后熟人相遇也以"喝汤没有?"做问候语,这也常让外地人难以理解。

(二) 特色饮食与传说

1. "腌汤"及其传说

皖北饮食,有很多很独特之处,"腌汤"便是其中之一。"腌汤"之"腌"字生僻,难写,因而"腌汤"在民间有很多写法:"撒汤""澈汤""沙汤""杀汤""啥汤"等。它是皖北一带百姓早晨的主要小吃,源于亳州市蒙城县。"腌汤"是用老母鸡、猪排等为原料,炖好后,打生鸡蛋在碗里,搅拌匀后,用沸腾的肉汤浇沏,制成黄橙的肉汤蛋花茶,并在上面撒上牛肉末、芥末、香菜和芝麻油等。据传乾隆皇帝下江南时,偶尝此汤,大加赞赏,从此"腌汤"声名远播。清朝乾隆年间,乾隆皇帝微服游访江南路过蒙城,走得又饥又渴,傍晚,到一家客店投宿,店主是位老妈妈,还有她的独生女儿。老妈妈见来了几位贵客,虽然风尘满面,穿戴却十分整齐,店家婆笑脸相迎,一面端茶,一面吩咐女儿杀了两只肥老母鸡,用沙锅煨炖。时值初夏季节,乾隆和侍从坐在院中,一边饮茶,一边闲聊,等待用膳,谁知直等到日落月上柳梢,还不见店家送饭,乾隆饿得饥肠辘辘,命侍从前去催促,店家回答说:"鸡汤没煨好,请客官再稍候。"乾隆心中不耐烦,步出小店,看个究竟,只见店家婆正在门前月下磕麦仁。乾隆问道:"老妈妈,磕麦仁做什么呀?"店家婆答道:"俺这里没有稻米,都用麦仁烧稀饭吃。"乾隆双手捧起一捧白花花的麦仁走进厨房,对姑娘说:"把这麦仁放进鸡汤锅里好吃吗?"姑娘微笑道:"会好吃的。"说着掀起锅盖,乾隆把麦仁放了进去。乾隆回到院中又等了半个时辰,忽闻一阵扑鼻的香味从厨房飘来。姑娘盛了几碗鸡汤,放入麻油、胡椒等调料,用托盘端置桌上。乾隆品尝了一口,味道十分鲜美,用竹筷一捞,鸡肉已经脱骨,与麦仁混合在一起,吃起来胜过皇宫御宴!乾隆连吃三大碗,赞道:"好汤。"乾隆膳后问店家这汤的名字,店家也不知道这汤的名字,于是小声嘀咕了一句"啥汤?"这"啥汤"本是蒙城土语"什么汤"的意思,可乾隆皇帝误以为这汤就叫"啥汤",一高兴想留下墨宝给这位店家,就问这店家"啥"字怎么写,可是这店家不识字,不知道怎么写,还是乾隆身边的一个侍从急中生智,想起皇上在月下久等鸡汤的情景,于是便编造了个生字:月光为伴,一边为"月"字,另一边皇上为天子,"天"字为上头,久等的"久"字放在下边,并取其谐音字"韭"代之,这样便造出一个"啥"谐音的"朜"字。乾隆看看也像个字样,但觉得眼生,记不清什么时候在康熙皇爷字典里似曾见过。于是命侍从取出文房四宝,提笔写"朜汤"二字,下边题了"乾隆御书"留给了店家。

店家婆不识字,把乾隆题字拿给当地一位有学问的人看,那人一看,大吃一惊,说是当今乾隆皇帝的亲笔题字。事后店家请木匠精心制作了一块招牌,将乾隆题字刻在上面。过往行人见此招牌,都来品尝乾隆皇帝品尝过的"朜汤"。从此,小店生意十分兴隆。其他店家见此,也模仿乾隆御书"朜汤"字样做出金字招牌,开起了朜汤店。

2. 枕头馍及其传说

枕头馍又称阜阳大馍或大卷子馍,是阜阳颇具特色的小吃。每个长1~1.5市尺(1市尺=0.333米),宽0.5~0.8市尺,厚0.3~0.5市尺,重2~6斤,堪称馍中之王。它做工精细,先选用上等白面揉和百遍,然后用铁锅以文火蒸制而成。馍焦金黄,厚达半寸(1寸=1/30米);馍瓣洁白,层层相包。吃在口中,香酥柔润,虽干不燥,耐嚼而又松软。存放多日,不霉不硬。

阜阳的枕头馍历史悠久,源远流长。相传南宋初年"顺昌之战"(阜阳古时又称顺昌),正值新麦登场,一来为了坚壁清野,二来为了支持宋军抗金,顺昌府百姓使用新麦做成大馍带入城内,宋军每人发一个,饿时削一片充饥,困时枕头而卧,因此又称枕头馍。

关于枕头馍民间还有更为具体的传说:

相传南宋初年"顺昌之战"时,刘锜率领的八字军有两万多人,城内存粮虽有数万斛,但石磨加工有限,面粉供应不及,有些部队只得炸麦粒子吃,以致疾病流行,连足智多谋的刘锜也束手无策,深为忧虑。一日晚,传说金军已到白沙窝。刘锜与陈规一道,到城墙上巡察,看看防御工事,看看守城的岗哨,不让人惊动躺在地上睡觉的士兵。正在走着,他见一位士兵脸朝下啃枕头,好生诧异,便俯身悄问:"你吃什么?"那士兵翻身坐起,把一个形如枕头的东西递给刘锜道:"这是我爹送来的宝物,既能枕着它睡,又能啃着它吃。"刘锜接过来凑近灯亮一看,原来是个大馍,掰一小块尝尝,味道甚佳,连声赞道:"好,好,好!"那士兵见将军如此称赞,就说:"将军若不嫌弃,我让俺爹也给你蒸两个送来。"刘锜大笑:"两个怎够用的?"笑罢他与陈规便同那士兵小声攀谈起来。

这个士兵名唤刘柱,家住在城东刘家寨,听说金兵要打顺昌城,便参加了民军。离家时,他爹怕儿子受饿,即蒸上了这种枕头馍,让他卷进被包里,没想到真的派上了用场。刘锜和陈顺听他这么一说,心中大喜,当即派人到城外各村通知,每户都连夜蒸制枕头馍,送进城内劳军。四乡为了支援宋军抗金,都用刚收的新麦磨面,蒸成枕头馍,肩挑手提送至宋军营盘,刘锜见此光景,满心欢喜,与陈规道:"百姓如此助我,金兵必败无疑矣!"于是传令,每日一人一馍,饿时解饥,睡时做枕,从此士气大增,从而取得顺昌之战的胜利。

3. 格拉条及其传说

格拉条,也叫格拉面,是阜阳地区传统小吃,堪称阜阳人的意大利面。相传它的产生与苏东坡有关,是阜阳特有的一种食物,颇受当地人的喜爱,在大街小巷都能吃到,它的名字来源大概是以下原因:在阜阳"搅拌"的方言是"搁拉"(gela),而这种类似面条的食物需要将各种作料均匀搅拌所以就被称为"格拉条"。格拉条比面条粗、圆,原料是小麦面,调制使用的是芝麻酱、豆芽、辣椒油等。

相传苏东坡在颍州(今阜阳)任知府时,结识东关很有名气的文人白老先生,两人谈话甚是投机,话题除了诗词歌赋外,还有一个共同爱好就是美食格拉条——想当年两人吃遍颍州大地,那真是把颍州能登大雅之堂的名菜和民间小吃,能说上来的和说不上来的全吃遍了。这一天东坡先生雅兴特高,想将白老先生的军,就说我来到颍州不到一年,你就带我把能吃的都吃了一个遍。今天我不想再吃我吃过的东西了,你看着办吧。这可把白老先生难住了,思来想去觉得确实没有什么东坡先生没吃过的了,于是就让东坡先生在书房坐着看史书,自己到村里转悠去了,不知不觉走到了村里的粉条加工厂,唉,这粉条东坡先生可是吃了多次了,怎么办呢?一拍脑袋有了。于是,白老先生弄来了上等面粉,按照粉条的加工流程做出了一种形似粉条却不是一种原料的圆形面条,放到锅里煮熟以后,捞出放入凉水中焯一下,放入大碗中,加入芝麻酱、辣椒油、豆芽、香菜、荆芥、油炸花生等调料,做出了一碗东坡先生闻所未闻、见所未见的食物端上桌。东坡闻到一股香气扑鼻,立即食欲大开,即问何物这么香,使我胃口大开。这一问白老先生也不知怎么回答是好,只回答到先搁啦搁啦(阜阳方言:搅拌的意思),东坡先生说原来"格拉条也",食后东坡大悦,以其为人间美味也。从此以后格拉条店开遍颍州大街小巷,成为一道亮丽的风景线。

4. 太和板面及其传说

太和板面又称太和羊肉板面,是安徽北部地区著名的汉族小吃,面食代表之一。由于它起源于太和县,加之又是在案板(当地老百姓和面与做饭用的木质桌子)上摔打而成,因此它的这个名字多少年都未曾改变过。

相传太和板面源于三国时期。刘备、关羽、张飞驻守颍州(今安徽阜阳),张飞吃面总嫌太软、不筋道、清淡无味。厨师多次琢磨,面经过上百次的试和,终于成功了。而后张飞对厨师又指明要用羊肉做汤料,厨师灵机一动,添加近十多种能食用的药材和羊肉一起为张飞做面,张飞吃后顿感可口。之后安徽板面便在颍(阜阳)、宛(南阳)、襄(襄樊)广为流行。

5. 油杠及其传说

油杠又叫油炸馍,亳州独有食品。其形似油条,比油条短粗;其味道似油条,比油条松软可口。相传清朝某年亳州城隍庙演"大班会",当戏演到"秦桧夫妇"被拉出示众时,一对卖吃喝的夫妇,随手揪一块面丢进油锅里说:"炸死你这个秦桧!"那面团被油炸之后,竟焦黄蓬松,捞起来一吃"秦桧",不想却十分可口。从此便有了这独具特色的油杠。

6. 临涣烧饼及其传说

濉溪临涣烧饼是一种没有淡旺季之分、大众化的传统食品。关于临涣烧饼的来历,有一个美好的传说:有一位温柔善良的村姑,嫁入铚城集市上的一户手艺人家。按照当时的封建礼俗,女子是不能上桌用餐的,所以村姑常常是一日三餐只能吃些剩饭残羹。丈夫也是个厚道人,十分疼爱自己的妻子,看着妻子每天吃些剩饭残羹,心中十分不忍。后来,丈夫在用餐时趁父亲不注意,偷偷把大馍放在袖口中,带给妻子吃。待丈夫把大馍交给妻子时,大馍已是又冷又硬了,于是两人一起点燃一堆火,把切成片的馒头放在火上面烤热。慢慢地村姑发现,加上一些佐料后,烤热的馒头会更好吃。为了家庭生计,村姑便和丈夫在街头支起一个炉子,卖起了"烧饼",街上的人品尝了这种烧饼,人人拍手叫好,夫妻俩的生意也红火起来。这种"烧饼"便是后来远近闻名的临涣烧饼。

7. 双堆面鱼及其传说

双堆面鱼并不是鱼,是淮北地区的一种面食。因为拨到锅里的一个个面鱼儿十分均匀,样子都是一头尖,确有几分像小鱼儿,所以人们以其形似,便把这种面食称作"面鱼"。在双堆这个地方,有些人也把"双堆面鱼"称作"懒汉汤",这与一个故事有关系。当年淮海战役双堆集歼灭战打响前夕,刘邓大军赴双堆,有一连长与部队失散,一日来到双堆一户人家想讨口饭吃。卧床休息的男主人告诉这位军人,自己生病多日,花光了家里的钱,粮食也吃光了,老婆一早就到几十里路外的娘家借粮去了。当得知是刘邓大军时,这位男主人在家中寻找可食之物,找了半天才找到仅有的大半碗面粉。从没有做过饭的汉子将面粉打成糊状后,一点点地夹到烧开的水中,放了几片菜叶、盐和葱蒜之类,就起锅请军人食用。军人竟连吃两大碗。饭毕,军人了解了当地的一些情况,又问一个男人家怎么会做出这样好吃的东西,男主人不好意思地说:"男人在家一般都不做饭,更不会炒菜,当老婆不在家时,就只能做这种简单得不能再简单的'懒汉汤'了。"军人走时拿出两块银元送给男主人。夫妻俩便以这两块银元做本钱,在宿州城开了个卖"双堆面鱼"的小吃摊,后来生意越做越大,成了远近闻名的大面馆。

(三) 烹饪动词及相关习俗

1. 烹饪动词

汉民族烹饪技术十分发达,表现在语言中烹饪动词非常丰富,皖北地区也如此。皖北地区常见的烹饪动词,如:烧、烩、炸、煎、烤、馏、爆、炒、煸、炮、烹、煮、酿、摊、焯、涮、烫、煨、氽、炖、烘、酱、腌、醉、泡、烀、烙、拌、炝、熬、熏……

2. 打烧饼

烧饼的制作通常是通过"烘"或"烤"而成的,但是皖北通常不叫"烘烧饼、烤烧饼",而叫"打烧饼"。一个"打"字,精确揭示出了皖北烧饼的制作特色。"说是'打'不为过,而且形容得很准确。打烧饼的都先将一团面,在案板上揉搓拍打,砰砰有声,极具韵味;然后,用手抹匀溜了,放炉膛里烘着,不要过,半生不熟即可……"①

3. 燎锅底

庆贺乔迁之喜在皖北的习俗叫法谓之"燎锅底"。"燎锅底"习俗在有的地方也叫"抢锅底"或"温锅",都是庆祝新居落成的意思。董丽娟认为"燎锅底"源自"暖屋"(也叫"暖房")民俗。《西湖游览志余》:"迁居而邻友治具过饮曰暖屋,亦曰暖房。"《歧路灯》第五十三回:"只是连日温居暖房客,许多应酬。""暖屋"指贺乔迁的宴会。《梦粱录》卷十八"民俗"中记载:"或有新搬移来居止之人,则邻人争借动事,遗献汤茶,指引买卖之类,则间睦邻之义,又率钱物,安排酒食,以为之贺,谓之暖房。"《南村辍耕录》中也有类似的记载。此俗至宋代已有。"暖屋"(或暖房)一词是对中国汉民族居住习俗、交际习俗的记录,它本身既是一种民俗现象,又是一种语言现象。"燎锅底"与"暖屋"具有相同的民俗文化意义,只是由于语言的地方差异而形成不同的变体。"燎锅底"可以说是"暖屋"的地方变体。"燎锅底"更加强调了"锅灶"对于家庭的重要意义,人走家搬灶也挪,

---

① 雪涅.阜阳十八怪[M].北京:团结出版社,1996:12.

新到一处,锅灶自然是冷的,我们说"冷锅冷灶"是形容家里冷清不热闹,而"燎"则是使之发热,通过"燎锅底",把旧屋里的喜气、财气一齐带进新屋来,让它和新屋里的新喜气、新财气接连起来,日后家里人祖祖辈辈不缺吃少穿,生活幸福美满。锅灶一热就又有了家的气息,也象征着在新家的新生活也像这锅底一样红红火火、热热闹闹地开始了,寄托了人们美好的心愿。锅还是烹饪的工具,锅灶热了,饭食自然也准备妥当了,所以"燎锅底"不仅反射了民间的一种居住民俗,也特别地关注了中国人很重视的"吃"的环节,也就是聚餐的饮食习俗。"燎锅底"这种习俗,随着时代变化还增加了新内容,对加深亲朋好友的感情和建立睦邻关系,也有一定的积极意义。"燎锅底"这个民俗语汇源于一种民俗事象,记录了"暖屋"这一习俗,也反映了民俗在语言中受方言差异影响而形成不同的变体的情况。①

二、皖北婚丧生诞语汇与民俗

(一) 皖北婚嫁方言语汇与民俗

1. 特殊的婚制词语

换亲:通过互换,各以对方女子为妻。因家境贫寒,经济困难,或者身有残疾,无力或无法通过正常途径娶妻,由父母包办将未嫁的姐妹给对方为妻,即"换亲"。换亲一般在两家之间进行,称为"两换亲";也有在三家之间进行的,称为"三换亲"。

小女婿:经媒妁撮合、父母做主,将成年姑娘嫁给乳臭未干的男孩儿。

童养媳:俗称团儿媳妇,旧时穷苦人家将无力抚养的幼女许给人家为妻,订约后,将女孩送到男家收养,待成年后完婚。

指腹婚:又称等亲家,即双方父母出于情谊,在孩子未出生时就立下婚约。

亲缘婚:姊妹、表姊妹之间儿女互婚,如表兄娶表妹,姨兄娶姨妹,称为亲上加亲。

娃娃媒:男女婴幼期间由媒人撮合所订婚约,又称娃娃亲。

纳妾:男子依靠权财,娶几个妻子。

倒站门(倒插门):旧称入赘,俗称招养老女婿。有女无男的家庭为传宗接代、继承家业,招婿为子,即将女婿招进家里,俗话叫"倒站门(倒插门)",男方叫

---

① 董丽娟.民俗语汇初探[D].大连:辽宁师范大学,2004.

"上门女婿"。

拢家:同村的寡妇与鳏夫,经人撮合,征得亲属同意,一起生活。

"纳妾""童养媳""小女婿"等,这些特殊的婚姻形式在当今已不复存在,但这些词语映射了皖北地区曾经有过的特殊的婚姻形式,特殊的婚姻习俗。

2. 议婚、婚礼词语

大红媒:成人订婚,即经父母之命、媒妁之言的所谓明媒正娶的婚姻。它的先决条件是门当户对,其次是生辰八字相合。

媒八嘴:媒人在传统婚姻中必不可少。皖北不少地方新婚前后要历经八个环节,每个环节都有媒人参与,每次男方或女方都要正式备席宴请媒人,谓之"媒八嘴"。

合年命:在婚约订立之前,媒人来往传递生辰八字,由双方父母求卜问卦,推算生辰八字是否相合,据此来决定婚约成败。

下允贴:男方备一红纸帖请媒人送到女方家,表示同意亲事,女方家长如果接受帖子了,这就意味着同意定亲,否则不接受。

纳彩:送礼求婚。

纳征、传书、下书子:下聘礼。

看日子:择定迎娶的良辰吉日。

娶媳妇:男子结婚。

搁老婆家、走、出门:女子结婚。

续弦:男子丧偶再娶。

小磕头:童养媳结婚,选吉日拜堂即成,程序简单,俗称"小磕头"。

送男客:姑娘出嫁,娘家常请两名长辈送亲,俗称"送男客",有的地方称"嫁客""大宾"。其职责为护送新娘。

拜堂:新郎新娘先拜天地,二拜高堂,再对拜。拜堂标志着男女二人结为夫妇。

合卺:俗称"交心酒",新郎新娘按闹房者要求,要互相敬酒,共饮一杯酒,衔杯递酒等。

吃交心盏:男女双方拜过天地之后,两人各吃一个剥壳后染红的鸡蛋,谓之"吃交心盏"。

回门:婚后新娘偕新郎回娘家认门拜亲。回门的时间各地不一,有的是结婚第三日或第四日,有的是结婚第六日。

(二)皖北丧葬方言语汇与民俗

寿木:做棺材的木材。

寿材、活：棺材。

翻棺材底：棺材即将做成时，亲朋好友备以酒菜祝贺，称之"翻棺材底"。其目的有二：一是祝贺造成，二是，也是最重要的目的，就是祝福不即用。

摆三牲：一般亲朋好友吊唁，祭奠用品以纸箔为主，交情深的加祭菜，俗称"摆三牲"，即鸡一只、肉三斤三两、纸三斤三两。

设活：吊唁、祭奠用的纸人、纸马、纸轿等冥物。

泼汤、送汤：出殡前的每顿饭前给亡者送饭，名曰"泼汤"或"送汤"。泼汤由孝子或亡者其他亲属抬着一个盛满面汤的桶，沿路不停地舀出面汤洒向路边，一边洒一边喊着"××喝汤"。到离家较远的一个十字路口时，泼汤队伍停下，燃烧纸钱，把剩余的汤泼在纸灰上队伍返回。

摔老盆：灵柩移出灵堂，起棺时孝子摔碎预置的盆子（老盆）。

打墓：根据棺材的长度、宽度，在地上挖一个坑，以便埋入棺材。

暖墓：棺木入墓前，由主祭者在墓穴里烧纸钱，拿着燃烧的纸钱在墓穴中绕上一圈；有的地方此时还在墓底向前摆上柳枝弓箭，说是阴间的桥，便于死者过河。

送灯：葬礼结束的第一天晚上，孝子身背三块土坯、一筐麦草、一只面灯，送到墓地后将土坯围成火坑，燃着麦草，点亮面灯后返回，俗称送灯。

圆坟：出殡后第三天为新坟添土。

包坟：圆坟之后，再给坟添上土。每年清明节去上坟时，都要包坟。

解灵柩：人死在外地，入殓后送回原籍。

抹孝帽子：在"三七"或者"五七"后，孝子的朋友知己设宴劝勉孝子除孝，以便投入正常的生活。

守孝三年：在三七忌日、五七忌日、百天忌日、周年忌日、三年忌日时，嫡亲备办祭品到墓地追悼、吊唁，谓之"守孝三年"。

（三）皖北生诞方言语汇与民俗

添丁、大喜：生男孩。

添花、小喜：生女孩。

催生：女子婚后第一胎，临产前娘家送红糖、鸡蛋等到婆家。

报喜：女婿在新生儿出生后第三天（也有七天）时去岳父母家告知生产喜讯。如果生男孩，则带书籍、红糖以及单数红鸡蛋；如果生女孩，则带红花、红糖以及双数红鸡蛋。

开生：岳母见到女婿带来的报喜礼物便知女儿生的是男孩还是女孩，然后回赠红糖、母鸡等礼物，谓之"开生"。

送祝米、送粥米、送米面:娘家给产妇送礼祝贺。一般在生后第八日或第十二日送小孩儿衣服、被褥,红糖、鸡蛋、油条、面粉、鱼肉等。亳州称"送宗米",又称"吃喜面条"。

接满月:新生儿满月,娘家去人把女儿和婴儿一同接回住上十天半月的,谓之接满月。

挪窝:新生儿满月时,如果产妇娘家无人,无法接满月,就由近房叔伯或至亲代接(有些地方由近房叔伯将新生儿抱去住半天),俗称"挪窝",以求婴儿健康成长。

过生:新生儿周岁时,亲朋好友聚集庆贺,称之"过生"。

抓周:新生儿周岁时,大人将书籍、笔、墨、纸、砚、算盘、钱币、账册、首饰、花朵、胭脂、吃食、玩具等各种物品摆放在小孩面前,不做任何诱导,任其抓取,以此来测卜其志趣、前途和将要从事的职业。

滚灾:儿童逢生日,家中为其煮鸡蛋,由祖母或母亲拿着熟鸡蛋在儿童头上、身上滚擦一遍,滚擦之后让儿童将鸡蛋吃下,谓之"滚灾",即祛灾之意。

第五章　皖北地名、人名语俗

一、皖北地名语俗

(一) 皖北地名命名的民俗特点

1. 突出自然环境的特点

（1）有的地名着眼于该地域所处的地理位置

例如"涡阳"一名源自该地域在涡河北岸，"颍阳"之名源自该地域在颍河北岸（山之南，水之北谓之"阳"），还有"铜阳"（铜水北岸）、"细阳"（细水北岸）、"谷阳"（谷水——浍河古称北岸）也是如此。"汝阴"（古县名，汝水南岸）。皖北各地地名中如阜南、河东、闸东、闸北、颍西、泉北、东关、西关、北关、中市、河北、河南、城北、城东、北胡集、茨北、涡南、城西、东城、西城、东王集、北赵集、城郊、城南、后袁庄、阜西、江口、淮北、沫口、鲁口、两河口、岔路口、桥北、河东、西张竹园、芦庙北、芦庙南、前三里湾、前楼、后楼、东郭楼、西丁楼、前张竹园、后张竹园、北黄庄、张桥口、余埠口、王沟口、王埠口、杨沟口、彭渡口、路东楼、东蒋楼、河西园、东张楼、西张楼等等都属这种标示地理位置类型。

（2）有的地名标明了地域距离（以主要城镇距离命名）

如：八里、七里、三里、四里、五里、六里、十里、十八里、十二里、十九里、八里店、八里姜、八里庙、五里湾、三里湾、一里白、一里王、二里张、三里庄、三里葛、三里赵、三里桥、四里桥、四里张、四里吴、五里郭、五里阁、五里庙、五里庄、五里房、六里王、六里庄、七里沟、七里河、七里许、七里铺、七里桥、七里朱、八里槐、八里高、八里孙、八里垛、八里坡、九里候、九里冯、九里沟、九里桥、十里邹、十里井、十里丁、十里铺、三十里铺、十二里庙、四十里铺、十八里铺、东十八里铺、西三十里铺、五十铺、西五十铺、东五十铺、六十铺等。

（3）有的地名着眼于地形地貌水文环境

① 反映水文环境的通名用字有：河、沟、塘、海、湖、湾、井等。如：

颍河、泉河、茨河、润河、济河、港河、武家河、赵王河、两河、洪河、谷河、西肥河、清河、流鞍河、淝河、油河、顺河、涡河、新河、柳河、下河、上河、汴河、沱河、浍河、河沟、曹沟、芦沟、花沟、斤沟、洪沟、灰沟、谭沟、洼子沟、黄连沟、张拐沟、十里沟、九龙沟、河沟、狮沟、后斜沟、十字沟、大麦沟、长沟、万沟、柳沟、双沟、茹沟、赤塘、高塘、吕塘、余塘、马塘、藕塘、小教场塘、姜塘、岳塘、李大塘、任海、毕海、朱海、汤海、万海、吴海、葛海、康海、白海、老海、司海、后孙海、新海、新朱海、黄老海、李海孜、任海孜、陈老海孜、西小海孜、董湖、临湖、魏湖、东湖、薛湖、坝湖、苗湖、吕湖、石湖、佃湖、田湖、夏湖、韩湖、程湖、邱家湖、后湖、郁湖、杨湖、前湖、陈湖、龙湖、闻湖、镜湖、阎湖、唐家湖、李双湖、栗子湖、红庄湖、垛子湖、白洋湖、崔家湖、柏家湖、苗家湖、谢家湖、刘小湾、牛犊湾、张湾、杨湾、程湾、徐湾、后孙湾、腰孙湾、庙湾、大湾、王湾、裴湾、范湾、三里湾、徐家湾、大张湾、小张湾、王家湾、前三里湾、绝河湾、河漫湾、刘庙湾、前水塘湾、后水塘湾、陈咀庙湾、回龙湾、黄湾、唐湾、郑湾、沟湾、尧湾、叶井、甜水井、陈井、周井、宋井、高井、古井、槐井、许井、贾井、李井、东井、十里井、二里井等。

②反映地形地貌情况的通名用字有：岗、洼、洋、坡、窝、坎、坑、堰、堆、坝、圩、台等。如：

瓦岗、张岗、安岗、甄岗、黄岗、贾岗、任岗、尹岗、吕岗、郑岗、戴岗、傅岗、彭岗、沿岗、王岗、江岗、朱岗、两岗、孙岗、垂岗、洪林岗、母子岗、石家岗、吴家岗、詹家岗、金家岗、耿家岗、靳家岗、项家岗、尹岗头、杨家岗、朱家岗、东朱岗、宋岗头、后洼、马洼、郭洼、展洼、魏洼、候洼、纪大洼、黄家洼、杨洼、肖洼、黄洼、李洼、周洼、袁洼、韩洼、赵洼、康洼、后洼张、刘谷堆洼、何洼、赵洼、郭洼、马洼、李小洼、前阎洼、后阎洼、曹大洼、鸭洼、西洼、东洼、钟洼、小田洼、大田洼、前朱洼、张洋、蔡洋、汪洋、双洋、黄洋、孔洋、尚洋、后洋、宋洋、邢洋、黄洋、永坡、唐坡、河坡、金坡、田坡、肖坡、袁田坡、后肖坡、中肖坡、东肖坡、袁窝、李窝、老窝、马窝、毛窝、老龙窝、坎坡、湾坑、五坑、刘堰、王堰、李谷堆、刘孤堆、黄古堆、于古堆、后坝、陶坝、汪坝、王家坝、邹圩、赵圩子、卢圩、坝圩、高圩、马圩、牛圩、周圩、汤圩、祝圩、老圩、宗圩、毛圩、唐圩、过圩、胡圩、张齐圩、万家圩、席圩、汪圩、胡圩、后圩、东圩孜、韩圩孜、邰庄、陈台、张大台、王大台、前李台、石台、牛台、曹台子、康台、毕台、部台、马台、刘台、曹台、安台、段台、宋台、大台子、宁台子、薛台子、朱台孜、大李台、大王台、小王台、赵台、汪台、江台、罗台、黄台、周台、大台、小台、穆台、六里台等。

（4）有的反映主要物产、植物等自然资源，如：

王柿园、陈柿园、柳林、松林、柳树村、枣林、枣树庄、枣庄、梧樟、蔬菜、李竹园、竹园、大竹园、灰菜郢、梨园、梨树、产梨、良梨、橡树、杏集、榆树庄、榆树桥、陆桃园、桃园、杨园、白果、白果树、桑园、桑营、桑树行、谢松林、槐树行、三棵槐、梧樟庙、梧桐寺、柏树庄、柘树庄等。

砀山县属全国老棉区之一,也是安徽省重点产棉县,砀山的酥梨更是闻名于世,棉与梨这两种重要的砀山自然资源在砀山的地名中有所体现,如有"丰棉、产棉、产梨、良梨"等地名。萧县城东南15千米处有个"白土寨"村,这个地名源自当地产白土。宿县蒿沟,因此处多生蒿草故取名为蒿沟。

2. 反映人文特征

(1) 记录人物、姓氏的地名

甘罗、管仲是颍上县历史名人,因此颍上有地名"甘罗村""管谷村"。管谷位于县北10千米,颍河右岸的河湾中,今建颍乡管谷村。当地流传着很多管仲和鲍叔牙童年的故事。据清顺治《颍上县志》载:"县北25里相传管仲家于此。"民国《颍上县志》载:"县北20里,颍水流域,老泗溜北,相传管仲家于此,今余故址,中高外下,地为陈姓所有,尝建庙于此,俗呼陈家小庙,今亦废。管子裔之居颍者,今有二处,一新河口东管台子;一阳台湖南管台子。"《颍上风物记》云:"管谷为仲父所生之地;曰:管谷,犹子真之称郑谷也。"

甘罗村,地处颍上县东部,杨湖镇西,沿沙颍河北岸,秦朝上卿甘罗故里。甘罗,战国时楚国人,生卒年不详,其祖父为秦国左垂相甘茂。甘罗曾入秦国丞相吕不韦的门下,并为秦立功,被秦王拜为上卿。死后归葬在颍上,墓在今颍上县西北,故颍上又称甘城。

太和县城西关有"王布政街",这是为纪念明朝的王质而命名的。王质是太和人,明朝永乐年间举人,曾任山东右布政使,后官至刑部尚书。太和还有"广绪村"(太和县大新镇管辖),原名徐寨村,清代道光年间两广总督徐广缙故里。

战国中期著名的思想家、哲学家和文学家,道家学派的主要代表人物之一的庄周是蒙城人,因而蒙城有地名"庄周"。

蒙城县有"岳坊",距离蒙城县城西15千米,宋高宗绍兴十年为纪念岳飞大败金兵于附近之驼涧,建岳王庙于此,俗称岳坊寺,简称岳坊。

泗县霸王城,县城东南十余千米,石梁河东岸。楚汉相争时,楚霸王项羽驻兵于此,垒土成城,故名。

楚汉战争中"霸王别姬",美丽的虞姬刎颈以别后葬于灵璧,灵璧留下了虞姬村、虞姬乡与虞姬墓。

闵子骞为宿州人,于是宿州有闵贤、闵祠、骞山;子贡在宿州走过,于是宿州有了古盟台和子贡山。

濉溪县蔡里,因汉朝时的孝子蔡顺而得名。《龙文鞭影》载蔡顺幼时家贫,母病断炊,他每天到山上摘桑葚供母充饥。有一次正在将桑葚拣成青(生)、红(熟)两堆时,适巧赤眉军一队人马行经路旁,见而问之,蔡顺据实以告:熟葚奉养病母,生葚留作自食。赤眉军感其幼而至孝,赠予小米一袋。那时负责风俗记载的采风者把蔡顺"拾葚奉母"列入全国"二十四孝子"之一,所居村庄因是孝子蔡顺的故里而得名蔡里。

"以人名来命名地名,既是对历史人物的纪念和历史功绩的铭记,又是对孕育出这些人物的乡土的一种宣传和赞美。"用人名直接做地名的在皖北并不是特别多,但与历史人物相关的地名相对多一些。就阜阳市所辖县市来说"与历史人物相关(地名中能较为直接体现)的还有杜康村(酿酒的先祖)、伍明镇(传说是楚国伍奢、伍子青的故里)、倪邱镇(传说境内有西汉廷尉倪宽的墓地)、洪山村(传说与为救刘秀而亡的义士洪山有关)、刘伶街(与"竹林七贤"之一的刘伶有关)、东坡路(与宋代文人苏轼有关)、刘锜路(纪念南宋时抵御金兵取得'顺昌大捷'的刘锜)、福通社区(与元末北方红巾军农民起义的领导者有关)、鹿祠街(与清代康熙年间的进士鹿祜相关)、李兴村(与最先带头兴起集市的村民李兴有关)、蕴华社区(纪念临泉县的张蕴华烈士)。此外,界首市的光武镇是以东汉开国皇帝刘秀的谥号'光武'来命名的",等等。①

皖北有同族聚居的习惯,自然村落多以宗族姓氏命名,如:王家庄、李家寨、张家、赵庄、王营、陈家沟、张楼之类的地名随处可见。姓氏地名常见的有以下几种情况:

① 姓氏。如:

大韩、大杨、大周、大马、大李、大徐、大张、大阎、大沈、大胡、小李、小杨、小徐、小张、小田、前杨、前马、前薛、中张、后张、后李。

郭万、张李、马卢、高张、高李、李孙、王刘、孙杨、周于、魏李、王程、汤刘、郭曹、曹马、褚刘、张李、邹李、柴王、马刘、梁陈、冯隋、高任、关胡、关张、王何、朱宁、张杨李。

② 姓氏+通名。这种形式通名多为"庄""寨""集""营""郢""楼""圩""店""家"等。如:

汤庄、史庄、胡庄、陈庄、雷庄、燕庄、黄庄、单庄、崔庄、袁庄、罗庄、宋庄、焦庄、温庄、姜庄、乔庄、范庄、胡赵庄、魏陈庄、孙雷庄、朱王庄、大吴庄、小丁庄、葛大庄、孙大庄、李小庄、大周庄、周老庄、宁老庄、卢张庄。

张寨、黄寨、徐寨、马寨、杨寨、刘寨、王寨、梁寨、李寨、董寨、温寨、罗寨、丁寨、武寨、高寨、苏寨、崔寨、穆寨、孟寨、明高寨、大刘寨、大尹寨、老王寨、老董寨、董小寨、段楼寨。

张集、辛集、贾集、蒋集、李集、梁集、孙集、罗集、顾集、宋集、马集、刘集、韩集、薛集、彭集、田集、陶集、裴集、陈集、程集、杜集、新张集、程家集。

丁营、齐营、马营、谭营、陈营、季营、陈营、左营、邢营、候营、范营、李营、董营、

---

① 许丹荔.阜阳市地名的语言文化研究[D].合肥:安徽大学,2013.

姜营、王营、谢营、李钟营、大刘营、大张营、小刘营、张大营、西张营、西韩营、后徐营。

刘郢、孙郢、庄郢、郑郢、冉郢、任郢、展郢、高郢、张郢、金郢、候郢、鞠郢子、靳郢、江郢、董郢、潘郢、陆郢、常郢、张郢子、李郢子、木郢子、大刘郢、东黄郢、韩李郢、耿大郢、胡老郢、郑老郢、吴大郢、大蒋郢、前刘郢。

赵楼、刘楼、王楼、薛楼、黄楼、岳楼、耿楼、郑楼、秦楼、田楼、穆楼、杨楼、丁楼、张楼、段楼、戴楼、马张楼、韩高楼、王陆楼、郑大楼、前姜楼、东张楼、西张楼、前张楼、后程楼、武后楼。

陶圩、王圩、胡圩、于圩、徐圩、高圩、管圩、陈圩、张齐圩、赵圩子、马圩子。

刘店、郭店、康店、曹店、杨店、赵店、卢店、王店、楚店、于店、巩店、马店、汤店。

社家、吴家、黄家、大薛家、张家、何家、赵家、卢家、祁家、沈家、东崔家、秦家、单家、李家、吕家、孙家、李家、沈家、阎家、谢家、小张家、小马家、大马家、小邬家、崔家、胡家、祁家、大刘家、小刘家、大周家、杨家、前魏家、后魏家、小纪家、沈家、汤家。

③ 空间距离＋姓氏。如：

一里白、一里张、三里葛、三里庄、三里邓、四里吴、五里郭、五里房、五里孙、五里张、六里王、七里朱、七里夏、七里许、八里孙、八里蔡、八里丁、八里高、九里冯、十里邹、十里井等。

④ 姓氏＋产业类型。如：

刘药铺、武油坊、王油坊、齐油坊、张碱厂、王窑、周窑、刘窑、李染坊、戴槽坊、许香店、石轿铺、打席王。

(2) 叙述文化景观

① 依据各种人工建筑、设施得名。如：

李瓦房、蒋瓦房、篱笆集、三塔、候桥、宋牌坊、蒙城、坛城、红城、五里堡、十里堡、王寨、马寨、李营、薛营、张楼、肖楼、李楼、丁土楼。

寨、堡、营、炮楼均属民间自卫之设施，是旧中国科学技术落后、社会动乱、刀兵滚滚、盗贼蜂起的历史见证。

② 因农副产品集散地而得名，反映手工业、商业活动。如：

砖集、马店集、梨耙、双涧集、移村集、王店集、篱笆、盐店、油店、老油坊、牛行街、筛子李村、皮条孙村、石园。

③ 反映宗教信仰：宗教文化。

地名与宗教有着密切的关系。皖北地区部分地名反映出该地区以佛教、道教信仰为主的宗教文化特点，如：

慈氏寺、清凉寺、当阳寺、兴化寺、龙泉寺、铁佛寺、草寺、公吉寺、大寺镇、禅堂、关帝、陶庙、赵庙、大庙、阎庙、郭庙、芦庙、刘小庙、任小庙、陈庙、范庙、蔡庙、羊庙、殷庙、天庙、阜庙、四庙、孙庙、邵庙、白庙、冉庙、老庙、汪庙、定庙、十二里庙、殿庙、葛庙、华陀庙（阜南县）、观堂、田宫、龙王庙、观音寺、奶奶庙。

许丹荔曾对阜阳市所属2097个行政区划类地名进行统计,得出结果:以"庙"为第二层通名的有86个,以"寺"为第二层通名的有18个。她所统计的以"庙"为第二层通名的地名指代的有家庙（供奉祖先）、神庙之分,而神庙多为供奉关帝、二郎神、火神等道家神灵,这些寺庙今多已不存,以庙得名的村落名沿用下来。以"寺"为第二层通名的则一般供奉佛像。道教、佛教等都曾在阜阳市境内传播,不同历史时期发展情况也有所不同。清代,满族信奉喇嘛教,道教的发展受到抑制,但清末民初,阜阳城乡的道观仍然有一百多所,道士千人以上,不仅信奉天地诸神仙,而且敬奉民族英雄和历史人物,如岳王庙、刘公祠、关帝庙等。各处道教场所依据所属教派和所奉神位定期举行各类宗教民俗活动,如农历四月十九日（传为城隍爷的生日）的城隍庙庙会,农历三月三日的西关祖师庙庙会等。民国中期直至新中国成立之后的一段时间里,道教的宫、观等场所逐渐破败,或改办学校或用作厂房,或是拆除,太和、临泉、阜南、颍上各县道观均已无存。道观田产经土地改革后被分配给百姓,散居的道士还俗参加劳动生产,道教式微。20世纪80年代中期以后,为充实旅游景点,一些道观作为古迹相继得到修复,如阜阳市区的刘公祠。

阜阳市与道教有关的地名有道士庄（颍州区王店镇境内）、刘公祠（今无道士）、白衣桥（因"白衣楼"得名）、城隍庙（全省仅存的两座城隍庙之一,现已进入修复筹备阶段）、文昌阁、东岳巷、天后宫巷、戴祖师村（临泉县滑集镇境内,庙已毁）等。

阜阳市与佛教有关的地名有大寺街、大寺社区、北照村、南照集、清凉寺、铁佛寺、众兴寺、和尚庄等。①

（3）记载史实、传说

皖北地名中有一些源自史实,更多的是源自传说。此处列举几个,可见一斑。

周公、桃花与"桃花埂"②

武王死后,成王尚幼,善于占卜的周公代理朝政。他听说渭水南岸有个能掐会算的美貌少女桃花,欲娶其为妻,便于春暖花开之际,化装成道士遍游四乡寻找她。

一天周公寻找到蒙城,对一个卖柴的农夫说:"甭看你膀大腰圆,身材魁梧,到第三天午时必定死去!"农夫满以为体格强壮,就打赌说:"如果先生的话应验,我一定让家人供奉你为神仙,万一我不死,就来砸你的算卦摊子。"周公满口答应。

农夫继续赶路,一位妙龄女郎迎面走来,说:"刚才那人会算,我却能破。我可

---

① 许丹荔.阜阳市地名的语言文化研究[D].合肥:安徽大学,2013.
② 安徽省固镇县地方志编纂委员会.固镇县志[M].北京:中国城市出版社,1992.

以让你逢凶化吉。"接着桃花就如此这般地吩咐了一番。农夫回到家里,在堂屋当门挖了一个土坑,然后把门顶上,头朝南躺在坑里,又在头和脸上糊上小米饭。到第三天午后,农夫果然无恙。

农夫气冲冲地去找周公,周公说:"我的话没能应验,肯定是有人帮助了你。请你告诉我这人是谁。"纯朴的农夫想,这个道士真行,有人帮我也能算出来。于是打消了算账的念头,道出了桃花帮他破灾的事。周公一本正经地说:"桃花不是凡人,而是妖女。我正要处治她!"周公带兵抓住桃花姑娘,厉声申斥道:"你妖言惑众,应处以死罪,但你如肯嫁给我,可免一死,还让你享受荣华富贵!"桃花桀骜不驯,理直气壮地反驳说:"你身居高位,见死不救,天理难容,我岂能嫁给你?"周公恼羞成怒,下令将桃花打入水牢。桃花说服狱卒,于夜深人静之际逃脱。

翌日,桃花向东逃到"马鞍山"下的"桃花岭"上(今固镇瓦疃乡单海村内)。眼看周公及追兵就要赶到,宁死不屈的桃花,牙关一咬,紧闭双眼纵身跳崖。由于华公老祖的及时搭救和超度,桃花安全着地,遂与民女们一起嬉戏玩耍。一会儿周公赶到,却分不出谁是桃花女,便以王命悬赏千金捉拿桃花(该地至今仍有三月不娶桃花女的旧俗)。桃花怕连累无辜,只好继续东逃。眼看又要被周公追上,桃花急中生智,解下红头绳往地下一抖,周公面前立刻出现一条"粉红江"(今称汾洪江),江水滔滔,波浪冲天。趁周公过江之际,桃花又向东跑了好远路程。眼看周公又要追上,桃花则向后吐了一口唾沫,周公面前顿时出现了一个湖泊(即今叫湖)。趁周公涉水的工夫,桃花跑到了连城,进了玄帝庙,立于上首,成了"神仙",而周公持刀随后冲进庙里,仅立于下首,也成了"神仙"。

连城的玄帝庙毁于1954年的特大洪水中,而周公赶桃花所走的路至今尚存,从蒙城到连城的一段路被后人称为"桃花埂",今连城周姓视周公为祖先,有"不唱周公赶桃花"戏曲的俗说。

霸离铺、"哭活头"与霸王别姬①

西汉初年,西楚霸王项羽被汉军困于垓下大营,兵少食尽,夜里又听四面楚歌声,特别是韩信营中又传来"人心皆背楚,天下已属刘。韩信屯垓下,要斩霸王头"的歌声,更使霸王心惊肉跳。他夜不能寐,借酒浇愁,自觉大势已去,便对美人虞姬道:"我是必败,定死无疑了,不过你长得特别漂亮,刘邦肯定不会杀你。"遂仰望苍天悲唱道:"力拔山兮气盖世,时不利兮骓不逝。骓不逝兮可奈何?虞兮虞兮奈若何!"霸王一遍又一遍,越唱越悲痛,声泪俱下。虞姬为表明对夫君的忠贞,拔剑起舞和唱道:"汉兵已略地,四面楚歌声。大王意气尽,贱妾何聊生!"遂自刎于霸王面前。霸王万万没有想到,虞姬会这样烈性轻生,赶忙去夺剑,可惜晚了,遂扑在虞姬身上大哭不止。此时他已无所牵挂,毅然包好虞姬尸首带在身旁,领着800将士,

---

① 安徽省固镇县地方志编纂委员会.固镇县志[M].北京:中国城市出版社,1992.

夜渡沱河向西北直扑刘邦大本营,遭到汉军拼命抵抗。他又转向正北突围到今灵璧东约10里的地方,因为行动不便,就把虞姬尸首让别人带着(后来此处出现的村庄叫霸离铺)。他又向东跑了五里地,不得已掩埋了虞姬的尸体,留下姬首(这就是灵璧的虞姬墓)。接着又往东北跑了上百里,到了一条干河边,下马看姬首,姬首却深情地向他眨眨眼。他就跪对姬首号啕大哭,此处后起的村庄即为"哭活头"(这就是泗县的枯河头村)。然后他折向正南,夜渡淮河,跑到今天定远县东南30千米处的东城,又被汉军重重包围,才依依不舍地掩埋了姬首(这就是定远的虞姬墓)。最后霸王突围到乌江边,慨叹"天亡我,非战之罪也",终因不悟而愧见江东父老,自刎身亡。

车牛返与闵子骞

萧县有个村庄名字很特别,叫"鞭打芦花车牛返",后简称"车牛返"。车牛返位于萧城西南十六里许,因闵子的故事而得名。闵子,名损字子骞,春秋时鲁国人,后居宋相邑之东(今宿州市闵贤村),为孔子著名弟子,其德与颜渊齐名。闵子骞年幼丧母,父亲再娶后,继母对他不好,常常虐待他。有一年冬天,闵子骞跟随父亲驱车外出,走到半路上,天气突变下起大雪。闵子骞穿着厚厚的衣服却浑身瑟瑟发抖,而他的两个同父异母的弟弟穿着并不厚的棉衣却不感到冷。父亲大怒,用鞭子狠劲抽打闵子骞,很快闵子骞衣服被打烂,露出的竟是芦花。父亲恍然大悟,立即调转车头,回家要写休书休妻。闵子骞苦苦哀求父亲:"母在一子单,母去三子寒。"恳请父亲免休继母。父亲被闵子骞的孝行所感动,就没再休妻。继母知道后悔愧交加,从此待闵子骞如亲生的儿子。孔子赞曰:"孝哉!闵子骞,人不间与其父母昆弟之言。"

插花镇、掩龙村与刘秀

插花镇,位于阜阳市颍东区东北部,被誉为阜阳的东大门。该镇原名吕家铺子,相传汉时,王莽篡权,刘秀起兵讨伐。一日,刘秀战败,单人独骑路过吕家铺子,口渴难忍,四处找水时,见村前井边一位姑娘正在打水。刘秀说明原委,姑娘递过清凉甘甜的井水。刘秀解了渴,之后又在姑娘的帮助下躲过了追兵。这位姑娘平时非常贤惠,但她救助刘秀这个陌生男子的善良之举却被恶毒的嫂子污蔑为行为不检点,姑娘为证明清白,悬梁自尽。刘秀登基后派人寻找恩人,得知恩人已死,便在此地建庙塑像以示纪念,并赐金花插在塑像的头上,庙名为"插花庙",清乾隆时兴集,集以庙名,插花镇也因此得名。

掩龙村,位于阜阳城西南十八里处,颍州区程集镇管辖。相传汉时,刘秀讨伐王莽不成反被追杀,孤身一人逃到这里,看见一位老农正在耕地,请求施救。老农让刘秀躺在犁沟里,并用耕牛新翻起的土掩盖住他。刘秀得救了。东汉建立后,刘秀感念恩情,追封故去的老人为掩龙大将军,后人为此事建一掩龙庙,村因庙得名。

仙人桥与蓝采和[①]

宿城至今尚有东仙桥、西仙桥两条小街,相传是八仙之一蓝采和唱歌的地方,被后人称为仙人桥。据传唐末蓝采和下穿绿裤子,腰束黑带,赤一只脚,经常沿街乞讨,并手持大拍板,醉酒后脚踏手拍地唱歌:"踏踏歌,蓝采和,人生能几何!红颜三春树,流光一掷梭,古人混混去不返,今人纷纷来更多。朝骑鸾凤游碧落,暮看桑田生白波。长影明辉在空际,金银宫阙高嵯峨。蓝采和,踏踏歌,人生能几何!"市人多随之而唱。一日有人见蓝采和乘鹤上天,人们始知其为仙。

相山与相土[②]

数千年以前,相传居住在河南商丘附近的一个部落的首领名叫相土。相土因治理部落有方,人们都尊称他为相土君。他的部落常以打猎、捕鱼、开垦土地种植作物为生。但为了生存与发展,相土还经常到临近部落去了解别的部落如何生活、生产。一次他外出途经相山这个地方,发现这里的山川优美,森林茂盛,动物繁多,河里、沼泽里鱼虾游来游去。他便高兴得手舞足蹈蹦跳起来,嘴里还唱着:"好地方、好地方,北是山来,西是水,东、南两面是平原。山有柴,水有鱼,一片平原好种田。"于是,他决定将部落从商丘迁到相山。

当他回到商丘以后,便立刻向部落的人说了相山这个地方怎么怎么好,动员大家移居到相山,直说得全部落都动了心。当年秋收已毕,相土便叫人们收拾好家什搬家。因为没有运输工具,担的担,抬的抬,背的背,一连走了三天。人们的背磨肿了,脚上打了泡,累得腿疼腰酸不愿再走了。相土机智地想了个办法,叫人砍些树枝绑成人字架,又叫砍了一棵搂把粗的大树,用锯锯成一段一段的,从树心处钻个眼,再用木棒穿在锯成的树心眼里,然后将木棒绑在人字架的小头处,叫两个人推拉着走。大家一试,果然辁轮转动向前,觉得省劲多了。后人称这种东西为原始的独轮土车,并传说后来我国的马拉车就是相土发明的。几天之后大家来到了相山一看,这里果然山清水秀,名不虚传,十分高兴。待歇息后,相土又给大家说,就在山坡下盖住房,开荒种地。一年过去了,人们的辛勤汗水浇灌了相山的土地,各种庄稼都结出了丰硕的果实,人们安居乐业,自给自足。

部落有了剩余。相土又想:要把剩余的物产带到别的部落交换,换来自己部落缺少而又急需的东西多好呢!于是,他向自己的部落说了他的想法,又得到全部落的交口称赞。

相土征得人们的同意,就组织人员集中剩余的物资到外地去交换。他每到一个部落都受到欢迎,感谢相土给他们送来了急需的东西。这时人家便问起相土的部落住在什么地方?相土一时无法回答。因为他们还没有给居住的这个地方起名字呢!相土的随从人员看他沉默着,便顺口答道:"相土,是我们部落的首领。我们

[①] 宿州市地方志编纂委员会.宿州市志[M].上海:上海古籍出版社,1991.
[②] 淮北市地方志编纂委员会.淮北市志[M].北京:方志出版社,1999.

的住地背靠一座大山,就叫'相山'吧!"(这便是以姓氏而起名)相土连忙也点了点头说:"我们就住在'相山'。"从此以后"相山"这个名字,就传开了。

3. 表现思想观念

有的地名体现政治观念,比如使用"仁、义、礼、孝、善、忠"等宣扬道德观念的词语,如明朝初年萧县领四乡。明正统《彭城志·萧县卷》载:"今析宿州符里县仁智等三乡属焉,今领七乡。"辖77村。七乡:都仁乡、仁智乡、红亭乡、仁寿乡、乐善乡、里仁乡、孝义乡。这七乡的名字多与仁、孝、善、义有关。当代濉溪县有百善镇、忠阳(原名"钟羊")镇、同孝镇,怀远县有孝仪、孝南、孝北镇,固镇县有仁和集,等等。

有的使用"安、平、兴、和、福、良、阳"等词语祈愿吉祥,如:文昌、太平、兴昌、文兴、永平、仁和、万福(怀远县),灵光、李良玉、朝阳、向阳、太平(灵璧县),兴隆、义安、和衷、同进、同孝、太平、民乐、永安(濉溪县),公平、清凉、仲兴、仁和集(固镇县)。

新中国成立后一个时期,地名多用"解放、国富、民主、和平、团结、爱国、建国、胜利、建设、勤俭、光明、红旗、东风"等词语。如怀远县有民主村,太和县有团结村等。以下为蚌埠市1983年东市区所属居民委员会名单,由此可见一斑:

东风、国富街、治淮巷、余庆里、国庆街、勤俭一里、国安街、勤俭四里,新马路、日升巷、光明街、淮光、延安路、车站新村、光明里、治淮二村、国强路、延安路二巷、群力街、胜利二村、胜利一村、光荣街、胜利三村、兴华街、胜利四村、机务段大院、胜利五村、淮建、淮航、曙光、交通路、东升里、泗水桥、建国村、船厂新村、地委宿舍、解放一路、解放二路、建华、二钢、肉厂、建新、舟桥、海航、革新、珠城路、龙湖路、幸福村、淮河新村、解放路、解放三路、工农村,宏业一村、二村、三村、四村,雪华一村、二村,曹山、钢厂、东站、长淮。

(二) 皖北地名读音的民俗变异

皖北地名读音的民俗变异有两种形式:一是语音讹变,一是语音改造。

1. 语音讹变

语音讹变是无意为之,一个地名在当地民众的口口相传的过程中,因音同或音近等因素或语义的误解等而以讹传讹,发生错讹变化。阜阳城西29千米处有个九龙集,该集原是过路店。相传西汉时蔡伯偕得官回乡祭祖,看到祖坟上有狗屎,没有下马,点点头就走了。老天爷认为蔡伯偕不孝,当他走到这个小店时,一声巨雷击下他的头颅,从此该地取名击头店,后讹为栗头店。北宋时其名为栎头镇,明宣德年间称栗头仓,明正德时名为栗头店、栗头坡,1976年兴集因西濒九龙沟而得名九龙集。濉溪县朱庙乡有"王溜孜",后语音讹变为"王六孜"。太和县有个税镇镇,原名税子步,北宋时,官府在此地设卡收税,此地便得名税子铺,由于"税""岁"音近,曾一度被误传为岁子铺。至于由税子铺变成税镇则是新中国成立前的事,1983年农村机构改革时,该地仍沿用税镇这一名称。蒙城县有立仓镇,因宋初女英雄、齐山公主刘金定征南唐,曾在此"立枪"过夜而得名,后人讹变为"立仓"。颍上县叶井井南2千米处有个地方叫藕塘陈,原名藕塘存。古时这里的沟塘遍生莲藕,相传元末明初,元军"三洗"凤阳,此地的陈氏始祖藏在沟塘里藕叶下躲过了这一劫数而幸存,此地后来便叫做"藕塘存"。由于口传有误,加之陈姓众多,故将"藕塘存"传为"藕塘陈"。宿州有地名"大店",原名东五铺,又名静安镇。静安镇是古宿州四大驿站之一,因在城东五十里故名东五铺。传说唐代这里建有一座庙宇,有大殿,有廊房,四方香客来往不绝。途中互为问答:"哪里去?""到大殿烧香去。""从哪里来?""大殿烧香来。"天长日久,"大殿"就成了"大店"。① 利辛县于1965年作为新县建置,标入版图,其名源自"利辛集"。该集位于颍州至凤阳府、亳州至寿州府两条古驿道的交叉点,名为"集"实际只有十几户人家的荒村野店。"利辛集"为旧时的"利现铺",清道光年间,有递铺而无铺司、铺兵,"利现"二字在口口相传中音转字衍,讹变为"利辛"。

2. 语音改造

语音改造是有意为之。有的可能是因为避讳、避语音拗口,或其他原因,但更多的是求雅求吉。

在距离当今太和县东北23千米处,有个名叫原墙的千年古镇,它曾是太和县(古细阳城)旧址。原墙镇几度易名,唐朝时名为百尺镇,宋朝又名为万寿县,宣和年间改为泰和县,后为玄阳集,清朝时因避康熙玄烨讳改为原墙集。

利辛县"利辛"的由来还有这样一个民间传说:明末闯王李自成部攻取颍州、亳州后汇集于利辛集(当时无集),粮饷不足,闯王部下李显派兵下乡筹粮,百姓听说闯王的部队来了后驻扎荒野,不扰民,很是感激,他们肩挑手提,送粮送菜到军队驻地。义军则按当地价格,公平买卖,很快就有了充足的给养。义军走后,周围群众相沿成习到此地交换农副产品,逐渐便形成了一个集市,因是闯王部队过后兴的集,人们便叫它"李兴集"。后来李自成起义失败,老百姓怕受到牵连,便以谐音叫它"利辛集"了。

在现今颍上县西三十铺镇有一个村庄叫"仁和村",它曾经的名字是"人和寨"。此地本叫黑土庄,在1933年,兵荒马乱的年代,为了抵御盗匪侵犯,村民吴守莫带领周围群众建了一个寨子,这个寨子被命名为"人和寨"。20世纪50年代在成立人民公社的时候,决定成立"人和人民公社",当去刻公章时,刻公章

---

① 宿县县志编纂办公室.宿县志[M].合肥:黄山书社,1988.

的人员说"人和人民公社"有两个"人",不如改为"仁和人民公社",于是,"仁和"成为了此地官方的称谓。

标里镇(原名标里铺)位于涡阳县西部,距离县城20千米。伍子胥曾在城父寨(今谯城区城父镇)镇守,标里距谯父十八里路,故叫十八里铺。又因为这十八里路很标准,所以人们将十八里铺改成标里(标准里程)铺。清咸丰年间有标里人造反,统治者曾将标里改为"彪狸"以侮辱标里人,新中国成立后改回"标里"。

原宿县褚兰区宝光寺东南,有座湖山。湖山原名虎山。相传山西麓有户杨姓,乃官宦之家,因靠近虎山,虎吃羊(杨)以为不利,就请来一姓海的住在东边(今称海楼),以为虎隔大海,就吃不到羊了。又因虎山紧靠孤山湖,杨姓又把虎山改名湖山,这样,山上有草,湖里有水,很适合羊的生活,杨姓这才觉得安全了。从此湖山这个名字就叫开了。①

宿县曹村区有个旺庄,原是明朝皇亲武氏封地,朱元璋追封马皇后的父亲马二公为徐王,在新丰西、龟山前,为徐王建祠。因马二公无后,马皇后建议让表舅武忠为徐王奉祀官。朱元璋封赠公田时,问武忠要多少,武忠原是个粗人,遂回答说:"我要一望之地。"即望到哪里哪里就是他的属地。朱元璋答应了他的要求,并指定某月某日望地。到了那一天,皇帝派人去举行望地仪式。事不凑巧,那天浓雾密布,武忠叫苦不迭,但皇帝的命令难以更改,只好去望地。武忠爬到村东小山上,睁大眼睛前望后望结果只望到一小片土地。前望庄、后望庄因此而得名,后来把"望"字改成"旺"。①

辉山位于涡阳县城东约32千米的曹市集东北,因山上多黄石,故称黄石山。山石可烧灰,又称灰山。1945年秋为悼念新四军第四师第十一旅涡北抗日殉国的300名烈士在山顶建"辉山烈士陵园",灰山自此更名为辉山。"辉山"比"灰山"语义深远,具有寓意、象征意义。

地名的语音变异有时还可以成为某一个民间故事、民间传说的起因。如:

烈山的传说②

淮北市区东南约十五公里处有一座山,从山顶到山底有一条自北向南的大裂沟,宽约数丈,深不可测,所以古人叫它"裂山",后来又改称它为"烈山"。

但何时何故把"裂"改为"烈"呢?传说很久以前,裂山下住着一家姓李的农户。他家境贫寒,有一个女儿叫香姑,姿色佳丽,当地的百姓都很喜欢她。后来因生活所迫,全家逃荒到山东泰山脚下落了户。他父亲种地,香姑天天上山放牛放羊,过着贫苦的生活。可是,邻里有一恶少,听说香姑长得貌美,便带人前来强欲纳妾,但

---

① 宿县县志编纂办公室.宿县志[M].合肥:黄山书社,1988.
② 淮北市地方志编纂委员会.淮北市志[M].北京:方志出版社,1999.

香姑拒不从命,独自逃上泰山之巅,众人喊她不应。那恶少也带人来追,只见香姑面露怒色,竖柳眉,睁杏眼,怒斥恶少,瞬间巨石纷飞,击在恶少身上。风石停息,香姑跨上青鸾徐徐南飞,来到裂山。后来香姑死了,当地百姓为纪念她,就在裂山上建了一座烈女庙(泰山庙)。因此,后人便将烈山的"裂"字,改为烈女的"烈"字了。

谷(姑)堆集①

在濉溪县东南130里处有两座大土堆,纯土无石,相距3里,南北相望。南边的土堆,尖而高,名尖谷堆,高约10丈(1丈=3.33米),周围约150丈;西边的土堆平而大,名平谷堆,高约7丈,周长约200丈。这两个土堆形似稻谷堆,因而此处被叫作谷堆集。后来通过近音联想形成语音变异,被称之为"姑堆集",当地人还赋予了这两个土堆一个有趣的故事。

在很久很久以前,这里住着一家庄户人家。这家老人为了鼓励勤劳者,让儿媳和女儿比堆土堆,在限定时间里,看谁堆得高、大,就奖励谁。嫂子身体结实健壮,干活赛过男子汉。她风里来雨里去,日夜不闲,很快就把土堆堆得又高又大。小姑子偷懒,土堆堆得又尖又小。一天小姑子悄悄地去偷看嫂子的土堆,一看像座小山,不觉羞红了脸。但她不思加油赶上,却顿生嫉妒之心,即刻回家拿来铁锨,趁嫂子不在,跑到土堆上就铲。不料嫂子随后赶到,一伸手就按住小姑子的锨把,一下子把土尖儿镢到老远老远的地方。现在平谷堆西北有一片高地,传说就是那个土堆的尖子。嫂子生气,要打小姑子。小姑子拉着铁锨朝西飞跑,嫂子在后紧追不舍,锨头在地上拉出一条沟,就成了现在的"拉锨沟"。小姑子跑着,一不小心摔倒了,于是在地上压出了"肚子湖""两奶坑""鼻子洼"。因此,这个地方过去一直又被人们叫作姑堆集。

这个形似而成的"谷堆集"和语音变异而成的"姑堆集",在淮海战役后被改名为双堆集。

"哭活头""哭孩头""枯河头"

在泗县县城东北30里有个村庄叫"枯河头",原名"哭活头"。相传西楚霸王项羽在垓下兵败别姬后,携带虞姬头颅摆脱追兵逃到这里。项羽抱着虞姬的头颅痛哭,哭得虞姬头颅的眉眼眨动起来,被项羽哭活了。因此,这里就叫"哭活头"。据说虞姬的头颅就埋在这里的高滩上,后因隋唐运河挖到这里干枯无水,施行纳粟行舟,就改成了枯河头。枯河头还有个名字叫"哭孩头",民间传说大将麻叔谋为隋炀帝督工修造大运河,隋炀帝从大运河下扬州时,因为这里河水干涸,行期又不容耽搁,因此使用大量的黍、谷、稞子和上麻油,填入河沟之中,强征大批童男童女拉船前进,形成"旱地行舟"。童男是正面朝前走,童女则背脸向后退着走,他们用力拉着红绒线拧成的纤绳,正吃力地走着,龙舟上却派人一刀割断了纤绳,于是童女仰

---

① 淮北市地方志编纂委员会.淮北市志[M].北京:方志出版社,1999.

面朝天跌倒,童男则跌倒俯卧在童女身上,而船上那些荒淫无道的统治者们,看了却哈哈大笑起来。麻叔谋还有一嗜好,即喜欢吃熊掌。泗县城郊没有山,也逮不到狗熊,当然也就没有熊掌给他吃。麻叔谋馋极了,兽性大发,叫手下剁掉偷来的小孩的手掌蒸了吃。起初老百姓还以为小孩跑迷了,或被野物衔去了,后来知道了实情,都把小孩藏起来。但麻叔谋派手下去抢,爹娘失去孩子谁不痛哭?这就是"哭孩头"的来历。

枯河头曾经三易其名,经历了"哭活头""哭孩头""枯河头"的不同称谓。从民俗语言学角度来考察,在灵璧、泗县两地的方言中,"活"与"河"同音,"活""河""孩"近音,"哭活头""哭孩头""枯河头"其实是由于语音变异造成的,只不过每次变异都造就了一段历史传说。

二、皖北人名语俗

皖北人名主要包括三种:姓名(大名)、乳名(小名)、绰号(外号)。其特定的语词形式既反映了命名对象在社会关系网络所处的社会位置或个性特征,也蕴含了命名者的民俗心理,其运用规则则构成皖北民众礼仪制度、语言民俗的重要内容。

(一) 姓名

姓名是一种符号,一种分清彼此的符号。一个人来到这个世界,父母长辈们会为他命名,赋予他在这个世界上的一个符号象征,姓名成为了指代他个人的符号。但是这种命名又包含了其宗族、家庭背景,时代风尚和个性因素等内容,因此姓名不单纯是指代个人的符号,同时也是具有社会属性的符号。

萧遥天说:"人的有名,乃在知识渐萌,人我之间的交际渐密,渐从形体、声音的特征加强认识,这种存留在心坎里的无声符号,可说是名的胚胎。后来人事日繁,群居生活日渐发达,觉得以形体声音的特征为某人默记的标准还不够,便需要立一个显明的符号以与某人,因是名便诞生了。"① 姓名的产生可以追溯至距今3600多年前的商周时期,当时的人们就开始重视姓名了。中国传统文化有"名的文化"之称,姓名更受人们的重视。北齐文学家颜之推曰"名以正体"(《颜氏家训·风操》),清代唐甄也说:"名者,序长幼,辨贵贱,别嫌疑,礼之大者也。"(《潜书·名称》)可见姓名凝结着重要的文化内涵、民俗内涵。正因为姓名

---

① 萧遥天.中国人名的研究[M].北京:新世界出版社,2007:3.

具有如此重要的区分价值、社会秩序之中的位置标记价值,所以古代中国人的姓名除正式的姓和名以外,还有字、号、别号等。

姓名是一个人的大名,是命名礼仪化、制度化的产物。它相对于小名而言,亦称"正名""学名""官名""族名"。

皖北人名中的姓名包括姓与名两个部分,最常见的是三音节形式。姓是父系血缘的标志,绝大多数为单音节,如赵、钱、孙、李、周、吴、郑、王之类,这是所谓的单姓;少数为双音节,即通常所说的复姓,如欧阳、司马之类。北宋著名政治家、文学家、史学家欧阳修于北宋皇祐元年(1049年)知颍州,后又亳州、蔡州,于熙宁四年(1071年)致仕归颍州定居,一年后病逝于颍州西湖之滨的会老堂。旧址亭孜村原为一个村庄,1954年开挖泉河时,村子被一分为三:南亭孜、北亭孜、小欧庄,南亭孜、小欧庄在泉河的西南侧,北亭孜则留在了泉河的西北。现在这三个自然村,一两百户人家,都姓欧阳。据说,是欧阳修的四子欧阳辩的后代,世代繁衍于此。皖北地区孩子出生取名通常随父姓,只有倒插门者孩子取名可以随母姓。不过在当今也有些开明的家庭孩子开始随母姓了,而不一定非得随父姓,姓作为父系血缘标志的功能有所弱化。名部分,第一个字在古时通常为辈分字(辈分字的选定,一般都由长辈从诗词、典籍中选择一句、一行,或一句格言等,用第一个字为第一代人的辈分字,用第二字为第二代人的辈分字,依次类推),第二个字常反映命名者的希冀、祝愿、价值观与审美观,体现个性差异。我国是个宗法观念极强的社会,特别强调长幼有序、内外有别,尤其强调宗族同姓血缘群体的内部尊卑秩序。这种观念及与之相应的制度影响到了命名,那就是很多大的家族都通过族谱或家谱规定好了辈分用字,给孩子命名时必须按规定行事。比如有丁姓家族,辈分用字为"仍祖以少"等,每个"仍"字辈的丁姓族人名的第一个字都要用"仍",如"仍海""仍田""仍彪"等;每个"祖"字辈的丁姓族人名的第一个字都要用"祖",如"祖信""祖好""祖洪"等;这里"仍"下一个辈分为"祖","祖"下一个辈分为"以","以"下一个辈分为"少",比如一个"仍"字辈的人,他的儿子取名辈分用字为"祖",他的孙子取名辈分用字为"以",他的重孙子取名辈分用字为"少",必须按规定的辈分用字来选择,不能乱。有些家族没有传下家谱定好的辈分字,就依照同姓或近族已有的辈分字来命名。不过这种姓名取辈分字的习俗大概一直保持到20世纪50年代,尤其是较大的家族、文化底蕴较为浓厚的家族。从20世纪六七十年代开始,皖北地区姓名取辈分字的习俗逐渐弱化,很多家庭给孩子取名时更多考虑的是名字的含义,而不是辈分、排行。比如皖北一姚姓家庭,4个孩子,其中老大是女儿,1962年出生,取名姚莉;老二是男孩,1963年出生,取名姚青水;老三是女儿,1968年出生,取名姚芙蓉;老四是男孩,1970年出生,取名姚有志。一高姓家庭,三个孩子,其中老大是女儿,1965年出生,取名高洁;老二也是女儿,1971年出生,取名高娟;老三是个男孩,1975年出生,取名高亮。《颍州晚报》2015年7月28日A4版报道的阜阳市颍泉区闻集镇大钱营村钱启仁家有五朵"金花":钱慧仙、钱天秀、钱伟华、钱维东、钱多秀,个个学业有成。这三个家庭命名各有差异,第三个家庭都是三字格,第二个家庭都是二字格,第一个家庭既有三字格也有二字格,都没有按传统在同辈中固定一字、变换一字的程式化的双名命名方式,彻底突破了排行的束缚,自由选择形式新颖的姓名。这种姓名取辈分字的习俗消解的原因有多种:第一,很多比较贫穷的家族原本就没有家谱、族谱流传下来,取名选辈分字靠口口相传,而那些较为富有或文化层次较高的家族虽有家谱流传下来,但经过20世纪五六十年代的反"四旧""文革"等运动,许多家谱、族谱毁于一旦,要搞清每一代的辈分用字实在不容易,很多人也不知道辈分用字。第二,随着宗法制度的彻底瓦解,计划生育政策的实施,家庭结构有了改变,大家庭瓦解,分化为许多小家庭。随着农村人口流入城市,城乡差别逐渐缩小,人们的宗族观念逐渐淡薄,取名不再受必须固定一字的排行限制。第三,新时期人们取名崇尚新颖吉祥,追求个性化,而且有些单姓姓名只取两个字,甚至四个字,而不像以往的三个字,有些复姓姓名只取三个字,而不是四个字,这样辈分用字不好安放。

张书岩认为:"传统人名的内容主要有如下几方面:

第一,祈福禄。如:福、禄、贵、富贵、升、擢、荣、廷、祜。

第二,祈长寿。如:千秋、延年、昌龄、延龄、龟年、翁、叟、老、寿、永年、长青、松龄、鹤龄。

第三,祈平安。如:平、安、宁、和、顺、平安、长顺、去病、弃疾。

第四,祈财富。如:财、有财、发、发财、富、宝、金、银、万、珍。

第五,祈美德。如男性:仁、义、礼、信、忠、孝、德、修、文、武、贤;女性:淑、仪、娴、惠、贞。

第六,祈聪慧。如:慧、才、华、智、聪、敏。

第七,祈美貌。女性常用英、花、秀、兰、芳、芬、芝、桂、菊、梅、荷、莲等花草名或美、丽、媚等直接表示美貌的字。

从形式看,我国人名由魏晋以前的单名为主,发展到南北朝时期的单、双名平分秋色,再到后来的以双名为主,并在名字中体现排行。"

但新中国成立后,尤其是新时期,人名最显著的变化就是:相当多的名字抛弃了上述那些传统内容。① 皖北人名也是如此。

---

① 张书岩.从人名看50年的变迁[J].语文建设,1999(4):38.

以《颍州晚报》2015 年 7 月 30 日 A16 版刊登的阜阳一中 2015 届高考高分考取"985"院校名单(136 人)为例：

陈其威、张东海、辛闻、徐思凡、徐帆、马思语、鲁烁、闫格、曹骏辉、常国庆、金宇、来晓熠、宋泽晨曦、韩宏杰、王崇彪、陈高歌、苏蕾、张磊、刘潇奎、樊威威、乔龙彪、孙丹妮、王若愚、张漫莉、陶冰晴、周泽华、张凯明、李夏童、郑泽西、孙登宇、林倩、亓培凯、李腾飞、石梦会、亓先玲、牛莹莹、刘路路、周俊、曹晓朗、武赛、朱芃琦、刘华迎、张嵩、谭陶莉、王文宗、吕文豪、冯雪伟、董信、赵子涵、胡轶聪、吕朋朋、漆学雷、裴诗雨、蔡卓衡、肖宇、晏排场、魏福松、乔恩玉、孙昊、牛宇豪、李春驰、肖洪龙、李九华、杨梦洁、吕由、王晓峰、张东伍、李梦悦、李彪、王香港、王尚尚、吕文斌、宋紫阳、王齐、刘乐乐、戴宗豪、冯润发、张坤、郑司南、许天睿、陈思远、王继飞、唐跃威、屈淑娴、孟猛、刘惠惠、聂昊、武国庆、熊皖豫、陈浩、冷森、张玉阔、张蒙蒙、肖磊、刘晓坤、李文琪、柳帅、郑晨光、冯莫凡、叶广浩、刘亚辉、李荣生、马志伟、程田田、刘威、陈思、李嘉杰、张朋朋、王冰冰、李凡妹、李阳、张健飞、张贺朋、邵以诚、王思敏、李凯翔、耿昕雨、李鹏飞、袁坤、李建、赵凯龙、李秀昕、李恒、王菲菲、和畅畅、张梦茹、朱俊荣、马晓文、沈一如、周阳、蒋晓霖、韩光全、苗志远、杜尧帝、时佳、张亚东(13 班)、张亚东(15 班)、李凡、郜苏徽。

由这份 136 人的名单大致可窥视出当代皖北姓名的某些民俗语言特点：

第一，除少数姓名(如王文宗、王继飞等)带辈分字，绝大多数姓名都不带辈分字。两字格姓名(32 个)、叠音字姓名(13 个)没有辈分字，它们的增多更是明示着宗族辈分意识的衰退。

第二，传统的人名用字少了，代之以文雅的、新颖别致的或是有气魄的字。如烁、熠、倩、昕、妮、琪、洁、霖、宇、睿、昊、豪等。

第三，不拘一格，尽显个性。如"杜尧帝、王香港、晏排场"，不仅将开创了帝王禅让之先河的我国上古部落联盟首领尧帝入名，将国际大都市、中华人民共和国香港特别行政区入名，而且还将皖北方言词"排场"入名。"排场"在普通话中是铺张奢侈的意思，是个贬义词，但在皖北方言中却是个褒义词，含义有：① 大方、体面，如这件事他做得排场；② 长得好，穿着漂亮，如：这闺女长得真排场；那件连衣裙穿在她身上显得格外排场。将具有霸气、大气、好、美含义的方言词入名，很有个性色彩。《颍州晚报》2015 年 8 月 5 日 A16 版刊登的太和一中 2015 年高考 600 分以上学生名单中有 2 人分别叫"杨奥迪"和"随奥迪"，以名牌车名入名，特色鲜明。

另外还有一些姓名凸显了形式上的新颖性。如：

(1)"父母姓＋名"或"父姓＋母姓"＝孩子名。如：谭陶莉、王齐。这类名字和计划生育政策的实施有很大关系。孩子的名字恰好体现了一个"三人世界"。还有"熊皖豫、郜苏徽"这两个姓名中的名为两个地域名称的并列，很有可能是源自父母出生地的复合。

（2）四字名。皖北四字名有的是因为复姓而形成的,如阜阳市颍泉区欧阳修的后裔欧阳其平、欧阳洪松、欧阳世录,有的却不然,而是新时代产生的新形式,其形成方式有两种:一是父母姓+双名,如刘徐一歌;一是父(或母)姓+三字名,如上举名单中的"宋泽晨曦"。这种形式新颖活泼,且可减少重名,但不切合三字格命名传统,而又带有日本人的姓名色彩,所以采用者很少。

（3）叠音名。"改革开放初期,单名曾继续增长……但是近年来,人们逐渐认识到单名易重名、生僻字太多、在表达思想感情时受局限等弊病,转而愿意起双名了。然而这又不是过去那种程式化双名的翻版,而是一种新的创造;不是倒退,而是一种螺旋式的上升。现在所取的双名,一般都要考虑两字之间的意义联系,以至和父姓、母姓、父名、母名的联系,因此含义深远,耐人寻味。例如父亲名玉川,儿子名小舟,意味着父亲用生命之河托起了儿子这一叶小舟。又如宇晴、咏沂、闻莺、梦舒、晓予……这些名字的境界都是单名无法达到的。"①皖北命名状况也是如此,上举136人名单中单名只有32个,其余104个皆为双名。值得注意的是这104个双名中有13个叠音名,它们的存在也体现了当代皖北人名的一个语俗特点。

最近一二十年来不少家族又开始启动中断了很多年的修家谱工作,这项工作的开展或许能在某些时候提示不该遗忘辈分字的习俗。比如,1993年,居住在阜阳的欧阳修的后裔欧阳其平与欧阳洪松、欧阳世录3人用两年时间续修了一部家谱。因先祖留下的家谱在"文革"时丢失了,续修的家谱向上仅追溯到洪字辈,即"洪(宏)、永、世、其、佰、昌"。他们续修的家谱重新排了20个字,昌字辈后面排位为:"传宗耀祖业,欢聚会老堂,后人立大志,民康国富强。"如今,他们这一支系宗族为后代取名还是择取辈分字。

（4）随母姓。传统姓名姓氏随父,但在当代随着人们观念的变化,也有的家庭孩子随母姓,如上举名单中的"沈一如"。皖北姓名的运用规则与汉族其他地区没有什么区别,比如严禁对长辈、长者直呼其名,尤其面称时,否则是缺乏教养的表现,为人所唾骂。长辈、长者对晚辈和同辈中年龄小于自己者可以直接称呼姓名,如果还未成年还常称以乳名。如果晚辈已经长大成人,尤其结婚生子之后,出于尊重,对晚辈称呼大名,或者只称呼名(双名)以示亲切。

（二）乳名

乳名,又叫小名,和大名相对。乳名,顾名思义,就是人初生之时起的鄙俗

① 张书岩.从人名看50年的变迁[J].语文建设,1999(4):40.

而随意的非正式的名字,例如魏武帝曹操乳名阿瞒、蜀汉后主刘禅乳名阿斗、汉代文学家司马相如乳名犬子,近代名人蔡元培乳名阿培、鲁迅乳名阿张。乳名一般仅供相互之间非常熟悉的人,往往是上辈或同辈的人,在日常生活中称呼使用。乳名之称往往显得亲近、友好,但也显得较为随便,不够庄重、正式。

乳名现象是一种绵延万载、历数千年的传统习俗。据萧遥天考察:"大约春秋以上的人名,都和后代的小名一类,故像楚公子黑臀,晋成公黑肱,卫大夫司空狗,楚令尹斗谷于菟(谷是吃奶,菟为虎)……这些公侯卿士的鼎鼎大名,却都保留着喂奶时期卑俗的称呼。降级秦汉,名字渐尚文饰,众人长大之后,觉得这尊古礼'幼名冠字'的幼名太俗气,便仅留在家庭间呼唤,而另立雅驯的正名,以适应社会的交际。"①亦即大约在周末直至春秋战国时期,名也渐渐有了正名、乳名之别。乳名和正名就有了社会分工的差异。正如黄涛所言:"在村落文化语境里,乳名和大名是有明显的社会分工的。传统形式的三字格大名由姓氏字、辈分字与个体字组成,在构成上它是人的村落社会地位(指在村落家族辈分网络中的位置)的标记,在使用上它也相应地是对一个资格完备的成年村民的称谓。对一个人称以大名,意味着对他有足够的社会生活知识和撑门立户能力的认可和尊重。而乳名在文字构成上都是随意的,俚俗的,没有社会地位标记的,在使用上它是对接受抚育的未成年人的称谓。这样乳名和大名就是一个人在他一生中两个阶段的名称,这种分工表现了他在两个阶段与家庭和村民的不同关系,也体现着别人对他的不同态度。因而乳名和大名在语言形式上的不同是与它的分工的不同相对应的,两种名称相对待而存在,是不宜用一种取代另一种的。可见乳名是一种有独特社会文化价值的命名和称谓习俗。"②

根据汉民族的民间习俗,乳名的取用主要有三种:一是借用生活中的动植物名;二是随排行而命名或出于迷信特意取用的;三是吉利喜庆的意愿,表达长辈对晚辈的美好愿望。皖北地区也依据这些基本规则,创造了丰富多彩的民间乳名习俗。

(1) 以低贱类事物为名的,如:狗夺、狗剩、大狗、小狗、猪剩、小猪、老母猪、大牛、小牛、王八、狗屎、猪屎。

(2) 以一般动物、植物、物品为名的,如:小熊、老虎、豹子、骡子、叫驴、绵羊、小花、桃花、菊花、杏花、石榴、樱桃、石头、石蛋、金锁、铁蛋、铁锤等。

(3) 以外貌特征命名的,如:大头、小头、小胖、大胖、大眼、长腿、三秃子、瘦猴、小黑。

(4) 以排行命名的,如:小二、二子、老三、四妞、小六、小七、大八、老丫、大丫、

---

① 萧遥天.中国人名的研究[M].北京:新世界出版社,2007:106-107.
② 黄涛.村落乳名称谓的文化功能[J].民间文化,2000(11/12):68.

小妹等。

（5）以性别命名的,如:妮子、小妮子、丫头、小子。

但有些家庭在给孩子起乳名时故意让其性别倒错（更常见的是男孩取女孩名）,男孩叫"丫""妮子""丫头",女孩叫"小""小子"等。

（6）以吉祥、希望、理想、祝愿等命名的,如:大祥、大宝、小宝、宝贝、小贝、拴柱、锁柱、留住、留根、牢根、牢绷、保住、逮住、大福、小福、福星、长生、德旺、大旺、小荣。

（7）以僧道命名的,如:成佛、来僧、和尚、僧哥、尼姑、道人、道士、小老道。

欧阳修最小的儿子欧阳辩（字季默）在颍州出生,乳名就叫"和尚"。

（8）以叠字为名的,如宝宝、贝贝、佳佳、冬冬、蓓蓓、楠楠、丽丽、莹莹、晶晶、甜甜等。这类在当代比较流行。

传统的小名以俚俗丑贱为原则,有越鄙俗、越粗野越好的特色,宋人俞成概括为:"古者命名,多自贬损:或曰愚曰鲁,或曰拙曰贱,皆取谦抑之义也。……江北人大体认真,故其小名,多非佳字,足见自贬之意。"（宋·俞成《萤雪丛说》卷一）皖北乳名习俗也是如此。在以往像"傻子、憨子、狗蛋、狗剩、二狗、牛角儿、羊蹄儿、大愣、铁蛋、结实"这类可笑的小名很常见,这是因为以前生活条件艰苦,医疗水平差,孩子夭折的多,人们认为起好听的名字容易招惹鬼神,不利于孩子的成长。于是,就为孩子起一个难听的名字,让鬼神不招惹他们,希望孩子能无灾少病。这样,孩子就会在不知不觉中长大,所谓"贱名易养"。其实这难听的名字里饱含着父母对孩子的祝福和期待,饱含着父母对孩子深深的爱。

小名（乳名）和下文要讨论的绰号都有鄙俗粗野的特点,但二者不同。正如萧遥天所言,小名（乳名）是因为父母"大体都出于怜爱太甚,故示卑贱,希望容易养大成人","它的鄙俗粗野和绰号的鄙俗粗野味道不同,绰号多意在讽刺调侃,而小名则最难听处正洋溢着父母的真爱"。① 有的地方盛行给孩子头拐留毛,称"王八搬家",有的脑后留毛,称"鸭子尾巴",或剃阴阳头——阴阳界两不管的地方,阎王爷容易忽视;还有的男扮女装,戴耳环偏坠,让阎王爷搞不清楚;有的地方流行戴银项圈、玉石或桃木,意为要拴住他的命,唯恐被鬼神夺去,这和起象征乳名,叫"拴住""留住",异曲同工。阜阳作家雪涅关于阜阳人的乳名曾写下过这样一段文字:

乡间农人命硬,水生草长,泼皮结实,因而乡人添女得子,多贵生贱养,欲扬先抑。阜阳人多重男轻女吧,女孩儿名取得水灵鲜活:梅、兰、竹、菊、秀、萍、莉、香、华、淑、俊等,大都择奇艳的芳名;一轮到男孩儿,金贵得如心肝宝贝,却偏偏轻视了,有意取个稀屎烂贱的名儿,多以乡间牲畜做名,生生作贱自个儿。狗,

---

① 萧遥天.中国人名的研究[M].北京:新世界出版社,2007:107.

则狗蛋、狗毛、狗饶、狗剩,狗×;牛,则牛角儿、牛尾儿、牛肚儿;羊,则羊皮儿、羊蹄儿、羊疝儿、羊×……扩而大之,驴骡马驹,统统朝人头上扣,弄得人不人鬼不鬼,一个光光棍棍、体体面面的人没了人样!……阜阳人名贱,大名却堂堂正正,绝不旁门左道。可阜阳爱叫人小名,显得亲昵,不生分。①

黄涛认为:"乳名体现着父母及其他亲族长辈以至全体村民对幼儿养育教育的关系和爱护亲昵的感情。由于幼儿处于这样一种依赖于他人的状况,他不能也不需要在家族组织体系中占据一个独立的位置,所以他所得到的称谓也无需体现出他作为家族成员的角色含义,于是他在幼时的名称就不带父系血缘和辈分的标志,而是一个随亲长的喜好而从其他角度命名的很随意的名字。这个名字在语言形式上也就切合它的社会功能,通常是称说便利的,适于表达亲昵喜爱情态的,而且往往被超现实地赋予保佑幼儿成长的魔力,我们可以分别称之为便利原则、亲昵原则和保佑原则。它们是起小名习俗在传统社会中得以形成和长期传承的主要原因。"②

"歌谣文理,与世推移","文变染乎世情,兴废系乎时序"。(刘勰《文心雕龙·时序》)随着社会变迁,受现代文明的冲击,皖北乳名习俗发生了很大的变化。那些鄙俗、轻贱、欠文雅的乳名正在逐渐消失,代之以"菲菲""田田""金金""倩倩"等内容美好、声韵娇甜的文雅的乳名来表现纯洁、真挚的爱意亲情。乳名学名化与乳名文雅化正成为当代皖北乳名习俗的重要特点。

乳名的使用有一定的语用规则:一般用于家庭或亲邻之中;比较随意的非正式场合;不可直呼长辈或年龄相当于自己长辈者的乳名;入学后忌喊乳名,尤其成年后更忌喊乳名。如果人际交流过程中违背了这种乳名使用规则,人际交流则可能会产生障碍。下面这则报道从反面揭示了乳名使用的语用规则:

以前,老人们都说"起个贱名好养活",取不太雅观名字的人不在少数。颍东区插花镇某村50多岁的村民肖辉,因聊天时被对方喊了乳名,觉得脸上无光,恼羞成怒,冲动中将对方眼睛打伤。

近日,在插花镇某村调解室工作人员的调解下,肖辉赔偿对方各项损失2.6万元,真是应了那句话:冲动是魔鬼。③

(三)绰号

绰号是人的姓名、自号和字之外的特别称谓,是周围的人根据体征、性格、品行、行为、事件、环境等特质进行概括而所加给的谑称或雅称。绰号多出于戏

---

① 雪涅.阜阳十八怪[M].北京:团结出版社,1996:18-19.
② 黄涛.村落乳名称谓的文化功能[J].民间文化,2000(11/12):68-69.
③ 因为喊乳名　俩村民大打出手[N].颍州晚报,2015-8-13.

谑讥讽,故又称谑名、谑号,或诨名、诨号、外号等。"绰号所以异于名、字、号者,是名、字、号都由自己命定,为自己所承认的符号;而绰号则由别人凭其认识印象所加,不一定为自己所满意与承认。但绰号由于它善于抓住对方的特征、特性,一语道破,往往印象十分明朗,品评十分深刻,故绰号常常较本名更易传播,虽然有的捧得你周身的毛孔都舒畅,有的挖苦得你啼笑皆非,但你不能凭爱憎而定去取,一个恰当的绰号加上你身,你便无法摆脱了。"①

绰号现象,古已有之。"在古文献中,最早的一批绰号出现于汉代,例如汉代用法严酷不贷的三位官员——郅都、董宣、严延年,分别被号为'苍鹰''卧虎''屠伯';江革至诚至孝,被号为'江巨孝';杨震博学,被号为'关西孔子'等。"②而且绰号现象也比较普遍,清代赵翼在《陔馀丛考》中对绰号论述道:"世俗轻薄子,互相品目,有混号";"至贩夫牙侩,亦莫不各有一号……盗贼亦有别号,更何论他亦。"③

绰号是带有游戏性的称谓,纯属私人随意造拟,富有强烈的公众舆论的褒贬性能,从而也在某种程度上构成社会评判机制的一个部分。④

皖北地区流传下来的绰号大都生动有趣,其内容多为戏谑、讥嘲、挖苦,只有少数可算作是中性、美称。其类别主要有:

(1)根据外貌特征所起的绰号,如:

矮子、麻子、大眼、光头、大头、大嘴、胖墩、小耳朵、长腿、大脚、罗锅。

(2)根据脾气、性格特征所起的绰号,如:

犟驴(此人脾气很倔强)、强头(此人特别执拗)、眼子(此人常常吃别人的亏)、愣瓜(此人傻乎乎的)、老面(此人性子肉,动作慢,老好人一个)、二妮儿(此人小时候脾气性格特别像女生)、牛黄(此人性格耿直,但有时执拗,这个绰号来自固镇方言词"牛黄性子")。

(3)根据品行作风所起的绰号,如:

臊狗子(狐狸,此人像狐狸一样狡猾)、猫子(此人好说大话空话)、喝二蛋(此人好拍领导马屁)。

(4)根据某一行为或特殊事件所起的绰号,如:

某人打牌时好通过抓耳朵向对家传递信息,别人给他起了个绰号就叫"抓耳";某人有次下面条时稀里糊涂地将洗衣粉当作了盐,吃时感觉不对味但还坚持吃完了这碗面条,后来此事传开,"洗衣粉"便成了他的外号。

---

① 萧遥天.中国人名的研究[M].北京:新世界出版社,2007:107.
② 谭汝为.民俗文化语汇通论[M].天津:天津古籍出版社,2004:269.
③ 赵翼.陔馀丛考[M].北京:商务印书馆,1957:840.
④ 阮桂君.宁波方言的绰号称谓[J].武汉大学学报(人文科学版),2008(3):319.

这类绰号往往起源于某个特定情境或者事件,不一定与号主本身的性情、特征吻合,往往带有典故性。

(5)根据职业或手艺所起的绰号,如:

红薯张(此人常年在外卖烤红薯)、鼓书陈(此人常年说大鼓书,以此为生)、尹大萝卜(此人善于种植萝卜,他家的萝卜比别人家的大)。

绰号运用于熟人社会,常常只在某个人际关系密切的特定群体之中流传,为某个特定的群体所理解,其他群体,较为陌生的人际关系往往不能理解特定绰号的含义及其所指。绰号因为是众人在背地里为某人起的,而且多含戏谑、挖苦的态度,常常不能被指称对象所认可,甚至为他所深恶痛绝,因此一般来说绰号运用于背称语境。在皖北地区,一般说来当面称呼别人绰号是失礼行为,是对别人的一种侮辱。当然,如果这个绰号带有褒义,或者拥有绰号的人本身不在乎绰号的挖苦意味,或者这个绰号用的时间久了,让拥有者感觉不到是对自己的侮辱、挑衅或歧视,只当作自己的一个象征符号、一个指代符号,形成了接受习惯,这时可以面称。许辉、苗秀侠创作的反映皖北阜阳地区农民工生活的长篇小说《农民工》有个情节很好地展示了皖北绰号语言民俗:

如意说,戴大哥,我办好事就回,你多操心;工程是最关键的时刻了,老亮和大嘴给你当助手,有啥事只管支派他俩;有不周到的地方,你也只管骂他俩。

老戴看着老亮,又看着大嘴,终于挤出几个字,老、老亮,大、大嘴,啥意思?

如意明白老戴的意思了,说这是他俩的外号,老亮小时候头上生疮,落下疤癞,亮乎乎的,就给取了外号老亮,从小就叫,叫开了;大嘴肯吃,嘴大吃四方,也叫开了。又一指老面,他性子肉,动作慢,老好人一个,就叫老面了。

老亮和大嘴嘿嘿笑着。如意说,现在他们不在乎,小时候可没少为这个外号打架![1]

这些人是来自阜阳某村的农民工,他们一起长大,如意是他们的师傅,属于熟人社会,而老戴和这些人接触时间不长,无法知晓这些绰号的意思及所指。这些人,一开始别人叫其外号,他们愤慨,慢慢地也就接受了,而且平时在一起的称呼反而是绰号,放弃了大名。小说中有这么一段:"老面买了一套小孩衣服,他媳妇在他走后就害好病了,现在小孩子都满月了,老面那个高兴样!老亮说,老面,真可惜了你的新媳妇放家里那么久,现在你回去,她就是小孩娘了。老面脸色红红,只管收拾东西。大嘴说,老亮,别开玩笑,按说你是大伯哥呢。"[2] 这段文字再次印证了上述绰号运用的语用规则。

---

[1] 许辉,苗秀侠.农民工[M].合肥:黄山书社,2010:74-75.
[2] 许辉,苗秀侠.农民工[M].合肥:黄山书社,2010:64.

第六章　皖北称谓与"数"语俗

一、皖北称谓语俗

称谓语是人们用来表示彼此间的各种社会关系以及人们所扮演的社会角色等所使用的名称,可以分为亲属称谓语和社会称谓语。皖北称谓语俗体现在亲属称谓和社会称谓及其运用上。

(一) 亲属称谓语

人们的社会关系主要指的是亲缘关系,属于亲缘关系的称谓语叫作亲属称谓语。亲属称谓是以本人为中心确定亲族成员和本人关系的名称,是基于血亲姻亲基础上的亲属之间相互称呼的名称和叫法,同时,亲属称谓也是以本人为轴心确定亲属与本人关系的标志。在古代社会,族内成员是以男性为中心的父系同宗者。《尔雅·释亲》"父为考"表示父系家族是以我(本世)为中心,同时又介绍其他家族成员,"父之考为王父","王父之考为曾祖王父","曾祖王父之考为高祖王父","子之子为孙","孙之子为曾孙"等[1],诸如此类的亲属称谓共13个,表示父系亲属称谓共13代:一世·高祖王父,二世·曾祖王父,三世·王父,四世·父,本世·我,一代·子,二代·孙,三代·曾孙,四代·玄孙,五代·来孙,六代·昆孙,七代·仍孙,八代·云孙。在语言与文化的发展过程中,这些男性称谓语在文献典籍中呈现出不同的使用情况。

"中国传统社会是以父子关系为核心的宗法制社会,其人际关系的深层结构,是血缘亲族组织。在宗法社会中,财产的继承人是父系男性成员,因而要区分父系和母系。构成亲属关系的基础是婚姻,男女双方对自己配偶的家庭成员都有一套特殊的称谓语,这就是所谓的夫妻系。同一系列内部还要分清男女、

---

[1] 李学勤.十三经注疏(十三)[M].北京:北京大学出版社,1999:116-117.

长幼、行辈等。这样,汉语的亲属称谓语就自然形成了一个繁杂、严密的系统。"①皖北亲属称谓语俗相当复杂,现列举若干如下:

1. 皖北经常在亲属称谓面称和背称前加上一个具有中原官话区方言特色的单数第一人称代词"俺"

"俺"平时读作[ɣæ³],用于称谓前均轻读为[ɣæ⁰],如面称母亲为"俺娘"或"俺妈",背称母亲为"俺娘""俺妈"或"俺母亲"。

2. 子女面称生父、生母

子女面称生父:大、达、爹、伯、爸,大大、大伯、爸爸。

称"父亲"为"伯",这个"伯"区别于称伯父的"伯",也区别于娇儿称生父的"伯"。这个"伯"是按排行叫来的,譬如父亲是老四,称父亲的"大哥""二哥""三哥"分别叫"大伯""二伯""三伯",排到作为老四的父亲,也是一个"伯",就喊"伯"(不加排行)。颍上县城内面称生父为"伯",农村干部子女也用"伯"称生父。颍上县新集区有人称生父为"大伯",兄弟姊妹间背称父亲也叫"大伯"。

子女面称生母:娘、妈、妈妈。

在新中国成立后随着文化教育的普及,在面称父亲、母亲方面,已向普通话靠拢,称"爸""爸爸""妈""妈妈"了。

新中国成立前,阜阳市方言面称母亲为"娘",新中国成立后先是改叫"妈"[ma¹](方言中"妈"经常指乳房、奶水等意),从单音节"娘"改叫,先改叫为单音节"妈",再逐渐喊起"妈妈"[ma¹ma¹]、"妈妈"[ma¹ma⁰]来,继而在幼儿园、小学里的孩子们已经喊起"妈妈"[ma²ma⁰]来。"妈妈"一词读成了[ma²ma⁰](前字调值为55),已在语素上和构词方式上与普通话取得了完全一致,在读音上也极明显地向普通话靠拢:① 已丢弃了前一个"妈"在方言中作为阴平字的调值212调,而直接采取了普通话阴平字的55调值;② 叠音中的后一个"妈"也已改为轻读,只是[ma⁰]中的[a]还没有像普通话"妈妈"[ma¹ma⁰]中那样向央元音[ə]转化。

"妈"现在在阜阳方言里用来称呼生母已普遍用开。但在新中国成立前,称呼生母的正统称谓是"娘"[ȵia²](现在已被认为很土),绝不可以称呼生母为"妈"。称"娘"表示有血缘关系,称"妈"则是大老婆所生的子女称呼父亲的妾(小老婆)的专用称谓,表示无血缘关系。新中国成立后,由于取消了一夫多妻制以及普通话的深入和影响,"妈"就失去了这种专用称谓的用法,而用来替代"娘"的叫法。当然"妈"的旧用法逐渐消失,"妈"的新用法也逐渐用开。1960年时,在较偏僻的临泉农村(滑集),一位老妇人听她女儿述及其丈夫的母亲,称

---

① 常庆丰,马宏基.称谓语[M].北京:新华出版社,1998:38.

之为"妈",还误认为亲家娶有小老婆呢。然而在今天称"妈",就谁也不会引起误解了。

3. 娇儿(受宠爱的子女)面称生父、生母

皖北方言中,娇儿对生父、生母另有一套特殊的专用称谓。娇儿很可能原先有过哥哥或姐姐,但夭折了,父母怕他养不活,就把他当作伯父的小孩,或当作叔父的小孩,或当作姨母的小孩,或当作舅父的小孩,叫他喊生父为"叔""伯"或"大伯""大爹",喊生母为"婶""姨""姑"或"婶子""婶儿",这其中以喊"叔、婶"为最多。界首市光武镇还有叫娇儿喊生母为"姐"的。这种种改叫都饱含着父母祝愿娇儿顺利长大的爱怜之情。

亳州市大杨镇娇儿称生父又另有独特的叫法:当地一般人称生父多称"(□)"[ta¹],也叫"大"[ta⁴]。娇儿称生父为"(□)"[tar²],改变一般人称"(□)"[ta¹]和"大"[ta⁴]的调值,将其升高拉平,念成高平调55,又在韵母[a]的后面配上一个舌尖中颤音[r](即舌尖滚音,安徽宿州地区泗州戏的唱词中也有此音)。经这么一颤,娇儿受父母疼爱之状,娇儿的娇嫩动听的声态全给颤出来萦绕在父母的耳畔。

4. 养子、养女面称养父和养母、生父和生母

根据不同的情况、条件,有的不改叫,有的改叫,有的反叫,有的不叫(零形式)。

养子、养女对养父、养母的面称需要根据不同的情况、条件,有的不改叫,有的改叫,随有无血缘关系、有什么样的血缘关系以及血缘关系的近疏而变化。养父母的一方与养子女有血缘关系的,可以不改叫,仍按原来的称谓"姨""舅""姑""大伯""叔"等来称呼;如果彼此间没有血缘关系的,就一定要称呼"爸、妈",或"爹、娘",而且养子女与生父母不接触,因而也就没有对生父母的面称。值得注意的是有血缘关系的,还要看是属父系的,还是属母系的。如果有父系血缘关系的,养父原是伯父或叔父的(不需改姓的)或者养母原是姑母(生父的姐妹,养子女去姑母家后要改姓),养子或养女都可以沿用原先的称谓来称呼他们的养父母:或叫"大伯、大娘"等,或叫"叔、婶"等,或叫"姑、姑父"等。正因为有父系的血缘关系,养子、养女都可按本地的"先叫后不改"的习俗来称呼,这说明父系的血缘关系是非常亲近的。当然也可以一律称之为"爸、妈"等,不过这时需要对生父母做反叫,即反而称呼生父母为"大伯、大娘"等,或"叔、婶"等,或"姑、姑夫"等。如果有母系血缘关系的,养父原是舅父的,可仍叫"舅",养母是姨母的,可仍叫"姨"(皖北地区叫生母的姊妹只叫"姨",不叫"阿姨",叫"阿姨"是不亲的)。而称"舅"的配偶(即养子女的养母)则不再叫"妗子"(皖北方言词指"舅母"),称"姨"的配偶(即养子女的养父)也不再叫"姨父"。为了考虑到能让"妗子""姨父"听了高兴都要改叫:称做了养母的"妗子"一定要改叫为"妈"或"娘",称做了养父的"姨父"一定要改叫为"爸"或"爹","先叫后不改"的原则只能对"姨""舅"行得通,对不具有血缘关系的"姨父""舅母"不行这一条。当然也可以一律称之为"爸、妈"等,则养子女就要对自己的生父母反叫为"姨、姨父"或者"舅、妗子"等,或者对生父母改叫为"姑父、姑"等。

对养父、养母的不同称谓,足见不同的血缘关系在起作用,进而可以看到封建宗法制度对人们的亲属称谓仍然有着一定的影响。

5. 子女对继父、继母的面称

年龄比较小的子女称呼父亲再娶后的继母或者称呼母亲再嫁后的继父,可以与称呼生母或生父一样喊"娘""妈""妈妈",或"大""达""爹""爸""爸爸",长大后也不改叫,但年龄较大的子女喊"继母""继父"却自有一套叫法:"婶""婶儿""大娘""姨",或"叔""伯"。如果子女与继父、继母的关系不和谐,甚至恶化,子女对继父、继母不打招呼,没有称谓,也即采取了"零形式"。

6. 义子、义女对义母、义父的面称

义子或义女对义母称呼"干妈"或"干妈妈""干娘",对义父则称呼"干爸"或"干爸爸""干爹"。

7. 对父亲的背称

对父亲的各项面称,一般均可以相应地用于背称。除此之外对父亲的背称还有:"父亲"(子女上了中学后,长大后的庄重、正式的场合称;别人也可称,前面必加"你"或"他"),"家父"(有文化教养的子女在客气的场合用,别人不可称),"老头、老头子、老头儿"(处于青年时期的子女,在与友人交谈的随便场合中称;别人也可称,前必加"你"或"他"。如"俺老头子来信了","你老头子汇款来了"。但颍上县等地不说"俺老头",因为它专用于老年妇女对丈夫的称谓),"亲爸爸"(给别人做了养子、养女的子女在区别生父、养父的场合称生父;别人也可称,前必加"你"),"养父"(养子、养女称;别人也可称,前面必加"你"或"他"),"继父、后父"(子女称母亲再嫁的丈夫;别人也可称,前面必加"你"或"他")。

8. 对母亲的背称

对母亲的各项面称,一般均可以相应地用于背称。除此之外对母亲的背称还有:"母亲"(子女上了中学后,长大后的庄重、正式的场合称;别人也可称,前面必加"你"或"他"),"家母"(有文化教养的子女在客气的场合用,别人不可称),"亲妈妈"(养子、养女在区别生母、养母的场合称生母;别人也可称,前必加"你"),"养母"(养子、养女称;别人也可称,前面必加"你"或"他"),"继母、后母、后娘、后妈、晚娘、晚妈"(子女称父亲再娶的妻子;别人也可称,前面必加"你"

或"他")。

亳州市大杨镇,有人年轻时称母亲为"娘"[n̪ia²],娶妻后或者自己的子女结婚后,就要改叫:面称改叫为"㛮"[ʂə³](不带后缀"子""儿",前面也不加"俺");背称改叫为"㛮儿"[ʂəɪ³]。大杨镇,父母怕自己娇宠的小孩养不大,就叫小孩仿照他(或她)的伯父的小孩叫母亲为"㛮"[ʂə³],待到进入中学后,又改称为一般人通用的面称"妈"[ma¹]。①

9. 男女结婚后的称谓

皖北地区有些地方,男女结婚后称谓较一般有所不同。比如,亳州,姑娘结婚后传统习惯人们不叫她名字,在婆家,长辈或大于她的平辈,娘家姓什么叫什么大姐,如娘家姓"李"叫"李大姐",娘家姓"杜"叫"杜大姐"。晚辈或平辈比她小的,按辈数加其丈夫的小名称呼,如丈夫小名叫"石头",晚辈就叫她"石头婶",平辈则叫她"石头嫂"。在娘家,长辈或大于她的,婆家姓什么就叫老什么,如姓张就叫"老张",姓姚就叫"老姚"。

利辛,男女结婚后忌讳喊乳名,也不习惯叫学名。男方家族长辈常喊"他哥""他嫂",哥嫂喊"他叔""他婶",已嫁的姐姐则喊他们"他舅""他妗子"。如果兄弟几人则加排行数,如排行老二,则叫"他二哥""他二叔""他二舅",排行老三,则叫"他三哥""他三叔""他三舅"等。女方家族则喊"他姐""他姐夫";女子嫁给某姓,有时也喊"某家",如嫁给张姓,就喊"张家",喊女婿是"外头张家",哥嫂则喊"他姑""他姑父"。夫妻生了孩子以后,夫妻对称"孩他娘""孩他大",如孩子名叫"铁蛋",则互喊"铁蛋娘""铁蛋大"等。

(二) 社会称谓语

表示人们所扮演的各种社会角色(如身份、地位、职业等)的称谓语叫作社会称谓语。皖北社会称谓语又可以分为职业(职称、职务)称谓语、通用称谓语、拟亲属称谓语等等。不同种类的称谓语及其使用,其社会功能、社会动因也不同。

1. 职业(职称、职务)称谓语

职业称谓语是以称谓对象所属行业为视点的称谓语,社会上有多少个行业,就会有多少类职业称谓语,如:

教师、医生、护士、警察、驾驶员、律师、编辑、演员、邮递员、营业员、服务员、公务员、会计等。

职业称谓语中最多的是背称称谓语,面称称谓语则要少得多,主要有:老

---

① 本节2~8取自:乐玲华.阜阳方言双亲称谓的社会差异及其成因[J].亚非语言文化研究,1988(4).

师、大夫、司机、邮递员、营业员、服务员等。

职称称谓语是以称谓对象所具有的职称为视点的称谓语,也可分为背称和面称两大类。职称背称称谓语较多,因为职称系列极多,如:

教授、副教授、讲师、助教;研究员、副研究员、助理研究员、实习研究员;高级工程师、工程师、助理工程师;高级会计师、会计师、会计员等。

职称面称称谓语则极少,只有"教授、工程师、会计师"等少数。

职务称谓语同样也可分为背称和面称两大类,而且两者数量都很大。如:

书记、主任、县长、省长、部长、局长、科长。

2. 通用称谓语

例如,"同志""师傅""女士""小姐"等。皖北地区还有一些较为特别的通用称谓语,例如阜阳方言:

说白媳子:背称说话啰唆、好传话、好搬弄是非的妇女。

半拉橛子/小半拉橛(儿):喻称小伙子或男孩子。

爹儿:对别人父亲的贬称。绝不可用于面称。例:"你的爹儿不正混。"

娘儿:对别人母亲的贬称。绝不可用于面称。例:"你的娘儿不好!"

姑娘儿:旧时对妓女的委婉叫法。

皮娘/皮妈:别人背称某人的养母,含贬义。

皮儿/皮的:养子的背称,含贬义。

皮女/皮闺女/皮的:养女的背称,含贬义。

皮孙:养子之子的背称,含贬义。俗话说:"一皮差一皮,皮孙不胜儿。"

3. 拟亲属称谓语

用亲属关系的词语来称呼并无实质性亲属关系的人,其实是借用亲属称谓,也可称之为亲属称谓泛化,例如:

大爷、大妈、大娘、大哥、小妹妹、李奶奶、老大哥。

职业(职称、职务)称谓语、通用称谓语、拟亲属称谓语等用于面称时,年龄与辈分这个参数所起的作用是不同的。在使用职业(职称、职务)称谓语、通用称谓语称呼时,年龄与辈分的作用趋于模糊,而在使用拟亲属称谓语时,年龄与辈分的特点则显得很突出,因此是选择职业(职称、职务)称谓语、通用称谓语称谓,还是选择拟亲属称谓语称呼对方需要注意,应该根据场合、对象等因素仔细选择。不过按照习惯,用拟亲属称谓语比用职业(职称、职务)称谓语、通用称谓语称谓显得亲切些,因为汉民族重视亲属关系,稍有点亲属关系就备觉亲切,视为自己人。在社会交往中,用亲属称谓语来称谓没有亲属关系的人,有利于在心理和感情上缩小距离。请比较:

(1) 师傅(同志),请问到清颍公园怎么走?

(2) 大爷(叔叔),请问到清颍公园怎么走?

比较而言,(2)句如果是年轻人称呼中老年人,则显得得体些,因为这种亲属称呼突出强调了年龄与辈分因素。

二、皖北"数"语俗

数与数的语言符号在产生伊始应该只是反映客观的数的世界,表达实际的数量意义,但随着人类的演进,数与数的语言符号被赋予了丰富的文化内涵,形成了不同国家、不同民族、不同时代、不同地域的数文化。这种数文化在民俗中有着广泛的影响,数与民俗活动结下了不解之缘,因此有人说:"数是智慧的结晶,文明的珍珠,人类文化的王后。它不仅是科学进步的尺度,也是人类社会生活的天平。数词和数的其他语言表达形式既是理性的语言,也是反映神秘观念和世俗生活的民俗语言的一个重要组成部分。""人类的数观念的形成,数的语言符号数词、文字符号数字的出现和计数活动都反映到民俗活动和民俗语言中来。"① 就皖北地区而言,"数"因数的崇拜与数的禁忌在许多领域、许多民俗活动中彰显了众多独特的民俗语言内容。

(一) 皖北"数"与婚丧喜庆习俗

"婚丧喜庆是民俗活动中最为精华的部分,各种观念(包括思想观念、艺术观念、价值观念等等)都会在这些活动中加以体现。作为思想观念之一的数自然也在这些习俗中有充分的体现。"②

皖北婚俗中的数主要表现于结婚者岁数、婚期、结婚用品的数量、聘礼的数量等方方面面。

常言道:"男大当婚,女大当嫁",也就是说男女长大成人之后应该及时婚嫁。何时算是成人呢?不同时代可能算法不一。我们今天18岁算是成人了,此时有的地方还会举行成人典礼,但古代可不一定是18岁。据中国最早的一部礼书《礼记》记载:古代男子20岁行冠礼,女子15岁行笄礼,冠礼、笄礼都是成人礼,标志着男女的成人。男女成人就可以结婚生子、成家立业了。但是不同时代,结婚年龄不一。《周礼·地官司徒下》载:"令男三十而娶,女二十而嫁。"可见周代的婚龄是男子30岁,女子20岁,可谓晚婚了。不过汉代始,婚龄大大提前了,男子有十五六岁而娶的,女子有十三四岁而嫁的。当代,我国《婚

---

① 曲彦斌.中国民俗语言学[M].上海:上海文艺出版社,1996:183-184.
② 曲彦斌.中国民俗语言学[M].上海:上海文艺出版社,1996:190.

姻法》规定男女结婚年龄是男 22 岁，女 20 岁。

皖北地区新中国成立前男子结婚年龄一般 20 岁左右，少数十七八岁，甚至十五六岁，女子一般十七八岁，甚至十三四岁不等。男女年龄一般相差 1～4 岁左右，而且一般是男比女大，忌女比男大，虽然有"女大三，抱金砖"之俗谚，但总归为年龄相仿的。在固镇县，婚事经媒人提出后，需要由男方将男女二人的"八字"，也就是生辰日期交给算命先生合婚。有四种情况不能合婚，其中摆在第一的就是"女比男大五岁以上"，因为有"女大五，赛老母"之说。另外三种不能合婚的情况是：属相不符，有"龙虎相斗""犬兔相克""一床不卧两条龙"之说；命不相容，有"甲子乙丑海中金，丙寅丁丑炉中火"之说；同族五服以内。这四种情况是所谓"冲克"，是不能定亲结婚的。

男女订婚要请媒人，一般两位，但家境比较富裕的人家，或者非常正规隆重的会请四个媒人，通常称之"四大红媒"，即男女双方各请两人，都分别为正媒和陪媒，双方亲戚或朋友，多被请去充当媒人。

结婚的日子，又叫喜期、喜日，旧时往往是请算命先生按男女双方生辰进行推算来择定迎娶吉日，或在年节日，俗说看日子，大都选择二四六双日，都是农历双日。

皖北习俗一般是婚后三日或四日，娘家来接，叫作"回门"，周月来接，叫作"住对月"。办过"回门"，婚事结束。但也有少数地方"回门"稍有不同，例如砀山，新婚第三天，新郎新娘祭拜祖坟。一般婚后第六天，娘家接新娘，当天送回。第九天再次接，住六天后送回，俗称"接九住六，一辈子不受（苦）"。第十八天，娘家还要接，住十八天，新娘在娘家做好全家鞋、锅盖等带回婆家。

婚后的前三年，新媳妇忌在娘家过正月十五（农历），俗语"看了娘家灯，好死老公公"。忌在娘家过三月初三（农历），俗语"过了三月三，死了丈夫塌了天"。忌过四月初四（农历），俗语"过了四月四，死了小姑没意思"。忌过头伏，俗语"头伏娘家过，热死老婆婆"。忌过头九，俗语"娘家过头九，冻死婆家母"。

产妇产后一月内，忌进亲戚邻居家里，俗语"产妇进了亲戚邻里门，不伤财就死人"。

婚后得子三天，要以红鸡蛋为喜庆物，向娘家和主要亲友报喜：男孩送单数，女孩送双数。

婚俗中喜用双数，是寓意"成双成对"。这不仅表现于结婚的择日，也表现于整个婚礼仪式的各个方面，如"允媒"的礼品（彩礼）、陪嫁的物品、迎娶的物件等等均取双数。旧时的允媒礼品多为衣服，两套、四套、六套，而绝不能是一套、三套或五套，后来这"下允"又时兴给现金，于是这钱数又有了讲究。原来北方人多以六、九、十为吉利数字，比如给女方六百元、九百元、一千元等，寓意"六六大顺""长长久久""十全十美"。改革开放后,南方以"八"寓"发"的观念逐步被北方人所接受,于是"下允"时就把钱数摇身一变成了"八千八百""八千八百八十八元""八千八百八十八元八角八分",富裕户甚至还把大数变成了"八万"。这里取"八"的谐音图个"发"家之吉。蚌埠有"下水礼"习俗,即喜庆前三天,男家给女家备下彩礼,蚌埠人称"水礼",意为"长流水不断头"。礼品一般有双刀肉、两条大鲤鱼、一对鸡、二十四个顶头带红点的大馒头、二十四瓶酒(或两坛酒),各种礼品忌单数。女方陪嫁通常都是双数,但也有特别的,如濉溪县,嫁妆多少随家庭条件各异,多为四件、八件、十三件。男方迎娶时要带去称为"四首礼"的四种礼物(肉、鱼、酒、糖)。

皖北习俗,人到五十岁才庆寿,然后逢十都庆寿,通常是"过九不过十",即逢四十九、五十九、六十九、七十九岁……时庆寿。"九"字代长久之意,为吉利年头。老年人还忌讳六十三、六十六、七十三、八十四诞日,怕遭劫。六十三岁或七十三岁时,女儿要送一条大鲤鱼去祝寿,俗话说"六十三,七十三,吃条鲤鱼猛一窜"。六十六岁生日,吃六十六个饺子,六两六钱的猪肉,俗语"六十六,吃块肉"。一般安排在正月初六或正月十六让老人闯过坎儿,以期健康长寿。有的地方,六十六岁时,女儿亲自包六十六个水饺给老人吃。女儿在乡村送水饺路上,过沟塘时要扔饺子"垫缺",过桥时也要扔下一个,意在父母如遇到"坑坑洼洼(指病灾),就可以化凶为吉。逢父母七十三岁和八十四岁时,儿女要为老人祈祷消灾,俗曰"七十三,八十四,阎王不请自己去"。

皖北有"寄名干爹娘"习俗。有的小儿久病不愈,或体质差,经常生病,这时就要认一百个干爹娘,认为这样就能除病健体。具体做法是,小儿的父母事先准备好一百粒黄豆放在碗内,逢集日或庙会时抱着小儿坐在路旁等候,见过往行人认为合适的,就朝他或她的背后丢一粒豆子,磕一个头,喊一声"干爹"或"干娘",直至认完一百个为止。

皖北丧葬习俗跟数有不少关联,而且很多与"三""七"有关。寿衣穿单不穿双,认为单数好补,双数不好补。棺木厚薄有不同的尺寸规定:厚者称"四、五、六"(地厚四寸,墙厚五寸,天厚六寸),次者为"三、三、四"(地厚三寸,墙厚三寸,天厚四寸),再次为"一、二、三"(地厚一寸,墙厚二寸,天厚三寸),入不了档次的称匣子,全由薄板组成。在颍河、涡河、茨河流域,盖棺时用三根钉扣棺的三角,另一角不扣钉,用意在于使亡魂可以出来转世。一般人家,棺木在家停放三日,焚烧冥物,张罗埋葬。埋葬时不把坟添圆,第三天,儿女们前往包坟,称作"圆坟"。以后,七天一祭。直至第五个七天(俗称"五七"),丧事结束。宿县地区旧有"典汤"丧俗,即棺木在家停放的三天中,孝子每天三次到土地庙送汤水焚纸钱,俗称"典汤"。亳州,丧期服装,自清末至新中国成立前夕,丧者儿子戴肉包白帽,穿孝袍,腰束麻带,侄子、孙子戴筒帽,其他人戴菱角帽;女儿戴七尺长的白土布,侄女、孙女戴三尺长的白土布,其他人戴一尺长白土布。

(二) 皖北"数"与衣食住行习俗

皖北服饰、饮食、房屋建筑、出行、交往等习俗中无不渗透着"数"文化。

皖北在不同时代有不同的服饰,多有变化。总的来说过去一般人的上衣口袋和扣子常用单数。近代曾经流行的中山装"尤其符合中国传统文化的吉祥数字,若袋子的扣子不算,是五个,四个袋子的扣子算进去是九个。'九'和'五',都是两个好数。至今人们做中山装时仍沿用这种习惯"。[①]

皖北民众好客,设宴待客多以双数呈菜:四个菜、六个菜、八个菜……阜阳亲友到来,不少于四个菜,更不会三个菜,民间有"四个菜待客,三个菜待鳖"之说,一般要有四到十个菜,忌讳上八个菜,因为"八"同"扒",有"狗扒桌子"之嫌。太和,宴客也不用八碗菜,"八""扒"同音,俗谓"狗上桌子扒碗席"。

皖北招待客人少不了酒,所谓"无酒不成礼仪",招待客人必先举酒,饮酒可以足量。在阜南县,不成席的酒要么不喝,喝了至少须两盅,说是"一条腿不能走路",多则四六八十……尤其不许只喝三盅,说喝三盅是骂人,因为旧俗敬神祀祖是三杯酒。界首,结婚、庆寿、得子等喜庆宴席常用小五称(一个果盘、两荤、两素)、大五称(五盘糕点、两荤、两素),外有三整(整鸡、鱼、肘子)四合(四个合碗)十碗菜。怀远,喜事多用十全大席,即十盘十碗与八八席,即八盆八碗。丧事用四六席(四盘六碗)。一般家宴用八大碗或四大碗。上菜忌用单数。蚌埠,宴请菜肴比较讲究,菜分凉、炒、浇、炖几类,样数用八、十、十二不等。旧时,喜庆用十样,必有"四喜丸子",意为"四季如意",或用十碟十碗,意为"十全十美"。丧宴用九样,象征主人家去世一人为缺憾。泗县,婚丧喜庆,县北十大碗筵席,县南六碟六碗,或八碟八碗筵席。

皖北属平原地区,拥农耕文化生活方式,喜欢聚居,繁衍成庄。多呈矩形宅基,建住室多坐北朝南(有"有钱盖房门朝南,冬天暖来夏天寒"之说),俗称"堂屋"。堂屋一般为三间,一门两窗,一明两暗,两窗对开;有五间的,叫明三暗五。开间一丈,一般进深(跨度)四至五米。少数"明三暗五"带走廊,跨度七米。以堂屋为主房,两侧窗前建旁房,其开间、跨度、高度均小于堂屋。堂屋大门一般为三尺三寸宽,俗说"大门三尺三,进得花轿出得棺"。临泉县,盖房子的高、宽尺寸和用砖砌墙,都忌"八"。因为"八"与"扒"同音,盖房子要讲年长久远,遇"扒"不利,所以忌讳"八"。太和县,建房忌初八、十八、二十八动工,因"八"与

[①] 曲彦斌.中国民俗语言学[M].上海:上海文艺出版社,1996-193.

"扒"同音,认为不吉利。

皖北出行习俗,有的也和数字有关。一些地方有"七不出八不归"的习俗。初七、十七、二十七不远行,因为"七"与"妻"同音,而"出七(妻)"则为人所忌。远行的人不在逢八的日子归家,因为"八"与"巴"同音,据说巴望着远行的归来,归来了,没有"巴望"了。砀山县,探亲访友或出远门,忌走农历初一、十五两天(正月初一、八月十五日除外)。俗语"三、六、九往外走,二、五、八要回家"。

皖北人际交往活动中也有些数字习俗,如送礼为双数,忌单数,像两瓶酒、四条烟之类,若一瓶酒,则搭配其他,比如搭配一条烟之类,形成双数。

皖北有认干亲(干爹、干妈)的习俗,其中比较特别的为认"十二个长腿老干爹"的习俗。有的富裕人家的孩子不好抚养,当孩子出生满月后认"十二个长腿老干爹",选择的对象:第一,十二家不同姓;第二,儿女多,孩子泼皮;第三,外地人或常在外跑买卖的人。择定后,十二个老干爹共同出钱备礼:一只"长命锁"是必不可少的。选好吉日,孩子的家主设宴邀请十二个老干爹到场,十二个老干爹中年龄最长的把"长命锁"套在干儿颈项上,待到孩子十二岁生日,才由老干爹取掉,名为"开锁"。①

皖北数字习俗向来崇尚偶数,取其圆满、和谐、完整之意,是吉祥如意的象征,但也不绝对排斥单数。

皖北数的崇拜、禁忌有时因场合而有差异,如"八",一般场合因是偶数,崇尚,但在阜阳等地又有忌讳宴席上八个菜的饮食风俗。

---

① 颍上县地志办.颍上县志[M].合肥:黄山书社,1995.

第七章 皖北语讳、口彩与隐语行话

一、皖 北 语 讳

语讳就是语言中的禁忌、避讳,是禁忌、避讳这种民俗在语言中的反映。语讳包括被避讳者和避讳者两个方面。被避讳者即在某些场合需要避讳的语言文字成分,通常被称为禁忌语,如"死"。避讳者是禁忌语的替代形式,即用来替代禁忌语的词语、文字或读音,通常被称为委婉语,如"逝世"。禁忌语中有些是原生的,如"死",它是由于该词、字或者其读音本身在意义或者使用方面的原因而成为禁忌的语言文字成分;有些是派生的,如"四",它是由于与原生禁忌语谐音、近义或在字形上关联等,即因某种联系而成为禁忌的语言文字成分。委婉语有婉辞、婉字、婉音三种形式。婉辞指替代禁忌语的词语,往往不止一种形式,如"死"的婉辞有"老了""走了""不在了""去世了""到另一个世界去了"等。婉字指替代禁忌语的字,如唐仪凤二年李勣碑于"王世充"之世字,缺其中一笔;乾封元年于志宁碑,"世武"之"世"字作"卅",这些都是为了避唐太宗李世民之"世"字讳。婉音指替代禁忌语的音,如宋周密《齐东野语》卷四:"本朝高宗讳构,避嫌名者,仍其字更其音者,沟涛是也。""沟"读"涛"音。《至正直记》卷三:"丘字,圣人讳也,子孙读经史,凡云孔丘者,则读作某,以朱笔圈之;凡有丘字读若区;至如诗以为韵者,皆读作休,同义则如字。"这是孔丘的"丘"字的"区""休"两种避讳读音。

(一) 皖北语讳的类型

皖北语讳就是皖北话语中的禁忌、避讳,其基本形式有两种:一种是避凶趋吉的语言避讳,另一种是避俗求雅的语言避讳。

1. 避凶趋吉的语言避讳

避凶趋吉作为语讳产生的一种原生类型,是皖北语讳的一种主要类型。它源于皖北民众对凶险现象的畏惧、躲避,由避凶趋吉的本能心理而生。皖北话中,对于表示死、病、丧、葬和其他灾祸的那些具有凶险、厄运、不祥意义的词语,总是极力回避,代之以婉转、吉祥的词语,表达了人们避凶趋吉的心理和愿望。依所避忌的内容不同可分为三类:

(1) 有关死亡、疾病的语讳

"死"是一个极为凶险的词,人死了忌说死,因而产生了很多委婉语,如"不在了、老了、没气了、咽气了、过世、去世、下世"等。不同的县市因死者年龄的差异,说法也有不同。如太和县,称老人死曰"老",中青年死曰"伤",幼儿死曰"丢"。泗县,死者如果是老人,则说:"过世了""病故了""老了""倒头了";如果是小孩,则说:"走了""跑了""坏了"。阜阳、萧县等,老年人死,说"老啦";青壮年者死说"殇啦";幼儿死说"丢啦"。再如,亳州市,枪毙叫"摔打瓜",上吊叫"挂肉门神"等都是有意避开不吉祥的死亡。

皖北地区生病大都采用避讳的说法。一般情况的生病大都说成"不得劲、不伸坦、不舒坦、不调和、不好过、不如适、不透松、有恙、恙着了",目翳叫"萝卜花",肩胛生的疮叫"手够",避开了"病"。发疟疾在皖北有很多说法,如"打老瘴""打脾寒""打摆子""打半日""发疟子""做官儿"(对发疟疾者的戏称),止住疟疾再发叫"截老瘴"。患疟疾是件痛苦的事,有两个词语凝结了以前人们急于摆脱疟疾的习俗:一个是"躲老瘴",一个是"送老瘴"。"躲老瘴"是指在以前,预计某日又要发疟疾,患者在那日天亮前走到离家远的地里蹲下来,以求把疟疾躲掉。"送老瘴"是指以前,别人在前面走,疟疾患者在他后面叩个头,指望能把疟疾转让给他。再如:

跑肚、肚里蹲、拉(闹)肚子、拉稀、肠炎、痢疾,即腹泻,避开了"泻"。

长活瘰、长痦、长块、新症:癌症。噎食病:食道癌。倒食病:胃癌。人们谈"癌"色变,故避开了"癌"。

着床:老年人临终前卧病不起。

紧症:起病突然而且厉害的病。

香茶:中药。

(2) 有关丧葬的语讳

称丧事为"后事""白事";棺材叫"寿材""枋子""老槽""活";老年人生前准备的棺材,亦称"寿活""喜活",用来做棺材的木料叫"寿木",人死了穿的衣服叫"寿衣""老衣"。

(3) 有关灾祸、凶险的语讳

在皖北地区,屠宰户忌说猪舌头,一般猪舌头叫作"赚头""口条",或"攒头"。因为"舌"与"折本"的"折"同音,故避开——做生意谁愿折本呢?把猪耳朵叫猪"顺风",取意"顺"字,寓意"一顺百顺"。猪血叫"猪盆""猪晃子"("晃"念去声)"二刀菜"等,避开"血"给人不好的联想。

失火叫"走水了"。救火要用水,正巧也就避开了"火"。生意人把"下雾"说成了"挂帐子"。因为"雾"与"捂"音近,怕货"捂"在手里,卖不出去。农村人也忌讳说"下雾",也说"挂帐子"。因为"雾"与"麦子捂(因久雨受潮而霉烂)了"的"捂"音近。

媒人说媒,遇到女方脚大,有一说辞,叫"不害眼"。清末时,女子还都裹脚,以三寸金莲为美。后来,渐渐有"放脚"之势。新娘子脚大,别人不直说,而说新郎"不害眼"(意即不害眼病);当介绍人向男方介绍对象时,如女方脚较大,而被问及时,也说"不害眼"。当时新婚夫妇不好意思睡一头。新娘脚大,会把脚后的被子顶起来。因这样通气,新郎就不会害眼病了。

女子丈夫死后再嫁叫"走一步",或"朝前走一步"。妓女叫"门子上的",刽子手叫"吃红粮的"。

借雨伞不说伞,因为"伞"与"散"同音,不吉利,只能说"雨淋子"或"撑子"。

民间传说黄鼠狼的道行很大,能显灵,会附体,让人"中邪",不能招惹,人们对之敬而远之,把黄鼠狼叫作"大仙""仙姑老太"。

忌说四十五岁和七十三岁、八十四岁这三个年龄:到了四十五岁,只说四十四岁,第二年说四十六岁。因为相传四十五岁是属"驴"的,不在十二属相,意思不是人;也有的说四十五岁属驴,是倒霉年。忌说七十三岁和八十四岁,是因为相传孔子七十三岁终,孟子八十四岁卒,圣人且闯不过这两关,何况凡人!俗说"七十三、八十四,阎王不请自己去"。老年人到了这两个岁数,或说多,或说少,或跳过去,躲过这两个关口。久而久之,成了忌讳。

房门不用桑木。用桑木认为是"丧门神",以杏木为好。

结婚的日子,新娘忌穿单衣,就是六月天气,新娘也要穿男家送来的暖衣,取温暖之意。

颍、淮两岸,如颍上、五河、蚌埠等地船民不外借发面头(酵头),不借给别人火,怕自己家的"发势""旺火"被别人借走。

船家洗被、晒被、套被,不能在别人船上,忌"被"的谐音"背",会使别人背时而不走运。船家讲话对许多字音忌讳。对姓陈,改口称"掂不动"或"耳东","盛饭"为"装饭"或"添饭",以避讳与"沉"字同音。称"帆"为"篷",称帆船为"篷船",如遇风灾翻船,称为"招风",翻东西不说"翻",说"转"或"顺",如"翻舱"说"转舱",以避开翻船的"翻"音。"翻船折桅"是船家最忌的咒语。另外为图吉利,还把饺子改称"弯弯顺",面条称为"钱串"。

乘船忌说"船老板"(捞板)、"帆船"(翻船),坐船不准说"沉",只能说"重"。

亳州,旧时商店主人称"掌柜的",忌称"老板"。因为亳州人称开妓院的为

"老板"。亳州农民卖"南瓜",忌说"卖南瓜",而喊"面瓜"。据说很多年前,曾经有一户人家,叔嫂生情,生了一个小孩。为了保全脸面,嫂子让小叔子把小孩装到麻袋中丢掉。小叔子拎着装有孩子的麻袋出门时被邻居看见了。邻居问麻袋中装的是什么,小叔子回答"南瓜"。后来事情败露,人们也因此忌说"卖南瓜"。

利辛县南部早晨忌讳说"龙、虎、梦、牙、蛇、兔、桥、塔",分别改说为"海条子、海嘴子、幌亮子、老柴、土条子、月宫嘴子、悬梁子、锥子"。

太和县,纳采、迎娶、回门,婿家礼单中常有羊腿这样的物件,但岳家并不收留,留了怕"断腿绝路"。

2. 避俗求雅的语言避讳

避俗求雅是皖北语讳的另一种基本类型,源于人们对现实生活中卑俗污秽现象的厌恶、避忌,由避俗求雅的社会心理而生。在某些场合,对于粗俗的话语、不洁的生理现象及与性相关的词语,总是尽力避讳,代之以委婉、含蓄、文雅的词语,表达了人们避俗求雅、去污就洁的愿望和追求。

(1) 有关饮食用词的语讳

皖北醋叫"忌讳",这是避开说"吃醋"(男女关系上的嫉妒情绪)。饭店里,客人想要吃醋,常说"来点儿忌讳"。

牛、驴的阴茎做成菜肴称"牛鞭""驴鞭"。

卖姜的忌说姜,而说"拐子"。卖姜的不喊"谁要姜啊",而喊"谁要拐子"。因为皖北人把家畜产崽叫 jiāng,jiāng 与姜音近,不雅于口,所以取姜的外形而叫"拐子"。

(2) 有关妇女月经、生育的语讳

妇女来月经了说成"身上不干净""到日子了""来例假了";怀孕叫"有了、重身、双身、有身子了、害好病、有喜了、有喜、喜着了、显怀";孕妇叫"双身人"。生孩子的"生",常说"添"。

(3) 有关性器官和性行为的语讳

性器官、性行为在皖北话中被看作污秽和猥亵的事情,尽量避讳。如用"下身"代替阴部,用"那玩意"代替男性性器官。再比如小男孩好穿开裆裤,这样其生殖器常常暴露,称说的机会就会很多,人们以含蓄文雅的词语委婉称之为"小鸡鸡"。

皖北农村,男人和女人做爱叫"日""尻""操",直白粗俗,公开场合难以启齿,因此逐渐产生了一些与性有关的词语,褒贬不同性质的性行为。夫妻之间正常的性生活,人们称之为"同房""行房""房事""交欢""亲热"等。对双方自愿的非夫妻之间的性行为人们不屑或不愿直言的,其说法常含谴责之意,如"跟""跑了""私奔""私通""不清白""偷情""偷鸡摸狗""发生关系"等。对违背主观意愿的强迫性性行为,人们也不愿说"强奸""奸污"之类强刺激性直露的词语,代之以"糟蹋""祸害""侮辱""侵犯""强暴"等。

"咋着"本是一个极其普通的疑问代词,就是"怎么着"的意思,泛指动作或情况,或询问动作或情况。但是在特殊的语言环境中询问男性对女性的行为,常常就是询问是否有性行为,是一种委婉的说法,比如母亲问女儿"那个坏小子咋着你没有啊?"这里的"咋着"就与"性"紧密相连。

对性的忌讳心理也迁移到了动物上,如在皖北地区,人们把家禽交配叫"赶群""押笼",而把鸽子交配叫"换气";牛交配叫"趁犊、配犊、放犊",驴、马交配叫"趁驹、放驹",驴交配叫"配驹",羊交配叫"趁羔、配羔",狗交配叫"炼丹",猪交配叫"趁猪、配猪";猫发情称"叫春""思春",驴、马发情称"走驹",牛发情称"走犊",狗发情称"打秧子",猪发情称"打圈子",羊发情称"跑羔、走羔",这类说法含蓄、雅致。

(4) 有关人体排泄物的语讳

拉屎,撒尿,一般以说目的地而婉言之:"去茅厕""去茅房",更文雅的说法是统称"解手",又以"解大手""解小手"区别之。连盛排泄物的器皿也有忌讳的说法,如"尿罐""尿壶"说"夜壶"。

3. 其他形式的语言避讳

避凶趋吉、避俗求雅只是皖北语言避讳的两种基本形式,除此之外还有一些其他形式的语言避讳。

如亳州人把李子叫"辉子"或"徽子",是为了避老子讳。老子名李耳,是亳州(今涡阳)人,"李子"之"李"与老子的"李"姓相同,为尊重权威,形成了这种名人讳,或曰姓名用字讳。

皖北有些回、汉两族聚居的地方,汉族尊重回族的习惯,所以忌说"猪",将猪肉说成"大肉""大菜""狠子肉",将猪油称为"大油"。

人肥胖叫"发福""富态",耳聋叫"耳朵背",瘸腿说"脚不方便",人的身体缺陷、短处不便直言,这是婉言人短。

子年出生的人不说属老鼠的,说属"水"的,因为老鼠是人最讨厌的,常说"老鼠过街人人喊打";属蛇的,说属"小龙"的,因为龙是吉祥之物。这是厌恶恶名。

(二) 皖北语讳形成常用的修辞手段

皖北语讳的形成多借助于一定的修辞手段以引起相关联想从而进行避忌。常见的修辞手段有:

(1) 利用借代构成委婉语。用特征代本体,如"重身""双身"代怀孕;用整体代局部,如"下身"代阴部等等。

（2）利用比喻构成委婉语。如姜叫"拐子","拐"为姜的外部形状；下雾称之为"挂帐子",帐子与雾有相似性。

（3）利用反语构成委婉语。亳州话将棺材叫作"活",老年人生前准备的棺材,亦称"寿活","活"与"死"相反相对,"活"既是"死"的反面,也是一种希冀。

（4）利用模糊、含混、宽泛的说法构成委婉语。"不得劲"替代生病,"耳朵有点背"代替耳朵聋即是如此。

（5）利用与禁忌语同义或近义关系构成委婉语。如坐船不说"沉",只能说"重"；船家翻东西不说"翻",说"转"或"顺"。

（6）利用与禁忌语词义内涵的某一点关联,通过词义的扩大、缩小或转移来构成委婉语。如"过去了"代替"死了","跟""跑"用于自愿的非夫妻之间的婚姻行为,等等,就是如此。

二、皖北口彩

口彩,亦作"口采",即吉祥语、吉利话。清代梁绍壬《两般秋雨盦随笔》卷七云："口采,吉语也。宋高宗自建康避入浙东,至萧山,有拜于道左者。上问为谁？对曰：'宗室赵不衰。'上大喜曰：'符兆如此,吾无忧矣。'见《挥麈后录》。赵丞相鼎当国,有荐会稽士人钱唐休者,赵适阅边报,见其名,因不悦曰：'钱唐遂休乎？'因竟弃置不用。见《鸡肋编》。中兴君相,俱沾沾乎谶语之吉凶如此,无怪近日杭人动辄须讨口采也。"所谓"讨口采",亦即希望别人对自己说吉利话。

皖北民众在生活活动中创造并使用了不少口彩,这些口彩既表达了美好的愿望,加强了人们愉悦、欢快的心情,满足了人们求吉纳祥的心理,同时也增添了喜庆的气氛,是皖北民众精神文化生活的一个重要方面。例如,在利辛县有一种食品叫"烧卖",当地谐音称"捎美",它其实是用粉丝、肉丁做成的穗状的包子。这种包子平时不做,只在喜庆时才做,用来招待客人,每人两只,客人一般当时不吃,临离席时用纸包着带走。"烧卖""捎美",捎上美好,显然是讨得一种口彩。

皖北民俗语言中的口彩,从形式、范围、内容等各方面看都有不少特色。从形式上看有显性口彩和隐性口彩；从产生的范围看,口彩主要用于逢年过节、婚嫁寿诞、升学升迁、建房乔迁、生意开张等等喜庆、隆重、正式的场合和一般的言语生活；从功能内容上看,主要是关于吉利、喜庆、幸福、财富、长寿、后嗣等方面的。

（一）皖北口彩的形式

皖北口彩的形式有两种：一种是显性口彩，一种是隐性口彩。

1. 显性口彩

显性口彩是指直接用言语表达的口彩。它又有两种形式：一为在特定的场合出现的口彩词，言语形式较为固定，如给老人祝寿时，人们常说的"寿比南山""健康长寿""福寿如意"的口彩；婚嫁迎娶场合的"夫妻恩爱，白头偕老""早生贵子，儿孙满堂"的口彩。"这种口彩词是语言词汇系统中的特殊成分。从产生的角度来看，口彩词是民俗活动、民间信仰的产物，没有民俗就没有口彩词。"[①]另一为特定场合出现的口彩词，言语形式具有较强的随机性，如过年时餐桌上有人不小心打破了碗盆杯盏之类的器皿，有人会赶紧说出"岁（碎）岁（碎）平安"之类的口彩语，也有人可能会说出"发了，发了"之类的口彩语，还有人可能会说"岁（碎）岁（碎）发"之类的口彩语。说"岁（碎）岁（碎）平安"是着眼于碗盆杯盏之类的器皿被碰摔的结果——碎了，利用"碎"与"岁"的谐音关系生发吉利话；说"发了，发了"是着眼于碗盆杯盏之类的器皿被碰摔时发出的"啪""啪啪"的声响，利用"啪"与"发"的谐音关系生发吉利话；说"岁（碎）岁（碎）发"，二者兼而有之。

2. 隐性口彩

隐性口彩是指通过实物等方式含蓄地表达的口彩。这种含蓄表达没有固定的言语形式，只有大致的民俗语义。例如皖北除夕团圆饭，鱼、鸡必不可少，因为"鱼"和"余"，"鸡"和"吉"同音，所以寄寓了"有余""富余""吉利"的口彩。年夜饭中的鱼大家并不动筷子，故意剩下来，创造"年年有鱼（余）""连年有鱼（余）""吃剩有鱼（余）"的口彩。皖北结婚仪式中，红枣、栗子、花生、桂圆、香烟等物品往往不可缺少，这些物品暗含"早子"（枣）、"立子"（栗子）、"早立子"（枣、栗子）、"早生贵子"（枣、花生、桂圆、栗子）、"花着生"（男孩女孩交替着生，花生）、"尊贵、团圆"（桂圆）、"香火延绵"（香烟）等口彩。利辛县民间有剪贴石榴花，贴麒麟送子、连生贵子的年画，在蚊帐上吊一双筷子的祈子习俗。"石榴"多籽，寓意多生子女，"筷子"谐音"快子"，祈盼早生儿子。

现在皖北很多人家拥有私家车，不少人喜欢在车尾粘一壁虎装饰物，壁虎就是"避祸"，通过谐音表达对平安吉祥的祈望。

[①] 曲彦斌.中国民俗语言学[M].上海：上海文艺出版社，1996：141.

（二）皖北口彩的范围

皖北口彩运用的范围非常广泛，逢年过节、婚嫁寿诞、升学升迁、建房乔迁、生意开张等等喜庆、隆重、正式的场合常常离不开讨口彩。

1. 逢年过节

逢年过节是喜庆热闹的时刻，尤其春节更是隆重欢庆，人们辞旧迎新，祈求幸福、平安、健康、快乐，讨口彩伴随着整个节日的过程，因而口彩语特别丰富。除了有"吉祥如意""四季平安""恭喜发财""百事大吉""年年有余""吉庆有余""好运常来""年年大吉""抬头见喜"等和其他地区相同的口彩语之外，还有不少皖北本地区特色的口彩语。例如，谐音口彩方面，像阜阳过年做圆蒸馍，一定要在馍顶点红点，馍内放有大枣或麦麸子，讨喜庆、"早""福"吉祥口彩。蚌埠，年夜饭菜肴中豆腐必有，因为"豆"与"都"同音，"腐"与"福""富"音近，"豆腐"即"都富""都（有）福"，有豆腐就是"有福"，豆腐当然必不可少。豆腐的谐音"都福"，寄托了一种朴实美好的愿望，表达了人们对美好幸福生活的憧憬。太和，初一吃饺子时，吃点大葱大蒜，"葱"谐音"聪"，"蒜"谐音"算"，祈求聪慧、善谋划。

其他节日也注重口彩。例如端午节，皖北不少地方，母亲们会把几种花线合成的彩绳系在小孩的手腕、脚腕上，俗称"拴花线"，祈求不溺水；用黄布做兜肚、童鞋，绣以虎头、五毒（蛇、蝎、蜈蚣、壁虎、马蜂）送给外孙、侄子、外甥穿戴，俗称"避五毒"。

中秋之夜月最圆，人们欢聚于月下赏月，所以又叫团圆节，中秋节吃月饼，象征幸福圆满。中秋阜阳地区农民还有吃焦馍的习惯，焦馍圆形，又酥又焦又脆，既是美食，也暗喻团圆、圆满的美好愿望。

各大酒店、饭店为迎合消费者讨"口彩"的需要，常在菜名上大做文章，如："炸麻团"称之"一团和气"，"卤水拼盘"叫作"一帆风顺"，"香煎年糕"名之"年年高升"，"胡萝卜、玉米、荸荠、红薯、山药"一锅蒸美其名曰"五谷丰登"等，还有很多光看名字难明主料和配料的菜，像什么"鸿运当头""春色满园""团团圆圆""金玉满堂"之类，这些都透露出喜庆和吉祥，让消费者的心理得到一定的满足。

2. 婚嫁寿诞

皖北婚嫁口彩语很丰富，如"夫妻和睦，永结同心""婚姻美满""相敬如宾""百年好合""举案齐眉""百年佳偶""花好月圆""夫妻恩爱，白头偕老""天长地久""永结同心""鸾凤和鸣""早生贵子""儿孙满堂""婚庆吉祥"等等，婚嫁习俗中运用"口彩"对新人进行祝福的现象，非常普遍。例如砀山结婚仪式中有食"圆房汤"的习俗：婚礼结束，新郎、新娘送入洞房后，婆婆或小姑子端来两碗由桂圆、红枣、花生米加红糖熬煮的红色的甜桂圆汤和两双大红筷子交给新郎、新娘，新郎、新娘用大红筷子夹着桂圆、红枣、花生米，互相送到对方口中，俗称"吃圆房汤"。圆房汤里的桂圆、红枣、花生米必须是双数，而且不吃完，一定要留下一些，留下的也必须是双数，寄寓小两口成双成对，白头到老，来年早得贵（桂圆）子，还要花（花生米）着生：男孩女孩交替着生。在固镇、埇桥、五河等地，流传着洞房挂门帘的习俗：结婚当日，新娘的嫁妆先送到男家，然后新娘的弟弟扛着门帘和送亲的人跟着花轿再到男家去。等新郎、新娘拜过天地，进入洞房后，新娘的弟弟就将门帘挂在洞房的门上。门帘一般都是彩色、红色，上锈"鸳鸯戏水"或"花好月圆"图案，色彩斑斓，绚丽多姿，热闹喜庆。新娘的弟弟挂完门帘，男家要给"喜钱"：一个红色的小纸包包裹着一定数量的钱，钱的数量多少不等，但一定是双数，隐喻新婚夫妇成双成对，白头偕老。

皖北当代的彩礼中有所谓"见面礼"，以前是八千八百元，现在一般是一万七千元，意思就是"万里挑妻"；也有的见面礼是一万一千元，意思就是"万里挑一"，这些数字原本是图吉利，不过有些多，变成了人们沉重的结婚负担。

皖北祝寿通常在人过五十寿辰之后，每逢十，都庆寿。经济条件比较好的人家寿礼仪式较为隆重。寿庆前一天就开始张灯结彩，挂寿幛、寿联。堂屋条几上陈设福寿八仙等样式的寿烛和香炉。当晚亲友祝寿，主人招待吃寿面，称"暖寿"。第二天为正式祝寿，亲戚朋友前来赠送寿礼或寿金，恭贺拜寿。中午饮酒吃面，晚间设宴席。主人送寿碗给来宾做纪念。祝寿口彩语常见的有："福如东海，寿比南山""福寿如意""松鹤延年""寿山福海""童颜永驻""健康长寿""长命百岁""康乐宜年"。庆寿场合，许多事物被冠以"寿"字，更增添庆寿氛围、吉利口彩，如"寿星""老寿星""寿辰""寿诞""寿联""寿幛""寿烛""寿桃""寿糕""寿面""寿酒""寿宴""寿礼""寿金"。寿宴少不了吃寿面，寿面是长长的面条，寓意健康长寿。

3. 升学升迁

亲朋好友、同事同学升学或职务升迁是喜事，是大事，值得庆祝，常见的口彩词、祝福语有："金榜题名""连中三元""月中折桂""步步高升""功成名就""平步青云""万事如意""宏图大展""福禄双全""鹏程万里""荣华富贵""海阔天空""壮志凌云""志存高远""事业更上层楼"，等等。

4. 建房乔迁

皖北地区动工建房要选吉日，上梁更要选吉日。上梁通常在中午，放炮、撒糖，热闹、甜蜜。房梁一般喜用榆木，因为"榆"谐音"余"，榆梁即"余粮"。梁中间用红纸写上"吉星高照""太公在此"，或"上梁逢黄道，竖柱遇紫微"。也有的在柱子上贴对联，常写"金龙绕玉柱，银虎架金梁"之类的字。房屋一般门宽三尺三(市尺)。民谚曰:"门宽三尺三,进得花轿出得棺。"通常室内地面低于室外,意取"聚财不散"。建房乔迁祝贺语常有:"紫气东来""吉星高照""宅旺万年""乔迁之喜""出谷迁乔""瑞庆盈门""喜庆乔迁""燕贺新居""华屋嘉和",等等。

5. 生意开张

生意开张图的是生意发达,财运亨通,因而常见的口彩词有:"恭喜发财""开门大发""开市大吉""开业大吉""生意兴隆""财源滚滚""财运亨通""财源广进""宏基永固""泰运承平""大展宏图",等等。

6. 其他

除了上面那些隆重、庄重、正式的场合图吉利、讨彩头比较常见之外,人们的日常言语生活中也充满了口彩,可以说"口彩渗透在言语的一切方面,人们取名(包括人名、地名、物名)、称呼、交谈、写作,乃至一切能引起语言联想的动作、行为和物件,都有口彩习俗问题。"①如皖北有不少父母给孩子取的名字就是为了趋吉避凶、祈福禳灾讨个好口彩的,像"康健""延年""耀祖""福生""润发""鹏程""志远"等。早期的老字号商铺多采用"祥、瑞、福、聚、兴、昌"等字眼,就是寓意福气、平安、生意兴隆,并暗含发家致富的美好愿望。孩子受凉,或者鼻子受刺激打喷嚏,旁边的大人赶忙说"狗百岁",意在驱邪气,保健康,也是讨口彩。

(三) 皖北口彩的构成

皖北口彩的构成大致有如下几种形式:

(1) 带有吉祥喜庆意义和祈愿性的词语,如:

吉祥、吉利、吉期、吉庆、吉星、吉言、吉兆、福地、福分、福将、福气、福相、福星、富贵、富足、平安、如意、喜庆、和睦、幸运、祥和、祥瑞、顺利、健康长寿、幸福美满、财源茂盛、福至心灵。

(2) 相应的普通词语前加含有吉祥喜庆意义的语素,如:

喜事、喜糖、喜烟、喜酒、喜帖、喜宴。

含有吉祥喜庆意义的语素,常见的有:

喜、寿、福、禄、祥、吉、富、贵、康、顺、达、平、昌、泰、荣、华、财、发、乐、高、余、安。

(3) 通过谐音、比附、象征等方法临时创造的,如:

鸡→吉,麦麸→福,栗子→立子。

"寿"字写成圆形的篆书,五只蝙蝠围绕四周,寓意"五福(蝠)捧寿"。

---

① 李忠初. 论口彩:语俗修辞研究之一[J]. 湘潭大学学报(社会科学版),1989(3):47.

（四）皖北口彩形成的原因

1. 语言崇拜

最早的口彩和语讳一样来源于语言崇拜。古人认识自然、认识自我的能力有限，将客观世界和语言世界等同，认为语言具有神秘的力量，语言被赋予了一种灵力。古人以为语言可以改变客观世界，语言能转化为现实的行动，语言与实际效应紧密相连，说出什么样的语言，就会产生什么样的实际效应。说"步步高升"，真能不断进步；说"吉星高照"，真的好运连连；说"疾病缠身"，真有可能多病相生；说"死于非命"，就真有可能出门即招车祸。因此，说话时总是择吉而言，避开不祥的词句。慢慢地便相沿成习，形成语讳与口彩。口彩的产生，反映了人们对语言灵力的执着信念。

2. 民俗心理

中国传统文化中，特别强调"福"。《礼记》对福的解释为："福，备也。备者，百顺之名也。无所不顺者谓之备。"《尚书》记载，福有五种，"一曰寿，二曰富，三曰康宁，四曰攸好德，五曰考终命"。《韩非子·解老》亦说："全寿富贵之谓福。"中国民间一直就有"福、禄、寿、喜、财"（或者"寿、富、贵、康、宁"）"五福"之说。可以说，求福求吉这种思想以"集体无意识"的形式代代相传，早已积淀为中国人的一种民俗心理，一直成为中国人对于美好生活的主导愿望，人们打心里就希望自己一生都幸福美满，皖北民众自然也不例外。口彩语正是为了满足人们在求福求吉民俗心理上的需求而产生的。

如果说最早的口彩是迷信的产物，但后来的口彩则是人们求福求吉、寄托美好愿望的体现。应该说，随着人类的发展，社会的进步，人们不再迷信语言的魔力，口彩在后来的发展演变过程中，逐渐增加了求吉利、寄托对生活美好愿望的功能。口彩逐渐会失去原有的迷信色彩，将演变成为一种追求语言美、寄托美好愿望、协调人际关系的积极有效的语言手段。[①]

亳州，正月里花轿店第一次出赁花轿，木匠第一次出去干活，租赁者、东家除给赁钱、工钱外，还要送一只公鸡，所谓"大吉大利"（"鸡"与"吉"谐音）。做生意出门碰见花轿，认为不吉利——人财两空；碰见发丧的认为吉利——发财（发出棺材）。账本要足一百页，九十九页也不用，因为"缺业"（页）。

皖北，娇惯的孩子，尤其独生子有穿"百家衣"的习俗，即孩子周岁内，父母向许多亲朋邻里要各种颜色的布头，拼成百家衣，俗以为可长命百岁。

这些民俗行为无疑都是源自皖北民众求福求吉的民俗心理。

---

① 曲彦斌.中国民俗语言学[M].上海：上海文艺出版社，1996：145.

三、皖北隐语行话

隐语行话"又称'秘密语''隐语''市语''切口''春点'或'黑话'等,是某些社会集团或群体出于维护内部利益、协调内部人际关系的需要,而创制、使用的一种用于内部言语或非言语交际,以遁词隐义或譬喻指事为特征的封闭性、半封闭性符号体系,一种特定的民俗语言现象"。① 皖北地区历史上隐语行话非常丰富,许多行当都有秘密语,名目繁多,数量惊人,但是在新中国成立之后,其秘密语名目、数量逐渐减少,有很多已经消失。

(一) 皖北隐语行话辑录

此处从《利辛县志》《颖上县志》《蚌埠市志》《亳州市志》中辑录利辛、颖上、蚌埠、亳州等地历史上的隐语行话。

1. 利辛隐语行话

利辛县境旧为颖、亳、宿、寿四州结合部,"是故五方杂厝,风俗不纯"。(《汉书·地理志》)沿西淝河两岸,十年九灾,水旱交替,加上反动统治阶级的苛捐重税,害得民不聊生。为谋生计,农村出现许多艺人、商人、工匠,结成行帮,流寓江湖市廛。如胡集、展沟、阚疃一带的猴戏、杂技、木偶戏;孙集一带的耍货、牌九、编织、卖药;张村一带的卜筮、相面;春店一带的张罗、剪绺;以及分散的扒锅、货郎担、修鞋匠、唢呐班、戏剧班、曲艺班、马戏班、修秤、修伞、卖钢针、卖饮食等,为暗中联络,创造一些隐语、行话。新中国成立后,实行土地改革,流寓人员纷纷回到家乡分得土地,休养生息,过上安稳日子,行帮解体,外出谋生的人已不多,江湖隐语多已湮灭,有的已演变成俗语,如"扁嘴子"(鸭子),"添岁"(过年),"撒拉沿"(盘子)。现辑录若干如下:

(1) 行业职业隐语

漫水洋子(油坊)　溪水洋子(染坊)　海沙洋子(盐行)　雕花百工(木匠)

硬刚百工(石匠)　扶火凤(铁匠)　打白铁(锡匠)　散人洋子(做生意)

相窑(开饭店)　看丘的(掌锅)　扯千子(掌案)　高柳(唱大戏)

减柳(唱小戏)　明点子(唱大鼓书)　春口(说相声)　荷叶(唱大铙)

抽丝(唱琴书)　摸丝(唱坠子书)　大兴棚(马戏团)　有风子(有马)

小棚(杂技)　利子话(魔术)　插子(卖大针)　招罕(卖眼药)

---

① 曲彦斌.俚语隐语行话词典[M].上海:上海辞书出版社,1996:3.

插子罕(卖疥药)　江罕(卖大力丸)　条子罕(卖蛇药)　干草罕(卖草药)

干柴罕(卖牙痛药)　干出罕(卖老鼠药)　干老啃(卖木梳篦子)　洒星(修秤)

硬扒根(补锅)　蒙月(张罗)　软扒根(货郎担)　幌荡(卖药酒)

遍白(卖豆腐)　条子(拔棍赌博)　干小辫子(插麻绳赌博)　干柴捻(拿牙)

干拉挑(卖桂皮)　干水滚子(卖肥皂)　贬人洋子(赌博场)　古丘(代宝)

窦干子(推牌九)　跟斗子(掷骰子)　跑黑路(贼人)　柴门孙(差人)

老钻(强盗)　土地孙(地保)　全口孙(官兵)　何腊孙(乡民)

威武窑(警察机关)　老窄窑(旧税务机关)　冷把子(旧警察)　黑冷把子(旧警察头子)

转冷子(旧行伍士兵)　金刚码子(跑江湖)　干末子(卖八大味)　干垛子(卖字画)

干呛金(测字算命)　干脸金(地摊测字算命)　子地金(瞎子算命)　荷叶金(敲大铙算命)

尖嘴金(黄莺叼签)　摸丝金(瞎子拉弦算命)　黑嘴金(摇铃流动算命)　铺地金(爻课算命)

勾金(拾大粪)

（2）人称隐语

仓巴子(老头子)　仓利氏(老妪)　巴子(男人)　利氏(女人)

减巴子(年轻人)　减央子(少年人)　减齿(儿童)　上排(兄)

下排(弟)　上花(姐)　下花(妹)　黑江(大闺女)

花斗子(小闺女)　勾换(儿子)　斗星子(小女儿)　减尺(幼童)

净条(寡汉)　空才(寡妇)

（3）事物隐语

火阳子(天)　水黑子(地)　起沙子(风)　小蛾子(霜)

飘蛾子(雪)　摆子(下雨)　震天(雷)　起浮子(云)

红子(太阳)　照纸楼子(月亮)　挂帐子(雾)　寨子(星)

靠山子(门)　客棚子(屋宇)　虾蟆洋子(学堂)　帮子(床)

老关(被子)　妥条(睡觉)　枣木(枕头)　上宾(吃饭)

平面子(桌子)　羊角查子(板凳)　麻叶子(铜钱)　叶子(纸币)

荷叶子(锅)　莲花子(碗)　庆浅子(茶钟)　铝条子(面条)

千层子(油馍)　种子(粮食)　灰子(面粉)　拱嘴错(猪肉)

春子错(牛肉)　娄公错(狗肉)　未公子(羊)　卯公子(兔)

顶水子(鱼)　顶壳子(帽)　酉公子(鸡)　熏筒子(裤)

踩壳子(鞋)　蒙脸鞋(马褂子)　骚斜子(袜)①

2. 颍上隐语行话

以下为颍上县南照镇流行的土语、行话、相话。

(1) 姓氏代称

雪花子:白　冲天子:高　空心子:康　眼泪子:汪
拱嘴子:朱　古月子:胡　才主子:傅　落花子:谢
蜜汁子:唐　歪嘴子:陶　灯笼子:赵　虎头子:王
冰冻子:凌　跟斗子:孙

(2) 数字代称

一　二　三　四　五　六　七　八　九　十
柳　月　汪　窄　中　神　星　张　扣柳驹子
丁　潭　兰　言　拐　烙　才　别　扣丁驹子

(3) 事物代称

克西:这个人,他(她)　叶子:衣服　口列合:笑　捏鳖:敲竹杠
踏弓子:鞋　二轮驹:自行车　五爪龙:手　风高、风紧:形势不好
翻页:念书　冷子:兵　安条:睡觉　漂子:船
闪赶:走　撅条:小便　丢堆:大便　量河:摆渡
条子:人　槐花:黄豆　滚龙、闹海:洗澡　妮实:女人
念语:哑巴　念:不要说话　昭子:眼睛　顺风:耳朵
吐逊:骂人　填逊:说坏话　海掉:杀　逊点:不吃香、赔本
漫水子:油　攮把:行贿　抿搬:喝酒　拐弯子、火神子:酒
哑淋子:茶水　草芯子、白条、薰条:纸烟　顶圈子:帽子　念昭:哭
太岁子可郎:年纪大　车子:枪　老斑鸠:手枪　过黑:识字的人
搞麻油:时髦　光棍:吃得开的人　眼子:不香的人　迎时:走红
掉把子:撤职(无权无职的人)　抠点:不给够数　反团:翻脸或生气　挂帐子:下雾
鬼:矮骡子　筷子:开棍　尿桶:桂花树②

3. 蚌埠隐语行话

(1) 青货行、水行隐语行话

经营水果干鲜的为"青货行",经营蔬菜鱼类的为"水行"。其买卖双方议价多使用暗语,俗称"侃子"。数字读音:1 为水,2 为雅,3 为猛,4 为丰,5 为土,6 为天,7 为星,8 为山,9 为火。

为促成双方交易,避免同行介入相争,行市价格有时对外明讲与别家相同,

---

① 利辛县地方志编纂委员会.利辛县志[M].合肥:黄山书社,1995.
② 颍上县地志办.颍上县志[M].合肥:黄山书社,1995.

过秤斤两不缺但实则双方暗中说定以每百斤加10斤,或加20斤的方法洽谈。俗称加10斤的为"漕零一",加20斤的为"漕零二",以此类推。

(2) 牛行隐语行话

经营大牲畜的行市较其他行特殊。经纪人一般有相牛相马的丰富经验,并总结出"远看一张皮,近瞧四个蹄""前腿直似箭,力量大无限;后腿弯如弓,行走快如风"的说法。

双方买卖议价与北方农村集市习惯相似,一方把手插进另一方长褂前的腰窝处,摸指议价。暗语为:1是伸拇指,2是伸无名指和中指,3是伸小指、无名指和中指,4是伸小指,5是指全伸,6是伸小指与拇指,7是拇指、食指与中指合拢,8是伸拇指与食指,9是出食指做勾状,10是出一拳。采用此种议价方式,因对第三方保密,买卖双方即使不能成交,对其他人仍可高价卖或低价买。

(3) 浴池隐语行话

浴池业多用苏北方言说行话、暗语,使浴室管理及内部事务不让一般浴客知晓。苏北人开的蚌埠浴池,旧时使用的行话如下:

坐席编号从一到十,依次称溜、鱼、汪、折、中、神、星、张、夜、台。

浴客衣服鞋帽暗语:帽子称顶峰,鞋子称提兜,褂子称奶服子,裤子称底岔。

浴室用具暗语:坐席铺用毛巾称下水,坐席盖用毛巾称上水,毛巾把称醒神把子,茶叶称欢喜,竹牌子称茶头牌。

浴室人员俗称:经理称老板,带班头称二水头,门口管理人员称监堂,学徒称小伙计,茶役称看厢。

小帐(小折子)数字亦用暗语,从一到十依次为红、月、在、宣、中、神、先、张、爱、台。①

4. 亳州隐语行话

亳州历来生意兴隆,六行八道,应有尽有,在江湖和商人中各有自己的行话。在江湖上行语称"春点",同行人攀谈行话称"团春点"。日常用语如:吃饭称"咪根",酒称"火扇子",喝酒叫"搬扇子",茶叶称"漂子",油称"漫子",帽子称"顶壳子",衣服称"叶子",鞋称"趋拉子",袜子称"熏筒子",香烟称"草扇子",下雨称"摆子",阴天称"老桥鼓了",理发称"扫苗"或"割黑草",洗澡称"闹海",外行称"空子",内行称"溜子"。

生意人为了不露行情,均用行话讨价还价。如"一、二、三、四、五、六、七、八、九、十",一般生意人称为"柳月汪斋中神兴张爱菊",药行称"天地光时阴立真宝子成"。"一、二、三、四、五、六、七、八、九",杂货行、干果行称"尖小川苏圆

---

① 蚌埠市地方志编纂委员会.蚌埠市志[M].北京:方志出版社,1995.

插草刀弯";北门口普通行称"主人千洋采工谨顾后";鱼行称"顺天子(一)、挖工字(二)、顺川子(三)、未回子(四)、错手子(五)、断大子(六)、毛根子(七)、入开子(八)、未丸子(九)";浴业称"知旦洋利末龙踢扒霍"。①

(二)皖北隐语行话的修辞手段

隐语行话的特征在于其替代性。为了让外行人不知内情,它以难明就里的替代语词来替代被替代的通语本义。它类似于谜语,有"谜底""谜面"之分,其呈现的语词类似"谜面",被替代的通语本义则类似"谜底"。"谜底"难揭,是因为不明"谜面"的构造规律与"谜面""谜底"的联系规律,一旦明了其中的奥秘,也就容易理解其真正的含义。研究皖北隐语行话所使用的修辞手段,就是揭示皖北隐语行话秘密的一个重要视角。皖北隐语行话常用的修辞手段有以下几种。

1. 比喻

用日常具有相似性的事物来替代要表达的事物。例如,用"五爪龙"来替代"手",是因为二者有相似性,再如:飘蛾子(雪),起浮子(云),挂帐子(雾),扫苗或割黑草(理发)。

比喻是构造皖北隐语行话比较重要的修辞手段,原因主要在于"使用隐语行话者,多为中下层社会中人,大都不掌握或略知文字这一基本语言书写工具。加之其又属口耳相传为基本传承扩布的方式,为追求隐语行话回避人知的保守当行秘密的功利性效果,以及尚可便于心记口诵,因而在修辞上则以日常习见内容作为比喻等修辞方式所用的材料。这也是其作为民间文化的形态的显著标志之一"。"以通俗比喻作为隐称,并使之能指成分(隐称)与所指成分(被隐称所替代的本来事物)的某一特征构成一种内在的而又具有特指性的联系。同时,单看其以比喻构成的能指成分,又带有很大的模糊性,不能像谜语的谜面那样可以因猜中而轻易被破译出真实信息。"②

2. 析字

通过离析字形,或者增损字形(增加、减少笔画、构件)来替代本来的事物。例如:古月子(胡),挖工字(二),入开子(八),断大子(六),毛根子(七)。

3. 借代

借用和本来事物相关联的事物来替代本来事物。例如,帽子的特征是戴在头上(顶在脑壳上),二者相关联,因此用"顶壳子"来替代"帽子"。再如:船(漂子),量河(摆渡),跑黑路(贼人)。

---

① 亳州市地方志编纂委员会.亳州市志[M].合肥:黄山书社,1996.
② 冷学人.江湖隐语行话的神秘世界[M].石家庄:河北人民出版社,1991:43.

4. 摹状

通过摹绘事物的声音、颜色和形体、情状来替代本来的事物。如"尖嘴金"这个皖北隐语,它是替代"黄莺叨签"这种瞎子算命的形式。"尖嘴"是对黄莺这种鸟嘴的摹状。又如:顺川子(三),口列合(笑),拱嘴错(猪肉)。

5. 婉曲

不直截了当地说,而是拐弯抹角,迂回曲折,用与本意相关或相类的话来代替本来的事物。皖北方言中,提前打招呼称作"吭声",生男孩称作"放牛的或者带把的",生女孩称作"烧锅的或者老雁筐、酒坛子"等都是婉曲方法的运用。婉曲可以是为了避免直陈其事,故意用含蓄、婉转的意思来烘托暗示婉言,也可以是为了避讳某种事件、情意,不直陈其言,故意迂回措辞或干脆换一个说法来表达的讳言。豆腐是我国传统风味食品,皖北盛产大豆,豆腐制品很丰富,像老豆腐、页子豆腐、嫩豆腐、水豆腐、揽豆腐、豆腐脑、豆腐泡、酱豆腐、炸豆腐、臭豆腐、豆腐干、豆腐皮等等,卖豆腐的人不少,这个行当的隐语行话也不少,如"白字田"(豆腐)、"净白衣"(豆腐皮)等。卖豆腐隐语叫"遍白",卖豆腐者卖的豆腐绝大多数都是白色的,一次卖的都是各种白色,当然卖者就是"遍白"了,委婉曲折。再如:威武窑(警察机关),风高、风紧(形势不好),翻页(念书)。

6. 谐音

利用声音的相同或相近,谐声取义,以同音或近音事物来替代本来的事物。如隐语"挖"是替代数目"一",它是取"挖"字当中有"乙"而谐音为"一"。再如:拐弯子(酒),拱嘴子(朱)。

7. 藏词

利用人们熟悉的词语或句子,故意隐藏本词,只说出其他部分以表达本意。有一个故事,说一位总在茶坊酒肆混日子的人,有一天到了一家酒店,老板不知伙计有没有往酒里掺水,但当着顾客的面不好明说,于是用行话问:"君子之交淡如何?"顾客一听,大声说:"有钱不买落花流。"老板连忙赔笑道:"对面青山绿更多。"这里"君子之交淡如何""落花流""青山绿"替代的都是"水"字,用的都是藏词这种修辞方法,因为人们熟悉的词语有"君子之交淡如水""落花流水""青山绿水",现在只说出前面的词语,故意藏去了后面要表达的本意"水"字。隐语行话里面的"切脚""歇后"都是此类。又如:笑虎(面),顺风(耳朵)。

第八章　皖北谚语、歇后语

谚语、歇后语是带有口语色彩的两种较为定型的特殊语汇。皖北谚语、歇后语类别多样，数量众多。其中既有和汉民族其他地域相同的谚语歇后语，也有不同的谚语歇后语。皖北谚语、歇后语既是皖北民俗语言的重要组成部分，同时也是反映皖北民俗的重要语言材料。从皖北谚语、歇后语当中我们可以部分揭示皖北的衣食住行民俗，饮食民俗，节日民俗，数字文化，佛教、道教文化，皖北的地域文化，凝练出皖北谚语、歇后语中的人生经验和人生智慧，皖北谚语、歇后语中的思想情志与价值观念，皖北谚语、歇后语中的历史生活与风俗人情。

一、皖北谚语、歇后语的类型

（一）皖北谚语的基本类别

谚语是民间集体创造、广为流传、反映人们生产经验和生活感受的言简意赅的定型的语句。皖北谚语是皖北民众生活与思想实践的直接反映，有的以皖北当地的生产生活习惯、风俗、气象、物产等为立足点。举凡天地宇宙、农事气象、乡土风物、社会实践等，无所不包。皖北谚语就其基本类别来说主要有以下几种：

1. 社会谚语

冻死不挖窟，饿死不做贼。

一天省一把，三年买匹马。

明枪易躲，暗箭难防。

纵有良田百亩，不如薄技在身。

十年河东转河西，莫笑穷人穿破衣。

2. 生活谚语

冬吃萝卜夏吃姜,不用医生开药方。

若要身体好,吃个八成饱。

心宽酣睡,长命百岁。

笑一笑十年少,愁一愁白了头。

3. 天气谚语

日落胭脂红,无雨也有风。

雨后西南风,三日不落空。

十雾九晴。

早上白云走,晌午晒干柳。

一场秋雨一场寒,十场秋雨该穿棉。

4. 农业谚语

秋分早,霜降迟,寒露种麦正当时。

过了三月三,南瓜葫芦地里安。

谷雨前,好种棉;谷雨后,点瓜豆。

蚕老萓子黑,芒种割大麦。

秋分不分,拿刀割根。

高的是秫秫,矮的是芝麻,不高不矮是棉花。

桃三杏四梨五年,枣树当年就还钱。

5. 经营谚语

生意不成仁义在,这次不买下次来。

人无笑脸别开店,货不停留利润多。

行船看风向,买卖看行情。

不怕不卖钱,就怕货不全。

6. 养殖谚语

鸡鸭养的全,不缺油和盐。

牛腿要弯,驴腿要直。

马无夜草不肥。

寸草锄三刀,无料也添膘。

猪吃百样草,看你找不找。

圈要干,槽要净,牲口就会少生病。

养牛没有巧,圈干草料饱。

(二) 皖北歇后语的类型

歇后语是由近似于谜面和谜底两部分组成的、结构相对固定、具有口语特色的特殊语汇。其前一部分是个引子，像谜语中的谜面；后一部分像谜语中的谜底，其实它是对引子的注释，是真意所在。皖北地区歇后语较为丰富，其类别可分为两种：一是喻意型歇后语，一是谐音型歇后语。

1. 喻意型歇后语

利用意义关系解释前部分引子。有的直接利用字面意义来解释引子。例如：

叫花子牵猴——玩心不退。

兔子枕着狗腿睡——胆子大。

抱着元宝跳井——舍命不舍财。

顶碓窝子唱戏——吃力不讨好。

有的间接通过转义来解释引子。例如：

笼嘴子里蒸馍——撒气（拿别人或借其他事物发泄怒气）。

凉水煺鸡——一毛不拔（吝啬、小气）。

草帽子烂顶——露头了（刚出现，显出迹象，显露才能）。

脚脖子拴绳——拉倒（算了，作罢）。

2. 谐音型歇后语

利用音同或音近的谐音关系解释前部分引子。它是一种言在此而意在彼的双关现象。例如：

大脚穿小鞋——前（钱）紧。

秃头上别簪子——撬（俏）皮。

连边胡子吹喇叭——毛鼓（估）。

肉汤子洗脸——荤（昏）头荤（昏）脑。

黄桑峪掉皮榆——野檀（谈）。

老和尚住山洞——没事（寺）。

二、皖北谚语、歇后语中的衣食住行习俗

（一）服饰习俗

有一些谚语、歇后语反映了皖北地区人们的服饰选择、制作的观念、经验以及与服饰有关的习俗。如"男要俏，一身皂；女要俏，三分孝"，反映的是男子穿黑色衣服、女子穿白色衣服更潇洒、更漂亮的着装经验。"人要衣裳马要鞍"，反映了人需要衣裳衬托、装饰的服饰观念。"一口吃个鞋帮——心里有底""上鞋

的不用锥子——针(真)管""绱鞋不用锥子——真(针)管"等反映了鞋子的制作及其制作的工具和方法。

旧时女子有裹脚的习俗,"老奶奶跳井——尖脚(坚决)到底""小二姐的裹脚——又臭又长""老太婆的裹脚布——又臭又长""包脚布做围嘴——臭一圈子"等歇后语反映了与服饰有关的这种裹脚习俗。

(二) 饮食习俗

皖北地区民间主食主要有小麦、红芋、高粱、玉米、黄豆、豌豆、绿豆等。这些在谚语、歇后语中多有反映,尤其是跟小麦、面食有关的谚语特别多。如:

种上早麦,十年九得。

麦吃三月连阴雨,还得二月雨来催。

一麦顶三秋,得种又得收。

打春一百(天),磨镰割麦。

小麦去了头,秋秋瞒住牛。

稀麦稠豆子,饿死小舅子。

谷上垛,麦上场,豆子扛在肩膀上。

头伏萝卜二伏菜,三伏里头种荞麦。

夏至种黄豆,一天一夜扛榔头。

灰里芝麻泥里豆,不干不湿种秫秫。

锅底下掏红芋——捡熟的摸。

皖北麦面习惯称"好面",麦面可做成馒头(或叫馍)、包子、扁食(饺子)、面条、烧饼、面疙瘩、油果子(油条)、烙馍等多种多样的食品,习惯称麦面以外的面粉为"杂面",杂面可做成窝窝头等许多食品。谚语、歇后语中都有反映,如:

麦盖三床被,枕着馒头睡。

麦盖三层被,小孩搂着白馍睡。

卖了孩子买蒸笼,不蒸馒头蒸(争)口气。

要想吃好面,还得泥来拌。

正月初一吃好面,过了初五就换饭。

急火打不出好烧饼。

皇帝做煎饼——均(君)摊。

癞蛤蟆打哇哇,四十天吃疙瘩。

想吃高粱面,还得扒出根来看。

清明晒死柳,窝窝头儿砸死狗。

清明晒干柳,秫面窝窝噎死狗。

吃馍不喝汤——干鼓肚。

肉包子打狗——有去无回。

茶壶里煮饺子——肚里有货倒不出。

哑巴吃扁食——心里有数。

黄鼠狼衔油条——对色。

黄鼠狼衔个油果子（油条）——对色。

面条点灯——饭（犯）不着。

弓槌赶烙馍——心里厚。

"焦馍裹馓子——自身难保"，这是皖北地区比较流行的一句歇后语。其中涉及的"焦馍"和"馓子"都是皖北特有的面食。

皖北也有一些地方，主要是沿淮等地利用水资源与当地气候等其他自然条件，大量种植水稻，生产大米，这在一些谚语中也有反映：

春打六九头，家家卖老牛；春打五九尾，家家吃大米。一担坑泥半斤粮，坑底就是米粮仓。

皖北有一句谚语，叫"送行饺子迎客面"，即给人送行时宴席主食上饺子，迎接别人时宴席主食上面条，这反映的是一种社交饮食习俗。

20世纪50年代，皖北地区改变种植结构，大量种植红芋。在一段时间内，红芋成为主食，民谣说："红芋面，红芋馍，离开红芋不能活。"20世纪70年代后，当地再次调整农业产品结构，再把种植小麦作为主攻对象，不过红芋依然还有不少种植。有句谚语反映了红芋和其他粮食品种作为皖北地区主食品种的情况："谷上垛，麦上场，豆子扛到肩膀上，红芋片晒干才稳当。"

有些谚语、歇后语反映的是皖北地区常吃的蔬菜，如：

冻不死的葱，干不死的蒜。

黄鹭来，提蒜薹；黄鹭走，谢花藕。

没有葱和韭，瞎在园里守。

黄瓜搭上架，茄子打骨朵。

三月三，倭瓜葫芦下地边。

萝卜快了不洗泥。

韭菜地里的香蒲子——配色。

有些谚语、歇后语反映了食品的特点、功用，如：

铜城蒜，两口难吃一头半（铜城在临泉县）。

葱辣鼻子蒜辣心，坏人好嚼舌头根。

猪蹄子熬一百滚子，只朝里勾不朝外连。

染房不开牌子在，腊肉骨头受得啃。

膻不膻是羊肉。

回炉的烧饼不香。

八年的干姜——老味（比喻友谊浓厚）。

狗吃豆腐脑——闲（衔）不住。

刮大风啖炒面——咋张开嘴。

曹庄萝卜——干辣（曹庄在界首市）。

高滩的萝卜——里外青（清）（高滩在宿州市）。

有些谚语、歇后语反映了食品制作的方法，如"千滚豆腐万滚鱼"，是说炖制豆腐和鱼时，时间放长一点，这样才能入味，才更好吃。"卤水点豆腐——一物降一物""石膏点豆腐——一物降一物"概括了豆腐的制作方法。又如：

小葱拌豆腐——一清二白。

蒜薹拌藕——有光棍有眼子。

快刀打豆腐——两面光。

霉干菜炒腊肉——有言（盐）在先。

一两面熬锅饭——不愁（稠）。

蚂虾炒韭（九）菜——十样还有鱼（余）。

细粉炒豆芽——里戳外拐。

北瓜花炒鸡蛋——对色。

有不少谚语是人们饮食经验、饮食保健经验的总结，如：

头锅饺子，二锅面。

多吃萝卜菜，啥病都不害。

姜开胃，蒜解毒，多吃萝卜百病无。

冬吃萝卜夏吃姜，不用医生开药方。

鱼生火，肉生痰，青菜萝卜保平安。

大蒜是个宝，常吃身体好。

吃鲖蒜，疮不见（鲖蒜是临泉县鲖城一带的著名特产，常吃可防生病疮）。

美酒且莫过量，好菜不必过食。

饱时一斗，饿时一口。

饥不暴食，渴不狂饮。

少吃多得味，多吃活受罪。

一顿吃伤，十顿喝汤。

早吃饱，午吃好，晚吃少。

有些谚语、歇后语反映了饮食制作需要的炊具和其他工具。如："隔锅的饭香""肉烂在锅里""锅底出汗，天气要变""摔锅卖铁——自找吃亏""只栽不管，打破金碗；只栽不问，等于胡混""黑碗蒜臼子——一个窑的货""勺子大，肚子有数""勺子免不了碰锅台"等，这些谚语、歇后语中涉及的"锅""碗""勺子"等反映了饮食制作常离不开的炊具。"蒜臼子"是用来捣烂蒜瓣制作蒜泥的器具，皖北人餐桌上经常离不开蒜瓣,经常直接剥皮吃,有的时候制作蒜泥吃,因而有了"蒜臼子"这种器具。"抱着棍推磨——不要套""蝎子掉在磨眼里——有一蛰有一挨""狗舔磨盘——团团转""磨要勤锻,账要勤算""碾磨不动,鸡无食""黄狼子趴在磨碾上——死充大尾巴驴"等反映了以往加工粮食、制作食品少不了的工具:磨子和碾子。制作面食离不开擀面杖,这个器具的特点是直而中间不空,因而有了"擀面杖吹火——一窍不通"的歇后语。旧时农村人做饭需要借助鼓风的木制装置——风箱来增强火势,增大火力,从而能快速烹饪、蒸煮,提速做饭,所以有了"老鼠钻风箱——两头受气"这个歇后语。

(三) 建筑、居住习俗

旧时皖北民众多住土坯草房或茅庵,富裕人家才住砖瓦结构的房子,或砖基草顶房。"火柴盒脱坯——没大材料""阴天脱土块——坯坯子""出窑的砖头——定型"等歇后语反映了建房的材料及其制作。

皖北建房崇尚主房门朝南,所以有"建房要建门向南,冬季暖、夏季寒""有钱盖房门朝南,冬天暖来夏天寒"等谚语。"上梁不正下梁歪""上梁不正下梁歪,中梁不正倒下来"等谚语也反映出了房屋结构的一些习俗。

皖北地区相邻两家盖房子,要求前墙必须一致,如果不一致会造成"错山",这样对两家都不利。由此而产生了一句谚语叫"错山如错虎,家中有凶事"。

皖北民众居住,住宅旁边喜欢种植椿树、枣树、槐树、柏树、梓树、石榴树等树木,住宅前面忌讳栽种桑树,有的地方住宅后面还忌讳栽种槐树或柳树,有"前不栽桑,后不栽槐"或"前不栽桑,后不栽柳"的习俗。

(四) 出行习俗

皖北出行,尤其重要的远行常选择良辰吉日,忌说不吉利的话(俗称破嘴话),早上出门忌说晚上做的梦,实在要说要等太阳出来以后。出行前要未雨绸缪,"晴带雨伞饱带干粮"。出行途中如果听到喜鹊叫,觉得吉利,是好兆头;如果听到乌鸦叫则认为不吉利,是不好的兆头,因为"泼嘴老鸹站树梢——恶名(鸣)在外"。如果中途问路,谚语总结的经验是"劈柴劈小头,问路问老头"。走亲访友,多选双头日子,忌在初一或十五日。而像"在家千日好,出门一日多"则反映了慎出行的观念。

三、皖北谚语、歇后语中的婚丧喜庆习俗

（一）婚俗

1. 结婚礼俗

男子迎娶女子,要用轿子,所以有了"大姑娘坐花轿——头一回""新媳妇不上车——讲究(轿)"等歇后语。女子出嫁,娘家会有陪嫁,即嫁妆,因此有了"老和尚看嫁妆——下辈子见""老和尚看着嫁妆哭——今生休想"。

结婚仪式重要的一环就是拜堂,俗称"拜天地"。拜堂并不只是拜天地,而是"三拜",即"一拜天地,二拜高堂,三夫妻对拜"。拜罢天地之后就是入洞房,进入令人向往的神圣而又神秘的境地。歇后语"拜罢天地去要饭——没过一天好日子",反映了这种习俗。

皖北有句谚语叫"过门三天无大小",概括的是结婚那几天,尤其是结婚仪式上人们"乱新媳妇"的习俗,即老的少的都可以跟新媳妇开玩笑,说些放肆的话,掐一把挠一把什么的,这就是所谓的"乱",越乱越热闹,越乱越喜庆。

2. 婚姻形式

传统婚姻是女方嫁到男方,一个女子长大成人出嫁后就变成了男方的家庭一员,再也不是娘家的家庭成员了,因此谚语有云:"闺女是人家的人""嫁出门的女,泼出盆的水""出了门的女,泼出门的水"。旧时皖北婚姻形式有多种,有一种特殊婚姻形式叫"小女婿",就是在一些比较偏僻的地区,经过媒人撮合、父母作主,将成年姑娘嫁给奶腥未脱的孩童。谚语"媳妇进门可干活,全家老少饿不着",说的就是这种形式的婚姻及其功利目的。

3. 婚姻观念

人生在世婚姻尤其重要,一个男人如果娶到一个好媳妇将幸福终身,否则会受苦一辈子,这是皖北谚语"种不好庄稼一季子,娶不到好老婆一辈子"所揭示的道理。

对婚姻年龄,一般认为女方小男方一两岁为好,女比男大不好,谚语曰"男大不显,女大扎眼"。不过也有"女大三,抱金砖"的说法。

有些谚语反映的是夫妻观。夫妻关系是直系亲属关系中最为亲密的,因为在一起过日子的是小两口。这种事实反映到谚语中就是:"娘亲达亲,没有两个人亲""天上掉个席篓子,最好不过两口子""娘疼儿儿疼娘,闺女大了疼女婿""夫妻没有隔夜的仇"。女子嫁给男子,就成了男子的人,就要"打鸡跟鸡飞,打

狗跟狗走""嫁鸡随鸡,嫁狗随狗",男子要"当面教子,背地教妻"。

"男大当婚,女大当嫁"反映了适时婚嫁的思想,"好媳妇两头瞒,孬媳妇两头传""郎才女貌""高高婷婷门口站,不会做活也好看""不是一家人,不进一家门""能娶大家的奴,不娶小家的女""打水做亲家,人对箕也对""贤惠出娘家""三辈不回门""三辈不回姥娘门"等反映的是择偶标准。"女婿半个儿""疼儿不胜疼媳妇,疼闺女不胜疼女婿"等谚语体现的是父母对子女配偶的重视。"娶媳妇就是留抱孙的"反映的是婚姻的传宗接代的目的。

4. 媒人

媒人在婚姻关系中起着重要的作用,甚至"无媒不成婚"。媒人为男女两头说好话,传递信息。媒人的特点与作用谚语、歇后语中留有痕迹,如"媒人的话——两头瞒""新娘进了房,媒人跑断肠"。

(二) 丧葬习俗

旧时实行的是土葬,人死后装入棺材,然后入土为安。"不见棺材不掉泪""卖棺材的咬牙——恨人不死""棺材里伸手——死要钱""棺材里擦粉——死要面子""睡棺里搽粉——死要好看"等反映了土葬习俗。

人死后,棺木一般要在家停放三天。在此期间,死者亲属戴孝、设灵堂守灵,亲友们带着冥纸冥物前来吊唁。"婆媳守灵堂——无功(公)夫""戴孝帽子走进棺屋里——自充近门"等歇后语的产生源于这种习俗。也有丧事时请和尚做法事,这在歇后语中有所反映,如"出殡打和尚——不共下次"。

皖北有句谚语叫"夜猫子进庄,必定送汤"。"夜猫子"就是猫头鹰,它因为长相凶恶,被误为"不祥之鸟"。这句谚语中的"送汤"反映的是皖北的一种丧葬习俗。在皖北的有些地方,出殡之前,每当天黑时,死者的子女们要列队到十字路口送面汤和焚烧冥物,说是给亡魂送路费,让亡魂吃饱带着盘缠上路。这种行为被称作"送汤",或"送浆水"。这句谚语中的"送汤"因民俗而替代了"死人"的意思。

蒙城有男子正月初二给去世的姑奶、姑姑、外公、外婆上坟的习俗。在姑奶、姑姑夫家的家族墓地里,与自己有血缘关系的亡者只有姑奶、姑姑,而在外公的家族墓地里,每座坟里的亡者都与自己有着或远或近的血缘关系,所以有谚曰"姑娘上坟一条线,外甥上坟一大片""外甥上坟一大片,侄子上坟只一座",这两条谚语体现了这一习俗。

利辛一带流传着一句歇后语叫"出殡打阴阳先生——不图下一回",浓缩了本地较为特殊的殡葬习俗。在利辛一带乡下有出殡时"孝子打阴阳先生"的做法。灵棺到达墓地之后,绕墓地三圈再停棺下葬。此时阴阳先生往墓坑中撒石灰、雄黄、盐、米、豆、麦等,鸣炮九响,抬棺下坑,阴阳先生再用罗盘等校方位,吊中线,摆正棺木,然后砌墓门、垒坟立碑。孝子在坟前再次哭祭,辞坟。出殡仪式结束后,孝子佯装打阴阳先生,把阴阳先生赶走,这就是"出殡打阴阳先生——不图下一回"。

(三) 喜庆习俗

皖北有很多喜庆习俗,谚语"新船下河,都来抢馍"就是反映了新船下河的喜庆习俗。船民的新船下河之日,是个大喜的日子。船主要在日出之前,宰杀一只公鸡,将鸡血洒在船头之前,然后敲锣打鼓燃放鞭炮,同时向祝贺的人群撒蒸馍(后来渐渐改为抛撒糖果等食品),唱民歌。

在砀山等地,有一种"接满月"习俗,即婴儿满月时,外婆都要接外孙住数天。婴儿去时在脸上抹点黑墨,送来时搽点白粉,谚语曰"黑脸去,白脸来,婴儿越长越富泰"。

"六十六,吃块肉""七十三,吃条鲤鱼猛一窜""七十七,吃只鸡"等在皖北大地流行甚广的谚语反映的是老年人大过六十六岁、七十三岁、七十七岁生日的习俗。

农历正月里,少年儿童忌剃头,俗语"小孩正月剃头死舅舅"。五月里小孩不剃头,俗语"小孩五月剃头头癞"。

四、皖北谚语、歇后语中的节日习俗

皖北民间庆祝的传统节日比较多,有春节、元宵节、龙头节、清明节、端午节、六月六、七夕、中元节、中秋节、重阳节、十月一、腊八节、小年夜(祭灶)、除夕、立春等,每个节日都有很多习俗,在谚语、歇后语中有所反映。

(一)"吃罢腊八饭,就把年来办":春节

"吃罢腊八饭,就把年来办"这条谚语中所说的"年"就是传统节日中最为隆重的春节。古时以农历正月初一为一年之始,称"元旦",民间称元旦为"年"或"新年",辛亥革命后,把公历1月1日叫作"元旦",把农历正月初一叫作"春节",不过民间仍惯称这天为"年"或"新年"。过春节,又叫过年。过年从除夕开始,农历腊月三十(小月二十九)是除夕日,又叫大年三十。正月初一,叫大年初一。除夕接年,正月初三送年,直到正月十五,人们都称为大年下。春节因为特

别隆重,所以人们早做准备。准备过年又叫办年,时间很早,从进入农历腊月差不多就开始了,就是谚语所说的"吃了腊八饭,就把年来办"。祭灶过后新年的气氛更浓,人们更是兴高采烈、喜气洋洋,所以谚语曰"祭罢灶,年到来,闺女要花,儿要炮,老头要个帽缨子,老婆要个鬏称子"。到腊月二十八日,基本准备就绪,便理发、洗澡、洗衣被,说是"二十八,洗邋遢",干干净净迎新年。

(二)"正月十五大似年":元宵节

农历正月十五,称元宵节,又叫灯节,有吃元宵和观灯的习俗。吃元宵和观灯都在晚上,元宵的夜晚是爆竹、烟花的世界,是人群、花灯的海洋,色彩斑斓、五彩缤纷,人们尽情欢乐,所以谚语说"正月十五大似年"。过了这一夜,年也就过完了,又得回到生产劳动中去,回到平常岁月里来。如果你"正月十五贴门神——晚了半月",那只能再等明年了。

(三)"二月二,龙抬头":龙头节

农历二月初二为龙头节,又叫青龙节或龙抬头节。这个节日在"春分"前后,这个时候一般雨水慢慢就多起来了,人们以为龙开始治水了,所以说"二月二,龙抬头"。人们这天习惯给小孩剃头。图个吉利,说是剃龙头。谚语"二月二,龙抬头,家家小孩剃光头"凝缩的就是这个习俗。二月二除了剃龙头习俗之外,皖北各地还有其他一些习俗。

五河县有句谚语叫"二月二,龙抬头,家家户户使耕牛",当地把二月二作为春种生产的开始,进行农耕了。这一天,五河县人们用稻糠或青灰到谷场上画圈,圈画得越多越好,象征粮仓多,将会大丰收。

二月二以后,天气渐暖,有害的昆虫也要出来了,为防害虫惊扰,在阜阳等地就产生了这样的习俗:"清晨起来,在日出前,用草木灰沿着墙根撒一圈,早饭炒豆子吃,俗称炒虫,吃煎馍,说是煎蝎子肚,把过年的蒸馍留到这天早上吃,叫做咬蝎子尾巴。还叫小孩用木棍敲打坑沿,过敲边唱:'二月二,敲坑沿,蛤蟆不吵老奶奶。'用绳子缚在剪刀上,各屋里拉,唱道:'二月二,拉剪子,老鼠娶个瞎眼子。'晚上,打着灯笼照墙根,说是照蝎子,灯笼一照,蝎子夏天就不蜇人了。到二月二,春耕已开始,人们祝愿有个好收成,早起用木棍敲打门框,唱道:'二月二,敲门框,金子银子往家扛'。还敲着门头唱道:'二月二,敲门头,大囤尖来小囤流。'再敲着门枕唱道:'二月二,敲门枕,金银财宝往家滚。''文革'以后,这些风俗有的已废除,但剃头和吃煎馍、吃剩蒸馍的习惯仍保留了下来。"①

---

① 阜阳市地方志编纂委员会.阜阳市志[M].合肥:黄山书社,1993.

砀山县，农历二月初二为祭龙日。"当天人们用面蒸制形状如龙的大馍，用草木灰在院内、大门外、晒场上围粮囤（粮囤图案），中间埋一把五谷杂粮，祝愿一年风调雨顺，五谷丰登。"①当地的谚语"二月二，不干活，抱着孩子吃大馍""二月二龙抬头，大囤尖、小囤流"和歇后语"二月二的囤——各在人围（为）"源于此俗。

二月二还有其他习俗。1938年后，在沿涡河、颍河黄泛较重地区，二月初二常有群雁起落。太和一带谣传："五更闻雁叫，老人遭劫数。"于是女儿为父母，侄女为姑姑送起雁馍（重两三斤，内包荤、素馅）来，这风习很快蔓延到颍河两岸，每逢二月初二，晚辈就为长辈送雁馍以消灾免祸。

（四）"清明不插柳，死了变黄狗"：清明节

清明节是修坟祭祖的日子。节前几天，人们为先人的坟墓添盖新土，俗称包坟，然后烧纸祭祀。柳树报春早，柳叶是最早的春色。清明时节已是春天，这时的柳树正可谓"树垂叶绿、迎风低昂"，就是贺知章所咏出的"碧玉妆成一树高，万条垂下绿丝绦"。因此人们清明插柳，门前插柳，坟头上压柳，成为习俗。这一天，家家门前屋檐插柳枝，姑娘媳妇头戴柳叶。谚语云："清明不戴柳，死了变黄狗。"

（五）"端午不戴艾，死了变鳖盖"：端午节

农历五月初五为端午节，又称"五月节"。这一天，皖北地区普遍吃粽子、油糕、油角、咸鸭蛋；给孩子手腕佩戴五色线、佩戴香荷包；家家门前檐插艾，姑娘妇女头戴艾叶。有谚语为证："端午不戴艾，死了变鳖盖。"随着端午节的到来，天气渐渐暖和起来，人们脱去冬装换上春装，有"吃罢端午粽，来把棉衣送"（此谚语流行于蚌埠一带）的说法。

（六）"六月六吃炒面，大人小孩都喜欢"：六月六

农历六月初六，阳光强烈、温度高，皖北民众常在这天晒衣服和书画，借高温除霉。六月六中午吃炒面，炒面有甜有咸，谚语云："六月六吃炒面，大人小孩都喜欢。"

（七）"七月七，牛郎织女会一夕"：七夕

农历七月初七，传说是织女会牛郎的日子，又因相会在晚上，故称"七夕

---

① 砀山县地方志编纂委员会.砀山县志[M].北京：方志出版社，1996.

节"。旧时,姑娘媳妇们喜欢在这天晚上设瓜果、香案,向织女学养蚕、抽丝、织布的技巧,故又称"乞巧节"。宿州有些地方有女孩子聚集在一起吃"巧偏食"的习俗。"偏食"中包着绣花针和麦麸子各一个,吃到包有绣花针的就是"巧姑娘"。这个节日在当代"乞巧"的习俗荡然无存,正逐渐演化为中国的情人节。

(八)"八月十五圆月儿":中秋节

农历八月十五为中秋节。在皖西北有句谚语叫"八月十五圆月儿",这里的"圆月儿",是个动宾短语,"儿"自成音节。谚语概括的是中秋晚上,一家人团坐在一块儿吃焦馍、月饼、柿子、石榴等赏月的习俗。八月十五收获已成,正如谚语所说"七月十五挂锄钩,八月十五定年成""七月十五定旱涝,八月十五定收成"。人们带着收获的喜悦,在月儿最圆的夜晚(今天科学的说法是八月十六月亮最圆,有"十五的月亮,十六圆"之谓)与家人团聚,所以又叫团圆节,中秋节吃月饼、焦馍、柿子、石榴等,象征幸福圆满。

在皖西北与"八月十五圆月儿"类似的还有句谚语叫"八月十五愿月儿",这里的"愿月儿",同"圆月儿"一样也是个动宾短语,"儿"自成音节。其民俗语义为中秋节那天,给月亮摆设祭品,向月亮许愿,即"祭月"习俗。例如旧时蒙城县中秋节就有"祭月"习俗,蒙城有谚语:"在家不敬月,出门遇雨雪。"

(九)"重阳无雨看十三,十三无雨一冬干":重阳节

农历九月初九为重阳节,旧有登高、赏菊的习俗,是老年人的活动日。重阳节前后下雨与否往往预示着这年冬季的雨情,所以皖北有谚语"重阳无雨看十三,十三无雨一冬干""重阳不下(雨),看十三,十三不下一冬干"之说。

(十)"早清明,晚十月一":十月一

农历十月初一,称下元节,为鬼节,又叫"十来一"。这是继清明之后,又一次,也是一年中最后一次扫墓祭祖的日子。这一天(也可以晚几天)人们为先人上坟,所以谚语曰"清明祭前,十来一烧后""早清明,晚十月一"。

这个节日源于道教。《唐六典·祠部中郎》说:"下元水官生于十月十五日,'皆发身自忏悔罪焉'。"遂把这日定为鬼节。武则天也生于十月十五日,她对这"鬼节"很忌讳,当上皇帝后,下令将鬼节改在十月初一日。但是国人不满,把扫墓时间推迟到初十左右。民间把"十月初一"说成是"十来一"。在太和以北地区,称这次扫墓是"送寒衣"。①

---

① 安徽阜阳市地方志编纂委员会.阜阳地区志[M].北京:方志出版社,1996.

（十一）"腊八辣米饭，大人小孩都喜欢"：腊八节

农历腊月初八，称腊八，这一天要吃腊八粥。腊八粥做法不一，有咸有甜。甜者为红枣、百合、莲子等加糖做成的米粥，又叫八宝饭。咸者为粉丝、豆腐条、萝卜条、辣椒等加盐做成的咸米粥，又叫辣米饭。辣米饭味道不错，谚语云"腊八辣米饭，大人小孩都喜欢"。腊八节一过，大家就开始准备年货了，因此有谚语"吃了腊八饭，就把年来办"。

（十二）"吃过祭灶酒，扫帚拿在手"：祭灶

祭灶，又称"小年夜"。皖北地区有过腊月二十三的，也有过腊月二十四的。所谓"君祭三，民祭四""君祭三，民祭四，王八祭五，鳖祭六"（后两个日子指旧妓院龟头、鸨母、妓女的祭日），但一般人家都选在腊月二十三日晚祭灶。祭灶，人们希望灶王爷能够"上天言好事"，歇后语"老灶爷上天——有啥说啥"蕴含的是"好话多说，坏话少学"的民俗语义。这天，人们还忙活着打扫卫生，为过年做准备，所以有俗语"吃过祭灶酒，扫帚拿在手"。

（十三）"有钱无钱，剃头过年"：除夕

除夕为农历每年的最后一天，又叫"年三十"。这一天要进行节前大扫除，还要理发、洗澡、洗衣，清洁自我。谚语云："有钱无钱，剃头过年。"中午前贴春联、门神、年画之类，晚上"守岁"，迎接年的到来。皖北歇后语中有不少和除夕有关，如：

年三十逮个鳖——有它也过年，无它也过节。

年三十打死个兔子——有它也过年，没它也过年。

反贴门神——不对脸。

年三十晾衣服——今年不干明年干。

三十晚上盼月亮——没指望。

"门神里头卷灶爷——画（话）里有画"的歇后语源自除夕贴门神与祭灶送灶王爷的习俗。

五、皖北谚语、歇后语中的行业习俗

皖北地区行业种类很多，每个行业都有自己的行业习俗，它们在谚语、歇后

语中也有所反映。

（一）农业

皖北谚语关于农业的最多，其中许许多多都是对土地、耕种、庄稼、牲畜，对农业生产、农业生活等等的概括、认识。如：

家土换野土，一亩顶三亩。　　　　　高地种棉，洼地种树。
家里土，粪里虎。　　　　　　　　　不锄不耕，五谷不生。
冬耕深一寸，抵上一茬粪。　　　　　地是刮金板，人勤地不懒。
深耕土一寸，强似一遍粪。　　　　　锄头不锄塌，庄稼两面荒。
种麦没啥巧，就怕坷垃咬。　　　　　庄稼一枝花，全靠肥当家。
谷雨前，好种棉；谷雨后，点瓜豆。　午忙六月锄破皮，强似冬天犁一犁。

（二）手工业及其中的师徒习俗

旧时皖北地区手工业门类多，如铁匠、木匠、泥瓦匠、剃头匠、裁缝等。皖北谚语、歇后语中涉及了很多手工行业，如：

长木匠，短铁匠，不长不短是裁缝。　卖梨膏糖的住高楼——熬上去了。
长木匠，短铁匠。　　　　　　　　　卖梨膏的盖楼——得几年熬。
木匠调线——睁一只眼闭一只眼。　　卖狗皮膏药出身——哄死人不偿命。
铁匠不使好剪子，木匠不坐好板凳。　卖凉粉的挑戏台——架子大。
铁匠死了不闭眼——欠锤（捶）。　　剃头的扛铡——专做大活。
编筐打篓，养家糊口。　　　　　　　剃头的拿锥子——各师傅各传授。
编筐打篓，顾住几口。　　　　　　　开茶馆的卖炊子——燎（了）不起。
裁缝掉了剪子——净落尺（吃）了。　开过药铺打过铁，哪样生意都不热。

手工业技艺的传授通过拜师学艺来完成。拜师学艺习俗在谚语、歇后语中有很多反映。手工制作行业学徒期多为三年（也有七八年才出师），只管吃不给报酬。学徒期间还要干杂活、伺候师傅，不得有怨言，所谓"师徒如父子"。学徒期满，师傅赠送一套工具，但还需要再尽一年义务以报师恩。所以有谚语："三年满，四年圆，不到五年不使钱。"手工制作行业竞争激烈，因此师傅一般总要留一手绝技不外传，这就是谚语所说的"教会徒弟，饿死师傅"。

（三）商贾交易习俗

1. 赶庙会

庙的功能在于供人烧香拜佛。烧香拜佛的人多了，自然而然就有商贩云集于庙的周边，慢慢地庙的周边就形成了集市，成为"庙会"。庙会在寺庙的节日或规定的日期举行，多设在庙内及其附近，进行祭祀、娱乐和购物等活动。皖北地区庙会有很多,赶庙会成了重要的民俗活动,它比平常的赶集多了祭祀、娱乐的功能,更加热闹。例如蒙城县的鹤庵庙会,"明代,于马集东南建鹤庵,大殿塑三霄奶奶神像,怀抱金色泥娃娃,四壁彩绘娃娃山和麒麟送子。每年农历二月十九日逢会,会期三天。有'拴儿上鹤庵,拴女到太山'(涡北太山乡)的迷信说法,求神赐子者常逾千人,当地人借机高价大卖泥娃娃以渔利。会期商贩云集,摆摊设点,几十班吹鼓手斗技争胜,并杂以各种游艺活动,吸引方圆百余里的数万人赴会"。① 赶庙会与赶集一样都需要花钱,因此谚语"逛庙不带钱,不如在家闲"跟歇后语"没钱赶集——闲逛"一样都反映了逛庙会与赶集的商业习俗。

2. 牲畜交易行人习俗

皖北地区牲畜交易时一般由行人斡旋,谈价格是通过袖内伸手指来进行的。如伸一至五个手指表示一至五的实数。超过五,依次为挠子六、捏子七、撇子八、钩子九、满把十。行人发誓赌咒以示货真价实,所以有谚语"牛行咒,三千六"。

3. 幌子与唤头

民间做生意喜好挂幌子或以不同的打击器来代声叫卖,以吸引别人,同时也是告知别人自己的经营项目。如挑担走街串巷的剃头匠,在洗头盆架上竖竹竿挂布条;浴池营业时门上挂一方形玻璃灯,玻璃灯收起即表示放水打烊;卖油的敲梆子,卖糖果的敲小铜锣,货郎担摇拨浪鼓。谚语"不卖油,光敲梆子"反映的就是这种习俗。

4. 经商之道

皖北地区很多谚语总结了经商之道,如:

大生意靠嘴,小生意靠腿。　　人无笑脸别开店,货不停留利润多。
若要生意好,秤尺莫要少。　　行船看风向,买卖看行情。
逢俏莫赶,遇贱莫懒。　　　　货好不怕看,功夫不怕练。
磨要勤锻,账要勤算。　　　　人叫人千声不语,货叫人不叫自来。
一分利吃饱饭,十分利饿坏人。　货卖三家不吃亏。
漫天要价,就地还钱。

---

① 蒙城县地方志编纂委员会.蒙城县志[M].合肥:黄山书社,1994.

六、皖北谚语、歇后语中的佛教与道教信仰习俗

(一) 佛教与皖北谚语、歇后语

佛教起源于古印度,于西汉末年传入中国,与中国的本土文化相融合,所谓"儒、释、道"合流,形成了中国的佛教。两千多年来,佛教对中国文化和民族磁力产生了深远的影响。皖北的谚语、歇后语有很多是对佛教文化的积淀,反映了皖北民众的信仰习俗。

1. 佛教及相关事物的称谓

皖北民俗语言中有一大批反映佛教及相关事物称谓的谚语、歇后语。如:

佛争一炷香,人争一口气。　　　　　和尚不亲帽子亲。

佛靠金装,人靠衣装。　　　　　　　歪嘴和尚念错经。

送佛送到西天。　　　　　　　　　　跑了和尚跑不了寺(事)。

家里有菩萨,出门拜观音。　　　　　住庙有山主,住家靠邻居。

观音菩萨,年年十八。　　　　　　　抱着猪头,找不到庙门。

不看僧面看佛面,不看鱼情看水情。　小庙里的神,受不了大香火。

泥菩萨过河——自身难保。　　　　　救人一命,胜造七级浮屠。

老和尚卖地——妙极(庙籍)。

以上这些谚语、歇后语涉及佛教及相关事物的多种称谓:佛、菩萨、观音、僧、和尚、寺、庙、浮屠(塔)。

2. 反映了佛教的某些教义

"佛教文化在民间以比较凌乱粗俗的方式广为流传。多数信徒头脑里只有一些零碎的佛教观念。即使这些低俗的佛教信仰,也是在本土固有观念的基础上,吸取佛教观念形成的。佛教教义中凡是那些同中国传统文化相吻合的,符合国人心理的,符合下层民众利益的,就为民众所吸收,成为谚语反映的内容。而大型寺院和贵族沙龙艰深繁难的义学讲疏,一般民众难以了解,为谚语所不取。"[①]佛教文化在皖北的流传也是如此。皖北谚语、歇后语所反映的佛教思想主要有以下内容:

◎ 行善。佛教的基本教义之一是止恶扬善,佛祖释迦牟尼说:"诸恶莫做,诸善奉行,自净其意,是诸佛教。"皖北谚语中反映这种善恶思想的有"吃斋不如

---

① 杨芳.汉语谚语与汉文化[M]. 哈尔滨:哈尔滨出版社,2001:69.

行善""善事可做,恶事莫为""慈悲为本,方便为门""积善无人见,存心有天知""善人流芳百世,恶人遗臭万年""万恶淫为首,百善孝当先""人行好事,不问前程""七辈子行好,才能托成猫"等。

◎ 慈悲。慈悲是佛教伦理的核心,常言"我佛慈悲"即是如此。慈悲表现在尊重、珍惜一切生命,不杀生而放生。这在谚语中有"慈悲为本,方便为门""救人一命,胜造七级浮屠""命好不如心好""杀生不如放生"等。

◎ 因果报应。因果报应是佛教的主要思想之一,这个"报应"包含善、恶两个方面。《法苑珠林》卷八云:"故经曰:行善得善报,行恶得恶报。"反映报应思想的谚语有:"一报还一报""善有善报恶有恶报,不是不报时辰未到""行善得善,行恶得恶""今世不好修来世"等。

◎ 忍辱避祸。忍辱是佛教教义之一,主张对一切邪恶事物都要忍让、宽容,认为今生忍辱负重,来世才得好报。反映忍辱思想的谚语有:"忍字家中宝""忍嘴不拖债,忍气家不败""忍得一时之气,免得百日之灾""小不忍则乱大谋""不受磨炼不成佛""出家三天,佛在面前"等。

◎ 命中注定。命中注定是一种宿命的思想。谚语有:"死生有命,富贵在天""命里有时终须有,命里无时莫强求""万般皆由命,半点不由人"等。

3. 来源于佛经、佛教故事

皖北谚语有一些来源于佛经、佛教故事。如:

◎ "放下屠刀,立地成佛。"佛教认为,人皆有佛性,作恶之人弃恶从善,即可成佛。宋·释普济《五灯会元》卷五十三:"广额正是个杀人不眨眼底汉,放下屠刀,立地成佛。"后来超出了佛教范围,多用来比喻做坏事的人,只要认识了自己的罪行,真心改过,仍可以很快变成好人。

◎ "无事不登三宝殿。""三宝殿"源自佛教。"三宝"是指佛教中的佛、法、僧,"佛"是佛教信徒大众登场藏(chǎn)事的地方,如"大雄宝殿";"法"是佛家珍藏经典之所,如"藏经楼";"僧"是指僧侣"燕息"(睡觉)的禅房,也称僧寮。三宝殿,泛指佛殿。后引申为无事不登门,登门必有求,也就是有事而来。

◎ "说得天花乱坠。"佛教传说梁武帝时云光法师讲经,感动上天,各种天花纷纷从空中坠落下来。后来形容话语说得有声有色,极其动听。

◎ "解铃还须系铃人。"明代瞿汝稷《指月录》卷二十三:"金陵清凉泰钦法灯禅师在众日,性豪逸,不事事,众易易,法眼独契重。眼一日问众:'虎项金铃是谁解得?'众无对。师(法灯)适至,眼举前语问,师曰:'系者解得。'眼曰:'汝辈轻渠不得'。"比喻谁惹出来的问题,仍由谁去解决。

其他出自佛家用语的,如"超出三界外,不在五行中""苦海无边,回头是岸"等等。出自禅宗语录的,如:

驴唇不对马嘴(《景德传灯录》);人逢喜事精神爽(《五灯会元》);真人面前不说假(《五灯会元》);好事不出门,恶事传千里(《传灯录》)。

(二)道教与皖北谚语、歇后语

道教是中国本土宗教,以"道"为最高信仰,主要宗旨是追求长生不老、得道成仙、济世救人。道教为多神崇拜,尊奉的神仙是道教对"道"之信仰的人格化体现。道教神仙最为人们所熟悉的应该是八仙。皖北有不少谚语、歇后语出自道教和道教故事。如:

一人得道,鸡犬升天。
狗咬吕洞宾,不识好人心。
晚上烧霞是晴天,不用打卦问神仙。
谁请神,谁送神。请神容易送神难。
人若不要脸,神仙也难管。
有钱能使鬼推磨。
八仙过海——各显神通。
张果老倒骑驴——只向后看。
仨钱买个吕洞宾——别把神仙看轻了。
王母娘娘坐月子——养神。
大水淹了龙王庙——一家人不认识一家人。
老龙王搬家——厉害(离海)。
土地爷放屁——神气。
土地奶奶怀孕——鬼胎。
鬼迷张天师——有法无处施。
阎王爷贴布告——鬼话连篇。
道人住观僧住寺——历来如此。

皖北谚语、歇后语反映的民俗内容异彩纷呈,远不止上述几个方面,此处再举几例:"台上一分钟,台下十年功""说书的嘴,唱戏的腿""唱戏人的胡子——假的""魏二迷唱戏——有板有眼"(临泉)"一着不慎满盘皆输""围棋盘里下象棋——不对路数""棋盘上的小卒——能进不能退""床底下放风筝——不见起""宿州的高跷——半截不是人""矮子踩高跷——取长补短"等,这些反映的是有别于上述众多习俗的唱戏、下棋、放风筝、踩高跷等游乐百戏习俗。

七、皖北谚语与汉民族传统文化心态

谚语是使用语言的群体在与自然、社会相互作用的过程中逐渐形成的一种言简意赅的习用的固定短句。谚语虽然通俗易解,但是含义深刻。在它通俗精练的语言表层之后往往蕴涵有丰富深广的内容:有对自然奥秘的探究,也有对社会人生的剖析;有的总结了生产经验,有的表明了人生哲理,有的概括了风土人情,有的展示了社会取向……一个民族的文化特点、思维方式、行为方式、文化心态等在一个民族的谚语中都有所积淀。正如教育学家马申斯所说:"人类一代一代地把深刻的内心活动的结果,各种历史事件、信仰、观念,已经成为陈迹的悲哀与欢乐,都收入语言的宝库中……"[①]因此,从皖北地区汉民族流传甚广、数量众多的谚语中,我们必然可以窥视出汉民族传统文化的某些特点来。当然传统文化的特点是多方面的,我们不可能从谚语中将其全部显现,此处只打算从语言与文化的角度勾勒出皖北谚语所显现的几种汉民族传统文化心态。

(一) 皖北谚语和"群体规范"心态

比较文化学的研究告诉我们,中西传统文化有迥然不同的价值取向。比如,在西方传统文化的价值取向中,注重人对自然的征服,强调人与自然的对立,强调人的独立自主和进取精神,从而形成一种注重个体意识而忽视群体意识的文化心理。而中国传统文化注重"天道"与"人道"的和谐,即人与自然的统一,强调人"浑然与物同体""万物与吾一体";主张天称父,地称母,"民吾同胞,物吾与也"。[②] 宇宙天地,为人之父母;世间万物皆吾同伴。人只要忘却私我,保存本心,便可达至"天人合一"的崇高境界。在中国传统文化的价值取向构成中,始终注重的是谋求人与自然、社会的和谐统一,体现的是"天人合一""天人合德"的民族观念,不强调独立意志和锐意进取,从而形成一种注重群体意识而忽视个体意识的文化心理。在漫长的封建社会更是侧重于群体意识对社会个体意识的规范与抑制,强调个性服从并统一于共性。这一点在皖北谚语中有充分的反映。谚语曰:

出头的椽子先烂。　　　　　　　树大招风,人大遭歧。
风吹连檐瓦,雨打出头椽。　　　出头的船先漏水。
枪打出头鸟。　　　　　　　　　出头鸽子先遭难。
出水船儿先烂底。　　　　　　　人怕出名猪怕壮。
树大招风风损地,人为名高名丧身。

这许许多多的谚语从多方面设喻,将传统文化的"群体规范"心态深刻而鲜明地展示了出来。作为喻体的"椽""鸟""树""船"等等自然之物实是人格的象征,积淀于这些谚语其中的实是:个体以群体为规范,作为个体不能超出于群

[①] 高尔斯基.思维与语言[M].北京:三联书店,1986.
[②] 张载.正蒙·乾称篇(第十七)//张载.张载集[M].北京:中华书局,1978.

体,不能有冒尖、开拓等进取之心,否则就会有"枪打""刀砍"的危险!既然如此,很多人只好"真人不露相"(谚语)了。在整个封建社会中,这种"堆出于岸,流必湍之;木秀于林,风必摧之;行高于众,人必非之"的文化势力比较适合于维护整个封建社会的文化心理格局,因而得到社会的默认,并且绵延千年,构成一种传统的文化心态——"群体规范",左右着人们的行为倾向。

由于存在着"群体规范""枪打出头鸟",整个社会抑制个体独立意识,只能认同群体,因而传统文化中又有了与之相辅相成的求稳妥、"执两用中"、不偏不倚的中庸观念。"比上不足,比下有余""人比人气死人""不求有功,但求无过"等谚语就是折射了这种不求进取、不求冒尖、甘居中间的中庸心态。

(二)皖北谚语与宗教鬼神观上的追功逐利心态

汉民族这个中国的主体聚居于湿润地区。九曲黄河与万里长江滋润哺育着这片肥沃的土地,为文化的创造者们从事精耕细作的农业生产提供了必要的条件。我们知道,中国古代社会的经济主干是农业经济。这种农业经济派生出一系列的传统文化特征。比如传统文化的务实精神就是农业社会导致的一种心理趋向。章太炎曾刻画过传统文化"重实际而黜玄想"的民族性格。他说:"国民常性,所察在政事日用,所务在工商耕稼,志尽于有生,语绝于无验。"①也正是这种"重实际而黜玄想"的民族心态,使得中国自周秦以后的两千多年间虽有种种土生的或外来的宗教(如道教、佛教、基督教等)流传,但基本上没有陷入全民族的宗教迷狂,世俗的入世思想始终压倒神异的、出世的思想。

传统文化整体上是一种伦理型的文化,伦理观念是一种世俗的入世的道德学说,这种道德学说一直左右着它,因而传统文化的宗教色彩较为淡泊,与欧洲、印度等的文化风格迥然有别。朱光潜先生曾经指出:"中国人是一个最讲实际、最从世俗考虑问题的民族。他们不大进行抽象的思辨,也不想去费力解决那些和现实生产好像没有什么明显的直接关系的终极问题。对他们来说,哲学就是伦理学,也仅仅是伦理学,除了拜祖宗之外(这其实不是宗教,只是纪念去世的先辈的一种方式),他们只有非常微弱的一点宗教感情。这种淡漠的宗教感情可以解释他们在宗教信仰方面的宽容态度。"②

传统文化这种重实际而轻玄想,对人世伦理和政治的思考压倒对其他一切问题的关注的性格表现出明显的实用主义特征。在宗教鬼神观上,传统文化也显示出一种鲜明的实用主义倾向,功利色彩极其浓厚。这种宗教鬼神观上的功利心态,在谚语中留有深深的文化积淀。一句著名的经常为人们所使用的谚语

---

① 汤志钧.章太炎政论选集:下[M].北京:中华书局,1977.
② 朱光潜.悲剧心理学[M]//何新.中国文化史新论.哈尔滨:黑龙江人民出版社,1987:66.

"平时不烧香,临时抱佛脚"就深深地透视出这种特征。对神佛可利用时(有求于时)供奉之,不需要时则弃置一边,就是这句谚语的深层内核。我们再看一些谚语:

用菩萨挂菩萨,不用菩萨卷菩萨。

见什么人说什么话,见什么菩萨烧什么香。

敬神如神在,不敬如泥块。

敬神如神在,不敬妨何碍。

不见真佛不烧香。

施佛饭僧,不如奉亲;塑像栖庙,不如济贫。

从这些谚语中我们不难窥视出传统文化宗教鬼神观上的浓厚的实用色彩,"见什么菩萨烧什么香",有用于我则敬,无用则置之不理。甚至敬不敬神亦无所谓,因为神亦不过"泥巴一块",简直表现了对神的大不敬。不仅谚语,在其他熟语中往往也表现了对神的种种不敬的态度:戏谑、亵渎、作弄、糟蹋,甚至鞭挞。如歇后语:

泥菩萨洗脸——越洗越难看。　　庙台上长草——荒(慌)了神。

庙里的泥胎——装的什么神。　　塑神匠不给神磕头——知道底的。

庙里的菩萨——木雕泥塑。

杭州灵隐寺飞来峰岩壁上的那位"大肚弥勒佛",对之人们曾留下不少联语,其中一联云:"笑到几时方合口,坐来无日不开怀。"前句就颇含戏谑的意味。

有些谚语语表反映的是鬼神贪图功利,如"有钱能使鬼推磨""钱至十万贯,通神矣",认为鬼神一旦得到供奉便表现殷勤,为我所用,任我驱使。这些谚语里或曰深层结构实际反映了信奉鬼神者本身追逐功利的文化心态。现代社会心理学在论述归属过程的主观性时强调,被描述的客体特征方面取决于知觉主体的本身特点,对象的表征是与本人自我认识水平紧密联系在一起的。人们崇信鬼神或妄佛学仙,"无非欲得其神通,受人供养,使势成于我,利归于我,虽学仙佛,却是学势利也"。① 总之,谚语反映了传统文化里有一种实用主义的宗教鬼神观。它功利色彩浓厚,有别于西方文化所具有的强烈的超世俗性的宗教观。

(三) 皖北谚语与安土重迁的文化心态

19世纪,泰纳、勃兰兑斯等文化历史派认为,种族、环境和时代是决定民族文化的三种因素。这种观点虽然未能真正追溯文化特质的终极原因,但包含着一些可供借鉴的成分。一个民族的文化特征与这个民族的文化得以繁衍的独特的自然环境和社会环境有着密切的关系。

---

① 钱钟书.管锥编:第二册[M].北京:生活·读书·新知三联书店,2001.

中国传统文化所处的自然环境是一种有别于开放性的海洋环境的半封闭的大陆环境。梁启超认为："海也者,能发人进取之雄心者也。陆居者以怀土之故,而种种之系累生焉。"①海洋民族的文化心理较为外向,文化系统处于一种动态的和开放的状态,而中国传统文化系统所处的地理环境是群山巨岭从北、西、南三面如同屏障和墙垣一样环绕着它,群山巨岭使它处于半封闭状态。这种半封闭的地理环境是一种较为完备的"隔绝机制",这种较为完备的"隔绝机制"非常有利于从事农业,经营一种自给自足的经济生活,但却不利于发展开放的商业型经济。因而传统文化心理是内向的,文化系统处于一种半封闭或封闭的状态。在这种半封闭或封闭状态下养育了一种执著的大陆民族意识,即特别眷恋国土乡邦。在谚语中我们可以很容易地感受到汉民族强烈的乡土观念的情怀。比如：

金窝银窝不如家里的草窝（狗窝）。　　他乡虽好,不是久恋之家。

走千走万,不如淮河两岸。　　　　　　穷家难舍,故土难离。

千买卖,万买卖,不如在家刨土块。　　人走千里归家,水走千里归海。

千条路,万条路,不如回家卖豆腐。　　在家千日好,出门一日多。

这些谚语无疑深深地积淀了汉民族传统文化的安土重迁的文化心态。封建社会以家庭为单位进行生产,是自给自足的小农型自然经济,人们很自然地产生了"三十亩地一头牛,老婆孩子热炕头"（谚语）的思想,视背井离乡为畏途,除非社会的动荡,否则宁愿厮守穷庐,也不愿离开乡土去找寻那"金窝""银窝"。故土难离啊,"锦城虽云乐,不如早还乡"。这种强烈的乡土观念或曰安土重迁的文化心态不利于商品经济的发展。当然在改革开放的动荡变革的今天,这种文化心态正在逐渐改变,由静向动发展。

---

① 梁启超.地理与文明之关系[M]//梁启超.饮冰室合集·文集之十.北京:中华书局,2015.

第九章　皖北酒文化中的民俗语言

"酒"是什么？中国人对酒的理解如何在"酒字""酒词""酒语""酒篇"中体现出来？具体到皖北，这些语言载体又如何传递出皖北的民俗、文化？这些疑问成为我们探索的动力，为皖北酒文化中民俗语言的研究提供目标。

一、"酒"字、酒词

(一)"酒"字

在河姆渡遗址中，发现了饮酒的陶杯、温酒的陶盉，这些酒具的出现，说明中国酿酒历史源远流长。在大汶口文化和龙山文化遗址中，也发现大批酒器，如用于发酵的大口陶尊，用于过滤的漏缸，用于接酒的陶盆，用于储酒的陶瓮……由此推断，酒已经出现在原始先民的生活中。在二里头遗址有随葬品的19座墓葬中，随葬的陶器中所占比例最大的是酒器，其次是炊器和食器。① 这些都从侧面反映了酒在夏代有了丰富的表现形式。

甲骨卜辞也记载了商王用酒祭祀鬼神与祖先的情景。周朝设立各级"酒官"，如"浆人""酒正""大酋"等，掌管国家酿酒事宜，发布有关酒的政令。东汉时期，曾任"国子祭酒"的许慎，编纂《说文解字》，在酉部收录了75个与酒有关的字，对"酒"有明确的解释。

《说文解字》说："酒，就也，所以就人性之善恶。从水、从酉，酉亦声。一曰造也，吉凶所造也。古者仪狄作酒醪，禹尝之而美，遂疏仪狄。杜康作秫酒。"② 许慎解释酒，不说酒为何物，而说它"就人性之善恶"，把它说成是一种用来迁就

---

① 中国科学院考古研究所洛阳发掘队.河南偃师二里头遗址发掘简报[J].考古,1965(5):215-224.
② 许慎.说文解字[M].北京:中华书局,1963:311.

(助长)人性的善良和丑恶的饮料。①

释文涉及的仪狄事件,《战国策·魏二》有记载:"昔者帝女令仪狄作酒而美,进之禹。禹饮而甘之,遂疏仪狄,绝旨酒。曰:后世必有以酒亡国者。"禹饮酒后,甘美可口,渐有酒瘾,以至于荒废朝政。后来,禹意识到此种做法会误国误事,就故意疏远仪狄,主动戒酒,并断言"后世必有以酒亡国者"。据《史记·殷本纪》载,商纣王残暴荒淫,"以酒为池,县(悬)肉为林,使男女倮(裸)相逐其间,为长夜之饮,百姓怨望",最终被周武王所灭,验证了禹的论断。历史事实与《说文解字》所言"所以就人性之善恶""吉凶所造也"遥相呼应,指出酒的两面性,可以激发人性善恶,导致吉、凶两种结果。"酉"与"酒"本无区别,"酉"作为干支字后,"酒"才专用作"酒饮"的"酒"字。《说文解字》说:"酉,就也,八月黍成,可以酎酒。"这里的"酉"与"酒"是一个字。《六书正伪·有韵》"酉,古酒字。"罗振玉《殷墟文字类编》:"酒,像酒由尊中挹出之状……《说文解字》酉与酒训略同,本为一字,故古今酒字皆作酉。"刘心源《奇觚室吉金文述》:"酉,古文酒字,像酒器形。自假为卯卯字,乃加水以别之。"《马王堆汉墓帛书·春秋事能》:"县钟而长饮酉。"

释文涉及造酒起源的"仪狄造酒说""杜康造酒说"。除此之外,还有"猿猴造酒说""酒星造酒说""上皇兴酒说"等多个说法。②

在中国古代,酒最先用于祭祀,源于祈福。"礼神"一词亦作"醴神"。③《说文解字》:"醴,酒一宿孰(熟)也。"豊在甲骨文里作眠,像祭品装在祭器里的样子,是装好祭品的祭器,后来分化为凡礼仪之称的"礼"和祭祀时用的饮料"醴"。④

酒还可入药,帮助治疗疾病。袁庭栋《酒文化二题》记载:在《神农本草经》中已有用酒泡制药材的记录,《伤寒论》诸方剂中使用酒的有 21 例,《本草纲目》中则详列了各种药酒达 70 种之多。《汉书·食货志下》说:"酒,百药之长。"《曲礼》:"有疾则饮酒食肉。"至于"医",《说文解字》释为:"医,治病工也。殹,恶姿也;医之性然。得酒而使,从酉。王育说。一曰殹,病声。酒所以治病也。《周礼》有医酒。古者巫彭初作医。"这些都说明,药用借助酒力得以激发,医工借助酒性得以行事。

酒还可作为调味品,帮助人们制作风味独特的酒食。《说文解字》:"酱,盐也。从肉从酉,酒以和酱也。"即以酒拌肉制成的食物称为酱。《说文解字》中提

---

① 汤可敬.说文解字今释[M].长沙:岳麓书社,1997:2146.
② 韩胜宝.华夏酒文化寻根[M].上海:上海科学技术文献出版社,2003:1-13.
③ 臧克和.说文解字的文化说解[M].武汉:湖北人民出版社,1994:261.
④ 王宁,谢栋元,刘方.《说文解字》与中国古代文化[M].沈阳:辽宁人民出版社,2001:92.

到的肉酱为"醢"。"醢,肉酱也。"《诗·大雅·行苇》:"醓醢以荐,或燔或炙。"孔颖达疏:"《释器》云:'肉谓之醢。'李巡曰:'以肉作酱曰醢。'"后来,植物也可以做成酱,酱的语义变得更加丰富。

酒不仅出现在祭祀的庄严场合,还出现在治病的重要场景,更多出现在日常生活中,寄托着人们的厚爱。

《汉语大字典》释酒,总结出四个义项:

义项一:用粮食或水果等发酵制成的含乙醇的饮料。《释名·释饮食》:"酒,酉也。酿之米麹酉泽,久而味美也。"又指酒筵。《醒世恒言·卢太学诗酒傲王侯》:"富家一席酒,穷汉半年粮。"

义项二:饮酒。《韩非子·说林上》:"常酒者,天子失天下,匹夫失其身。"

义项三:以酒荐祖庙。罗振玉《殷墟文字类编》第十四:"卜辞所载之酒字为祭名。考古者酒熟而荐祖庙,然后天子与群臣饮之于朝。"

义项四:姓。《通志·氏族略四》:"酒氏,周官酒正,因官命氏。"《篇海类编·食货类·酉部》:"酒,姓。"《万姓统谱·有韵》:"酒,周官酒正,因官命氏。本朝酒好德,乳源人。"①酒的姓氏义项还牵涉历朝历代掌管酒的官衔。例如:酒正,西周武王所设,隶属于天官,掌管有关酿酒之事,为诸酒官之长,别称为大酋。此外,《周礼·天官》记载:"酒正掌酒之正令,以式法授酒材。"式法,就是酿造制作酒的技术与方法,著名东汉时期的经学家郑玄注释:"作酒既有米曲之数,又有功沽之巧。"酒正在晋朝时期称作酒丞;在南北朝时期的北齐则称为酒吏;南梁称之为酒库丞;到了隋、唐时期,丞廷专设良酝署,并设置酒令、酒丞各一名;在宋朝时期则称为酒务;金国时期称为酒坊使,到明朝时期则设置了酒醋面大使,皆为掌管制作、受用、商贩酒之官职。

以上我们简单梳理"酒"字的含义,明晰作为文化模因的酒,凭借强势的政府推广与民众习俗的认可,源远流传于中华大地。"酒"字,作为自由语素,可以独立成词,进入交际语境。"酒"还可以作为能产性极高的自由语素,与别的语素组合成多音节词,形成系列的酒词。

(二) 酒词

王勇卫《"～酒""酒～"语义修辞阐释》从广义修辞学角度,选取《汉语大词典》收录的"～酒""酒～"合计 917 条语词进行穷尽式语义类型的比照、划分,语义生成途径分析和语义修辞阐释。② 文章对搜索到的 524 条"～酒"词语,按语义类型分类,如表 9.1 所示。

---

① 汉语大字典编辑委员会.汉语大字典[M].成都:四川辞书出版社;武汉:湖北辞书出版社,1992:1488.
② 王勇卫."～酒""酒～"语义修辞阐释[D].福州:福建师范大学,2008.

表9.1 "～酒"词语

词条	语义类别	下位语义及词条
～酒	语义一：饮料名，用粮食、水果等含淀粉或糖的物质发酵制成的含乙醇的饮料	(1) 含有某种酿造成分：三白酒/乳酒/果酒/松脂酒/松叶酒/柑酒/柏叶酒/桂花酒/桂酒/椒酒
		(2) 来源于某个产地：中山酒/冰堂酒/宜城酒/巴酒/绍兴酒/河清酒/沧州酒/乌程酒/茅台酒
		(3) 区分厚薄：清酒/丕酒/酺酒/大酒/献酒/白酒/重酒/鲁酒/澄酒/玄酒/淡酒/水酒
		(4) 酿造方式：压酒/汗酒/烧酒/火酒/泥头酒/浩酒/脑儿酒/生酒/义酒/醅酒
		(5) 酿造时间：岁酒/昔酒/时酒/十酒/老酒/稚酒
		(6) 与季节或时辰有关：卯酒/午酒/桑落酒/早秋酒/醇酒/腊酒/重阳酒
		(7) 具有优劣等级功能：上尊酒/名酒/旨酒/渌酒/礼酒/猥酒/恶酒/腐酒/粗酒/苦酒/茅柴酒
		(8) 具有文化人特征：刘伶酒/平阳酒/吴祭酒/阮氏酒
		(9) 具有传说和典故价值：九剑酒/真钦酒/玉酒/擒奸酒/文君酒/彩灰酒/临邛酒/顷刻酒/骑卢酒/麻姑酒/白衣酒/千里酒
		(10) 具有医用价值：药酒
		(11) 对人体有伤害：狠酒/消胀酒/消肠酒/烂肠酒/扶头酒
		(12) 有政治礼节功能：公酒/内法酒/宫酒/官酒/贡酒/齐中酒/御酒/劳酒/金屑酒/法酒
	语义二：与酒有关的行为或事件、事物	(1) 饮酒行为： 表示饮酒：饮酒/命酒/请酒/醉酒/闹酒/开酒/嚼酒/食酒/咨酒/蒲酒/投酒/把酒/沽酒/引酒/衔酒/征酒/漱酒/釂酒/哑酒/猎酒/发酒 表示劝酒：劝酒/过酒/逼酒/催酒/巡酒/送酒/进酒/献酒/行酒 表示醉酒：带酒/醉酒/有酒/宿酒 表示醒酒：无酒/醒酒/解酒/消酒 表示戒酒：戒酒/止酒/断酒/节酒/禁酒/谨酒/无彝酒/避酒/逃酒/亡酒/诉酒 表示陪酒：侍酒/佐酒/侑酒 表示嗜酒：沈酒/淫酒/花酒/瓢酒/滞酒/娱酒/好酒/渴酒/嗜酒/中酒/伤酒/病酒/凶酒/酗酒/泥酒/耽酒/酖酒/彝酒/贪酒/甘酒/纵酒

续表

词条	语义类别	下位语义及词条
~酒	语义二：与酒有关的行为或事件、事物	使酒/弄酒/从酒/逗酒/狂酒/颠酒/酖酒/丈气使酒 表示酒中生活：红灯绿酒/闲茶浪酒/恶醉强酒/金谷酒/妇人醇酒/吃花酒/夔肩斗酒/覃食壶酒/貂裘换酒/金钗换酒/青梅煮酒
		（2）具有特殊民俗意义： 婚姻意义：交心酒/交杯酒/合欢酒/女儿酒/撞门酒/肯酒/通路酒/喜酒 民俗意义：治聋酒/艾酒/酉酒/岁旦酒/寿酒/满月酒/年酒/摆酒/贺酒/祝酒/乡饮酒礼 祭祀意义：祭酒/清酒/酃酒/元酒/玄酒/宜春酒/福酒/社酒/神酒/絮酒/齐酒/奠酒/茜酒/血酒/啐酒/炙鸡渍酒/牛酒/牢酒/牲酒/酹酒 人情意义：软脚酒/追酒/离酒/酬酒/只鸡斗酒/只鸡絮酒/白衣送酒
		（3）与文学艺术相关：文酒/诗酒/评酒/戏酒/大羹玄酒
		（4）作为官名或人名代称：祭酒/博士祭酒/读书祭酒/国子祭酒/诗坛祭酒/梅村祭酒
		（5）泛指某种内容或事物：新瓶装旧酒/乞浆得酒
		（6）婉指某些忌讳物：仙人酒/仙家酒/备酒浆/轮回酒/天酒甘露

"~酒"语义类型有两类：语义一词汇系统的词条大都具有"修饰义素＋中心义素"偏正式的组合方式，细化出酿造成分、产地、口味、方式、质量优劣等区别性特征。语义二词汇系统的词条除了偏正式组合方式，还出现动宾、并列组合方式，进一步泛化饮料的语义，凸显出与酒相关的行为、状态、生活方式。文章还对搜索到的393条"酒~"词语，按语义类型分类，如表9.2所示。

表9.2 "酒~"词语

词条	语义类别	下位语义及词条
酒~	语义一：与酒相关的人	（1）掌管酒各项政令的人：酒官/酒人/酒正/酒史/酒令/酒监/酒吏/酒坊使
		（2）陪酒之人：酒佐/酒伶/酒妓/酒纠/酒录
		（3）卖酒之人：酒保/酒生/酒妇/酒家/酒姥/酒家庸
		（4）造酒之人：酒母/酒大工/酒翁/酒子/酒太公

续表

词条	语义类别	下位语义及词条
~酒	语义一：与酒相关的人	(5) 饮酒之人： 普通酒人：酒党/酒敌/酒友/酒客/酒民 形容会饮酒又有才能的人：酒仙/酒仙翁/酒神/酒星/酒圣/酒魁/酒豪/酒中八仙/酒虎诗龙 形容只会喝酒的人：酒肉兄弟/酒肉朋友/酒鬼/酒色之徒/酒魔头/酒徒/酒狂/酒浸头/酒疯子/酒浆/酒头/酒糟头/酒隐/酒缸/酒桶/酒罐子/酒囊饭袋/酒瓮饭囊/酒囊饭包
	语义二：与酒相关的事物和场所	(1) 器具：酒盂/酒杯/酒钟/酒爵/酒盅/酒盏/酒尊/酒樽/酒罇/酒闷子/酒觥/酒磕/酒垒/酒卮/酒缶/酒坛/酒臼/酒葫芦/酒缸/酒盆/酒瓶/酒壶/酒碗/酒筒/酒瓿/酒槽/酒铛/酒盘/酒台/酒窖子/酒罂/酒枪/酒囊/酒鳖/酒舟/酒船/酒海/酒床
		(2) 卖酒之地：酒坊/酒户/酒市/酒家/酒店/酒肆/酒楼/酒村/酒吧/酒局/酒舍/酒缸/酒场/酒务/酒铺/酒馆/酒垆/酒炉
		(3) 饮酒之地：酒所/酒城/酒亭/酒台/酒舫/酒船/酒座/酒席/酒筵/酒谦/酒磕/酒座/酒社/酒局/酒场/酒会/酒舡
		(4) 藏酒之地：酒库/酒窖/酒窟
		(5) 酒广告：酒帘/酒旗/酒斾/酒务子/酒望/酒望子/酒牌/酒榜/酒幌/酒幔/酒标/酒帜
		(6) 酒钱：酒利/酒税/酒租/酒直/酒钱/酒酤/酒债/酒逋/酒资/酒价/酒课/酒缗/酒赀
		(7) 酒食：酒果/酒肴/酒炙/酒胾/酒食/酒啖/酒菜/酒脯/酒饵/酒膳/酒饩/酒蟹/酒馔
		(8) 造酒材料：酒母/酒糟/酒米/酒花/酒材/酒曲/酒药/酒蘖
		(9) 酿酒方式：酒式/酒法
		(10) 酒的形态：酒光/酒影/酒色/酒脚/酒蚁/酒痕/酒浆/酒醪/酒虫/酒鳞

词条	语义类别	下位语义及词条
酒~	语义三：与饮酒相关的行为表现	(1) 表示饮酒的能力：酒力/酒量/酒性/酒胆/酒势/酒劲/酒品/酒德
		(2) 表示喝酒所引起的后果：酒失/酒过/酒辜/酒祸/酒病/酒疯/酒臭/酒恶/酒入舌出/酒话/酒言酒语
		(3) 表示酒规、酒戒：酒礼/酒戒/酒法/酒政/酒律/酒道/酒禁/酒几/酒权
		(4) 形容喝酒过后的脸色：酒色/酒红/酒容/酒面/酒眼/酒颜/酒晕/酒潮/酒晕妆/酒艳
		(5) 饮酒乐趣：酒乐/酒歌/酒赋/酒令/酒枚/酒趣/酒钩/酒星/酒胡
		(6) 酒后心理情感：酒悲/酒慈/酒谐/酒意/酒情/酒酣/酒胆/酒心
		(7) 形容消极生活方式和状态：酒地花天/酒池肉林/酒绿灯红/酒国/酒色天/酒食地狱/酒战/酒癖/酒食征逐/酒荒/酒病花愁/酒色财气/酒狂/酒颠/酒醉/酒后茶余
		(8) 表示生活经历或遭遇：酒中蛇/酒次青衣

"酒~"语义类型有三类，分别表现为与酒相关的人、事物、场所，行为表现等。[①]

以上对酒字与酒词的溯源与梳理，借助酒的词典释义，凸显酒的普遍语义。义项的多元，词语意义的丰富，从侧面反映出酒对民众生活影响之深远、广阔。

酒词尚且如此丰富，动态语境下的酒语又该如何表现？我们试图明晰酒的普遍语义后，增加地域参数，具体到皖北范围，尝试描绘、分析介入皖北民俗生活的酒语面貌。

二、皖北酒俗

皖北有爱喝酒的习俗。一年四季，春种秋收、婚嫁丧葬、乔迁升学、交友游乐都离不开喝酒。群众饮酒多是私人槽坊酿造的高粱大曲酒，味道醇厚，还有

---

① 王勇卫."~酒""酒~"语义修辞阐释[D].福州：福建师范大学，2008.

自制米酒、黑熬子酒（又叫明留子酒），席间饮酒，三巡之后，猜拳行令，向客人敬酒，痛饮为快。新中国成立后，酒类由国家统一管理，县境酒类名目日渐繁多，大曲、特酿为普通人家的饮料。人来客去，逢年过节，劳动之余，酒兴上来可随手拈来。①

婚丧嫁娶，设宴酬宾，喜事较丰，丧事从简。多者几十桌，少者数桌。方桌以七八人为限，尊长或客人先入席，面向正门左为上座，右边和两边为陪座，主人或晚辈坐对面下首斟酒、接菜。宴席开始，先上果碟、下酒菜，次上主菜鸡、鱼、肉（鸡、鱼头朝上宾），席间互相敬酒劝食，气氛热烈，最后一道菜大圆子散席。20世纪80年代，宴席质量提高，开始向营养型、清淡型转化，除饮烈性酒外，还饮用低度酒、啤酒、果酒或其他饮料。②

简单梳理一下，皖北酒俗主要包括四类：生活喜事类、白事类、交往礼仪类、游乐类。生活喜事类的有：生日酒、订婚酒、结婚酒、回门酒、寿酒、升学酒、开业酒、新居酒、满师酒等。白事类的有：吊丧酒、七头酒、百日酒、周年酒等。交往礼仪类的有：接风酒、饯行酒、送别酒、谢情酒等。游乐类的有：元宵赏灯酒、中秋赏月酒、重阳登高酒、赏菊品蟹酒等。其中，最有特点的酒俗主要有门板宴、浇牛角、燎锅底、洞房酒、洗三酒、吊丧酒、重阳菊化酒等。

1. 门板宴、垛垛酒、打破锣、开镰酒

门板宴，俗称"放门板"，设在麦秸垛竣工的当晚。吃门板宴，也称喝"垛垛酒"。麦秸垛是小麦丰收的标志，是耕牛的饲料，也是富裕的象征，农民对此爱护有加，有民谣称"金垛，银垛，比不上高高的麦秸垛"。据《太和县志》记载，新中国成立前，地主大户在收麦前一日，常请佃户、长工、劳力吃酒，称为"开镰酒"。麦后垛垛，要有一次"垛垛酒"。新中国成立后，初级农业合作社和生产队，仍保留一次垛垛酒。届时用门板铺地，十多人或数十人席地而坐，开怀畅饮，欢庆丰收。③

无独有偶，临泉也有类似习俗。《临泉县志》记载，午收麦子脱粒后，垛麦秸垛，全村老少都赶来相助，事后主人设宴招待。如是全由自家垛好，人们可一哄而上，笑闹着给推倒重垛，以此表示欢庆丰收，俗称"打破锣"。④

伴随着丰收的狂欢形式，衍生出颇具农家特色的宴席。贺羡泉曾记载过"门板宴"的场面。"因为人多，一张桌子坐不下，坐在屋里又嫌热，主人便摘下一扇门板，放在院子里平地上或用长板凳支起，摆上酒菜，哪怕是彪形大汉，一

---

① 界首市地方志编纂委员会.界首县志[M].合肥：黄山书社，1995:484.
② 蒙城县地方志编纂委员会.蒙城县志[M].合肥：黄山书社，1994.
③ 太和县地方志编纂委员会.太和县志[M].合肥：黄山书社，1993:364.
④ 临泉县地方志编纂委员会.临泉县志[M].合肥：黄山书社，1994.

圈儿也能围坐十好几人。等客人坐下来后,主人便把能盛十几斤酒的黑釉子酒坛打开,把酒倒在几把带嘴子的壶里,既不说太多的客气话,也无须什么祝酒辞,只是请大家不要留量,要喝就喝个痛快,要吃就吃个肚子圆。

那时候,乡下没有啤酒、甜酒,喝的全是辣酒(白酒),又多半是六十度的白干或高粱大曲。有一种叫'大麦烧'(亦称'大麦冲子')的辣酒特别有劲。喝这种酒,用的虽是名叫'牛眼泡'的小盅,但让人感到相当过瘾,喝多了照样会晕会醉。有人甚至还会出酒(吐酒)……家乡人吃饭喝酒,讲究够味,讲究一辣到十成。"①

如今,门板宴这种亲热的乡土人情,已经随着机械化耕作的进程珍藏在人们的记忆中,但门板宴展示出的皖北人民的古朴与豪爽,将世代流传。

2. 浇牛角、浇马鬃

据《临泉县志》记载:牛下了犊,邻居共商聚会买长鞭炮到其门口燃放,以示庆贺,主人置酒宴款待,谓之"浇牛角"。马下驹亦如此法,称作"浇马鬃"。②

"牛是无价宝,种地少不了""一头牛,半个家"。"浇牛角""浇马鬃"习俗体现出皖北农业劳作中,牛、马在人们耕种、生活中所处的重要地位。

3. 贺梁、燎锅底

在农村,新建住房,都要备席厚待工匠。据《临泉县志》记载:上梁最为隆重,邻居在前一天偷着把梁(多为脊檩)架走,兑份子(大家每人拿钱)买红绫子、鞭炮,请唢呐队,用红绫子缠梁(檩)抬着一路鸣炮、奏乐,把梁送回上架,叫作"贺梁"。主人设宴招待,同时亲友们携礼(粮、钱、肉)同贺。脊檩上架前,贴"吉星高照"等词的红纸或布幛,梁贴"东海青龙扶玉柱,西山白虎架金梁"联语,后墙贴"太公在此,百无禁忌"红幅。撒"对子馍(两个在一块的小馍)"、花生、糖果等,给工匠封"红包(额外酬金)"。立新宅或新屋落成迁居时,亲友们备酒、肉往贺,叫作"燎锅底",主宾开怀畅饮,恭贺乔迁之喜,以祈吉利。②

北方,很多地方皆有燎锅底的习俗。搬迁需要选择大吉大利的好日子,一般都定在农历三、六、九早上太阳刚泛红时。搬家时,最后搬铁锅。搬铁锅时还要烙个大锅盔馍。这馍要在原来的旧锅台上先烙一面,然后盖严用红头绳绕锅一圈,在鞭炮声中搬进新家灶台上,翻个面继续烙熟。随之炒菜做饭。这时前来祝贺的乡亲们,一面啃着焦黄焦黄的锅盔馍,一面喝着庆贺酒,就着七碟子八碗,边吃边拉家常。这时满屋欢声笑语,充满喜庆。据说,这是通过定日子、燎锅底、烙锅盔,把旧屋里的喜气、财气一齐带进新屋来。让它和新屋新喜气、新财气连接起来,日后家里人祖祖辈辈不缺吃少穿,生活幸福美满。

---

① 思良.阜阳风情·太和卷[M].北京:中国文史出版社,2005:53.
② 临泉县地方志编纂委员会.临泉县志[M].合肥:黄山书社,1994.

随着新农村城镇化进程的推进,农民盖起了两三层的楼房,皆用钢筋水泥,无须脊檩了。做饭用起煤气灶、电磁炉,也很少使用灶台、铁锅了,但新宅落成,贺梁、燎锅底习俗仍存,随着时间的变迁,增加许多新的内容,一般采用金钱随礼形式恭贺。相对无权自建,只能买房而居的城市人群,恭贺乔迁之喜的燎锅底酒俗很是盛行,这对日渐淡薄的乡土人情,是种极好的补救,也是强化联系、加深人们感情的一种方式。

4. 交杯酒、洞房酒

交杯酒,汉族婚俗之一,源于周代。新郎、新娘进入洞房后先各饮半杯,然后交换一齐饮干,谓之饮交杯酒,在古代又称为合卺,古语有"合卺而醑",孔颖达解释为"以一瓠分为二瓢谓之卺,婿之与妇各执一片以醑(即以酒漱口)",合卺又引申为结婚的意思。据《阜阳县志》记载:行合卺礼(饮交杯酒),新郎、新娘把端上来的两杯酒各稍饮一点后,再换杯饮尽……新婚之夜,同辈分的亲友要喝嬉戏酒,称之"洞房酒"。若亲友过多,可将几张方桌排在一起。新郎、新娘坐主席。开始,新郎、新娘共同把壶斟酒;继之饮命题酒,由亲友出题让新郎、新娘做,做出方喝,做不出,就以酒惩罚新郎。①

《太和县志》记载:交心酒,新夫妇并肩坐上席,晚辈陪坐两侧,闹房者环坐四周。新夫妇按闹房者要求,要互相敬酒、共饮一杯酒、衔杯递酒等等。新娘越是忸怩,闹房者越是纠缠不休,甚至要动手动脚,强制新娘向新郎做出许多亲昵动作,让大家开心。本地风俗,新婚"三天无老少",近房的大伯哥也可去看看热闹。闹房者经常揪住大伯哥推他到桌前开心,要他向新娘鞠躬,和新娘握手,向新娘致欢迎词。还要新娘向他敬酒,给他夹果子吃。如果有性情诙谐又比较年长的大伯哥参加这个酒会,能使四座捧腹,皆大欢喜。闹房者把新夫妇簇拥到洞庭,把烛(灯)熄灭,由主家事先请来的送灯婆端着明灯,唱着《送灯歌》,从外间把灯送进洞房。接着撒床婆唱着《撒床歌》进来撒床。②

还有花样翻新者,闹洞房的主持人用一根红线将两个酒杯拴起来,让新娘、新郎各执一个。闹洞房的表兄边斟酒边吟唱:小小酒壶似银瓶,杜康造酒醉刘伶。小两口喝下交杯酒,幸福日子万年红。表兄唱罢,新人各喝半杯酒,交换了酒杯再将余下的酒喝完,双双把酒杯置于床头,表示夫妻恩爱,酒(久)不分离。

沿淮阜南县境内,洞房酒大多喝行令酒,由新娘持一根麻秸棍儿,敲到谁,谁即出令。酒令难倒新娘,新娘喝酒,反之,出令者喝酒。有酒令者以问答形式出现,考察新娘智力,如:

问:什么有腿不走路?什么无腿串九州?什么有头没有眼?什么有眼没有头?

---

① 阜阳县地方志编纂委员会.阜阳县志[M].合肥:黄山书社,1994.
② 太和县地方志编纂委员会.太和县志[M].合肥:黄山书社,1993.

答：板凳有腿不走路，舟船无腿串九州。勺子有头没有眼，小磨子有眼没有头。

问：什么有头头朝下？什么头上面头捱头？什么有嘴不说话？什么无嘴说情由？什么喝水头朝上？什么喝水低下头？

答：碓头（杵臼）有头头朝下，枕头上面头捱头。茶壶有嘴不说话，二胡无嘴说情由。小鸡喝水头朝上，老牛喝水低下头。①

如今，交杯酒、洞房酒呈现简单化趋势，此类酒俗正逐渐淡化。

5. 洗三酒

婴儿诞生的第三天，举行沐浴仪式，会集亲友为婴儿祝吉，这就是"洗三"，也叫作"三朝洗儿"。"洗三"的用意，一是洗涤污秽，消灾免难；二是祈祥求福，图个吉利。《阜阳县志》记载：民间素有生诞庆贺之习俗，大凡婚后第一胎，不管生男生女，都要带着红鸡蛋于第三日或第六日到孩子外婆家和亲邻家报喜。若所送红鸡蛋是单数，即表明所生是求婚配的男孩；所送红鸡蛋是偶数，即表示所生系不愁婚配的女孩。外婆家要在生后第八日或第十二日备礼（鸡、鱼、蛋类及红糖、油条、褓褓等）前来祝贺，谓之"送粥米"。亲邻吃喜酒多在满月时。孩子至周岁时，富裕人家邀亲朋吃酒，亲朋带礼物祝贺，谓之"过生"。②

主持"洗三"仪式的人，多为接生婆婆。一边洗，一边念叨祝词："先洗头，做王侯；后洗腰，一辈倒比一辈高；洗洗蛋，做知县；洗腚沟，做知州。"随后，用艾叶球儿点着，以生姜片做托，放在婴儿脑门上，象征性地灸一灸。再给婴儿梳头打扮一下，说什么"三梳子，两拢子，长大戴个红顶子；左描眉，右打鬓，找个媳妇（女婿）准四衬；刷刷牙，漱漱口，跟人说话免丢丑"。用鸡蛋往婴儿脸上滚滚，说什么"鸡蛋滚滚脸，脸似鸡蛋皮儿，柳红似白的，真正是爱人儿"。洗罢，把孩子捆好，用一棵大葱往身上轻轻打三下，说："一打聪明（'聪'与'葱'谐音），二打伶俐。"随后叫人把葱扔在房顶上（有祝愿小孩将来聪明绝顶之意）。拿起秤砣儿比划，说"秤砣虽小压千斤"（祝愿小孩长大后在家庭、社会有举足轻重的地位）。拿起锁头三比划，说"长大啦，头紧、脚紧、手紧"（祝愿小孩长大后稳重、谨慎）。再把婴儿托在茶盘里，用本家事先准备好的金银锞子或首饰往婴儿身上一披，说"左披金，右披银，花不了，赏下人"（祝愿小孩长大后，福大禄大财命大）。最后用小镜子往婴儿屁股上一照，说"用宝镜，照照腚，白天拉屎黑下净"。最有趣的是，把几朵纸制的石榴花往烘笼儿里一筛，说道："栀子花、茉莉花、桃、杏、玫瑰、晚香玉、花瘢豆疹稀稀拉拉儿的……"（祝愿小孩不出或少出天花，没灾没病地健康成长）；再用酒、糖、鱼等食品制成汤水，用手指蘸取涂抹在婴儿嘴上，称为"开荤"。由此可见，洗三酒，一为庆祝的亲友准备的，二为出生的婴儿讨吉

---

① 思良.阜阳人说阜阳人[M].北京：中国文史出版社，2007:244-245.
② 阜阳县地方志编纂委员会.阜阳县志[M].合肥：黄山书社，1994:426-427.

利,"吃了酒,福禄寿"。

随后"满月酒""百日酒""抓周酒"等依次举行,酒宴形式大同小异,皆以祝贺为旨。此后,每逢孩子周岁,邀集亲朋好友庆祝,称为"过生",一直延续到12周岁。现在,为孩子过生日,形式多样化,酒宴习俗简化。

6. 吊丧酒

涡阳、亳州等地亲友吊丧,只送"三牲",即火纸、肉、鞭炮。阜阳、利辛等地,增加烟、酒,俗称"吊丧酒"。阜阳民间习俗认为,50岁以上因老、病而死,都算寿终,称"喜丧"送葬亲友可以饮酒。

居丧期间,三年不得饮酒、吃肉、听丝竹。有疾病或者高寿者去世属于特殊情况,可以不必拘泥礼仪,可以在家喝酒。苏轼在颍州当知州时,他的老师张方平去世了,他在僧寺布置灵堂,服缌麻哀悼。缌麻丧期为三个月,在五服之中属于轻丧,要求居丧者初丧之时两餐不食或一餐不食,丧期内不饮酒食肉,但不做严格规定,仍居正寝,并可用床。他在《次韵赵景贶春思,且怀吴越山水》记载此事:"岁华来无穷,老眼久已静。春风如系马,未动意先骋。西湖忽破碎,鸟落鱼动镜。萦城理枯浍,放闸起胶艇。愿君营此乐,官事何时竟。思吴信偶然,出处付前定。飘然不系舟,乘此无尽兴。醉翁行乐处,草木皆可敬。明朝游北渚,急扫黄叶径。白酒真到齐,红裙已放郑。"自注服丧,不作乐的原因。"酒尚有一壶,为乐全先生服,不作乐也。"

至今,以酒祭奠亡灵者,习俗仍存。

7. 重阳菊花酒

阜阳久有重阳饮菊花酒之习俗。晏殊知颍时,诗人、国子监直讲梅尧臣于庆历六年来颍州看望他,见当地群众正准备欢度重阳,九月八日写道:"明当是重九,黄菊还开不。先将掇其英,秋逐未能有。颓龄无以制,但不负此酒。红颊谁使歌,公怜牛马走。"(《八日就湖上会饮呈晏相公》)九月九日又写道:"今日始见菊,虽见未会开。犹胜昔无酒,持望白衣来。破额浮金英,杂蚁已盈杯。何必探丹萸,结佩上高台。自不愧佳节,安听发鸿哀。"[①](《九日撷芳园会呈晏相公》)

清同治六年(1867)九月九日,阜阳著名的诗人、书法家邢颍谷写下了《携友登高七律二首(并序)》,为我们展现了一百多年前阜阳人于重阳节登高饮酒的风俗。原文如下:

竹溪与余同年友也,丁卯岁九月九日登高东郊,初步分金台,东望沙河,画舫纷来,风帆满目;次登文峰塔,四顾云际,鸿叶齐飞,水天一色;后次岳阳楼,一醉言欢,万虑皆空。此日之光景堪恋,过后更可思也。故赋七律二首以志之。

---

① 亳州市地方志编纂委员会.亳州市志[M].合肥:黄山书社,1996:418-419.

与友登高颍水东,三秋景物古今同;
河弯曲曲流城外,塔耸层层入画中。
极目林间飘落叶,举头天际起飞鸿;
百年几见茱萸会,一醉归来万虑空。
行年七十值三秋,与友郊原任意游;
步健何须骑骏马,心雄不畏踏高邮。
林间飒飒飘红叶,台下人人笑白头;
野店陶然共一醉,归来余兴尚悠悠。①

重阳饮菊花酒习俗与民间流传"重阳登高"的故事有关。据说东汉时汝南一带瘟魔为害,疫病流行。有一个叫桓景的人,拜道长费长房为师,学消灾救人的法术。一天,费长房告诉桓景说,九月初九日,瘟魔又要害人,并嘱咐桓景回去搭救乡亲:"九口离家登高,把茱萸装入红布袋,扎在胳膊上,喝菊花酒,即能战胜瘟魔。"桓景回家,遍告乡亲。九月九日那天,汝河汹涌澎湃,瘟魔来犯,但因菊花酒刺鼻,茱萸香刺心,难以接近。桓景挥剑斩瘟魔于山下。傍晚,人们返回家园,见家中"鸡犬牛羊,一时暴死",而人们因出门登高而免受灾殃。自此,重阳登高避灾流传至今。久而久之,登高酒宴变成了一个美好、风雅的习俗。

颍州还有以酒饯别的风俗,《〈正德颍州志〉卷一·宫室》记载:"去思堂,宋宴元献公殊以使相出知颍州日,作屋北渚之北,临西溪,以为出祖所,初名清涟阁,尝手植双柳阁前。既代,民不能忘,更题曰去思堂,后又更曰双柳亭。"文中所提"出祖",有两个义项,第一,古人外出时祭路神。《诗·大雅·韩奕》:"韩侯出祖,出宿于屠。"孔颖达疏:"言韩侯出京师之门,为祖道之祭。"《晋书·谢安传》:"帝出祖於西池,献觞赋诗焉。"第二,引申为饯行送别。李白《宣城送刘副史入秦》:"列将咸出祖,英寮惜分离。"岑参《送费子归武昌》诗:"高秋八月归南楚,东门一壶聊出祖。"梅尧臣《乙酉六月二十一日予应辟许昌京师内外之亲各携肴酒送我明日作诗以寄焉》:"今朝谁出祖,亲戚持尊罍。"由此可知,宴殊建清涟阁,目的是为行使出祖功能,祭拜路神或者饯行送别,祝福平安。从古至今,"饯行酒"仍存。

三、皖北酒宴习俗

皖北酒席上的规矩,城乡有差异,各市县有区别。总结起来有"鱼头酒""走

---

① 刘奕云.中国酒林之菔阜阳酒文化[M].澳门:澳门文星出版社,2002:93-94.

盅""炸雷子""垫台子""推一圈""打通关""酒七茶八""无酒不成席""东家不喝客不饮"等饮酒习俗。其中,最具特色的要数"鱼头酒"与"走盅"饮酒习俗。

(一) 鱼头酒

鱼头酒不是一类酒,而是酒宴上因鱼而生的酒俗。据河南省社会科学院哲学研究所副研究员周全德考证,流行全国的鱼头酒起源于信阳一带。信阳人摆宴最讲究客人"酒要喝好",有"怪酒不怪菜"之说。皖北与信阳相邻,盛行"鱼头酒"酒俗。

"无鱼不成宴,无酒不成席""鱼儿一上桌,鱼头酒要喝"。上整鱼时将鱼头对着首位的客人,此人必须喝鱼头酒,鱼尾所指的人则要陪喝鱼尾酒。鱼头酒不下肚,喝鱼头酒者不在鱼身上动筷,他人不得先行动筷吃鱼。鱼头酒一般为二、三杯,鱼尾酒一、二杯,近年又有"头三尾四背五腹六"之说,尽力涉及全桌喝酒的人,共同举杯,在很短时间内,开怀畅饮。

理论上说,喝鱼头酒一般是两杯,两杯亮底后,就可带头动筷吃鱼了。实际情况却是:"鱼头一对大福大贵",需要喝第一杯酒。接着,劝酒人会说"好事成双",劝你喝第二杯。喝完第二杯,劝酒人会说"事不过三",劝你喝第三杯。接下来是"四季发财""高中五魁""六六大顺""八仙过海""十全十美"……劝酒者说出几杯,意味着你要喝几杯。

现阶段,本着适可而止的原则,鱼头酒一般喝三杯为宜。为此,有人总结出步步高升鱼头酒的劝酒词:

步步高升第一杯:酒倒三分满,又称龙酒点滴、财运当头,我祝您财达三江、运通四海。

步步高升第二杯:酒倒一半、福气不断,祝您名利双收、事业有成。

步步高升第三杯:酒杯是圆的,酒是满的,祝愿您今后的事业圆圆满满。

还有很多合辙押韵的说辞:

上有天,下有地,鱼儿出现是福气;鲈鱼美,鲈鱼香,鲈鱼给您送吉祥;鱼头一抬,好运自然来;鱼头一抬,四季发财;鱼头一对,荣华富贵(大富大贵);送人玫瑰手留余香,借花献佛给领导倒杯鱼头酒,沾沾光。鱼头向右,事业有成就;鱼头向左,事业更红火。

为了活跃气氛,让更多的人参与进来,增加许多新的喝法。如:

鱼嘴酒:鱼嘴一张,好事成双。

鱼尾酒:长江水波连波,鱼头喝了鱼尾喝,大海航行靠舵手,平安要喝鱼尾酒。

或者说:今后要对你委以重任,这个酒你得喝!

鱼眼酒:鱼眼发光,两边沾光(喝酒喝双);鱼头在中间,幸福在两边,国色为牡丹,饮酒要做伴,两位领导一起喝个幸福酒,也祝咱们的友谊天长地久,地久天长;

弟兄们都高看你一眼,这个酒你得喝! 鱼眼一翻,喝酒喝三。

鱼骨酒:你是我们的骨干,中流砥柱呀! 这个酒你得喝!

鱼翅酒:鱼翅一对,邀游四方;祝你今后大鹏展翅,前途无量。

鱼肚酒:鱼肚一对,办事干脆;咱俩是推心置腹(肚)的好朋友,这个酒你得喝!

鱼背酒:鱼背一对,展翅高飞;咱俩是倍(背)感亲切呀,这个酒你得喝!

鱼头鱼尾酒:鱼头鱼尾,顺风顺水,十全十美;头尾相连,好事连连;头尾碰杯,好事成堆。

还有酒店打出鱼酒令的特色,吸引消费者光顾。为了更好地给客人提供服务,酒店根据不同的宴请方式制定了不同的服务流程,比如有商务宴、家宴、喜宴、朋友宴等,针对每种宴请方式,酒店为其各自量身定做了一套专门的劝酒令,但不管是哪种宴请,鱼酒令都是统一的,要求服务员必须烂熟于心,而且灵活运用。这时候服务员就会随机应变,根据客人的官职、姿态、着装、五官、挎包等来即兴劝酒。比如:

不用说,不用比,喝酒肯定比不过某某经理;头发一边倒,一看就是大领导;背包后边挂,喝酒肯定不害怕;手表一戴,做个表率;穿得一道一道的,喝酒一套一套的;大眼睛,双眼皮儿,一看就是爽快人儿……

这样一来,酒桌上人人有份,其乐融融。如果主宾不能喝酒,却又被鱼头所指,可以用筷夹片菜叶盖上鱼眼,这叫"一概(盖)不论",请大家随意畅饮。

鱼头所指之人,一定要先喝鱼头酒,关于这个风俗的来历,传说种种。

第一种说法:康熙大帝微服私访,由吴士友陪同在一偏僻小镇上吃酒,店小二无意将鱼盘放上,谁知鱼头正对康熙,康熙大怒,认为不吉,因古代箭身酷似鱼的模样,箭头呈三角尖,箭尾又两叉开,箭所指,命难逃……他正欲起身示意随从拿下,吴士友忙按住说:"本人测个'鱼'字,诸位请看,它是刀头,田字腰,火字尾。田,泛指种地的百姓,四点火,是打铁的手艺人,这刀嘛,多系领兵打仗的将官。酒桌上凡鱼头所指之人,将来必成大业。小乙(康熙代名)今日被鱼头所指,定是吉相,来来来,先喝三杯,以示祝贺……"本来一场祸事,让吴士友几句话给破解,既救了店小二的命,又遮掩了康熙大帝的身份。从此,一传十,十传百,鱼头所指之人,多是官相。

第二种说法:指长史。其源来自于隋朝末年,李渊太子李建成与三弟李元吉串通一气诽谤李世民,满朝文武大臣都想劝李世民除去这两个祸害,可谁也不敢轻易开口,因为他们是同胞兄弟。程咬金想出一条妙计,派人做了一碗鱼汤,亲自端给李世民,李世民打开一看,只有一个鱼头,一条鱼尾,顿感疑惑,摇头叹气说:"这有什么吃头?"程咬金乘机发话:"主公好糊涂,不吃掉这一头一尾,你咋能太平?"李世民猛然一惊,明白意思,于是下了决心。从那以后,故事流传民间,演绎成年龄较长者应喝鱼头酒的民俗。

第三种说法:商朝第四代帝王太甲即位,大宴群臣,宴中,大臣伊尹为表心意,献上陶制鱼头形佳酿一坛,高声颂道:"鱼头酒,与王共享!"遂将佳酿分饮,举座皆喜。

第四种说法:鱼头酒和宋太祖赵匡胤有关。后周显德六年(959年),后周世宗皇帝柴荣病逝,其7岁儿子柴宗训在汴梁(今开封)继位,后周朝政由宰相范质把持。后周显德七年(960年)正月初一,镇、定二州(今河北定州一带)急报契丹、北汉合兵入侵,宰相范质仓促之间派后周殿前都点检兼太尉(相当于国防部长)赵匡胤统率禁军北征抗敌。正月初三,大军行至京城东北四十里的陈桥驿(今封丘县陈桥村附近),因天色已晚,赵匡胤下令安营扎寨休息。

当晚,赵匡胤请来谋士赵普、弟赵匡义等人商谈军机大事并喝酒驱寒。正谈在兴头上,厨师端上一条油煎鲤鱼,那金黄色的鱼头正对着赵匡胤,号称"半部《论语》治天下"的赵普离座祝贺说:"吉兆、吉兆!鲤鱼跳龙门,鱼头当先,此次赵元帅一定能旗开得胜,杀敌有余(鱼),请让我敬元帅三杯酒!"赵匡胤闻此吉言妙语,喜上眉梢,三杯酒一饮而尽。在座诸将纷纷敬酒,不一会儿,赵匡胤就喝得酩酊大醉,被众将扶入帅帐安歇。

正月初四,晨光熹微,帅帐内正在酣睡的赵匡胤突然被"万岁"的喧哗声惊醒,只见众将全副武装,露刃环列。高怀德将军手捧黄袍,不由分说披在当时33岁的后周元帅赵匡胤身上。众将朝"黄袍加身"的赵匡胤纳头便拜,三呼万岁,然后拥兵返京。守京城的将军石守信是赵匡胤的结义兄弟,当即洞开城门,于是历史上一次兵不血刃的改朝换代成功了。"黄袍加身"的赵匡胤以禅让方式,推翻了后周,建立了大宋王朝,史称宋太祖。

宋太祖建立大宋江山后,认为原来拥戴自己当皇帝的禁军众将已形成了新王朝的潜在威胁。他深知从开平元年(907年)到显德七年(960年),短短五十三年,中国更换了五个朝代,八姓十三帝,都是武将篡夺的。如何消除这些威胁,避免重蹈五代后梁、后唐、后晋、后汉、后周五国短命王朝的覆辙,使大宋王朝长治久安,宋太祖与赵普定下计来。一日早朝后,宋太祖留下拥戴将军高怀德、石守信、王审琦等结义兄弟饮酒叙旧。酒过三巡,厨师上来一条油煎黄河大鲤鱼,金黄色的鱼头又一次对准了赵匡胤。赵普刚要离座敬酒,宋太祖发下话来:"此次鱼头酒从朕开始,定下规矩,只喝三杯,以示吉庆有余(鱼)。"说完,连饮三杯。宋太祖趁着酒劲直言道:"如果不是你们拥戴,哪有朕的今天?可是皇帝不好当,朕现在没有睡过一天安稳觉!"众将疑惑,忙问为什么。宋太祖说:"这还不明白,皇帝的位置,谁不想坐?"众将大惊失色,急问:"陛下天命已定,谁敢有异心?"宋太祖说:"你们没异心,但手下人有异心,给诸位一个'黄袍加身',不想当,行吗?"众将吓得都跪拜哭泣,求宋太祖给条生路。宋太祖见时机成熟,就说："人活着不过是多积些钱财,吃喝享受,使后代也能过上好日子。诸位何不放弃兵权,出去做个地方官,我们君臣无猜,上下相安呢?"

第二天早朝,高怀德、石守信等拥戴将军上表称疾,请辞兵权。宋太祖大喜,一一接受,并立即任命他们为徒有虚名的节度使,还赏赐了不少钱财。这段历史叫三杯美酒计释兵权,后史学家简称为"杯酒释兵权"。

宋太祖三杯美酒计释兵权,君臣共保富贵的仁慈好生之德,使拥戴将军们念念不忘,于是便将三杯鱼头酒作为必喝的规矩,以示感恩。三杯鱼头酒很快就从将府的深宅大院中传出,风靡北国,走向江南。从此,官吏商贾、贩夫走卒、市民村夫莫不效法。

(二) 走盅

太和县与界首市在劝酒时,还有"走盅"习俗。走盅,雅称"敬酒",俗称"给盅""出门",这一习俗存在于皖北的阜阳地区,太和、界首、临泉等县市较为盛行,其中尤以太和为最,且规矩甚多。旧时"走盅",一般大伙先喝完三杯后(酒过三巡),然后再"走盅"出门。现在则无需喝完三杯,第一杯酒喝完即可出门。"走盅"时,先喝酒者(俗称头家)可邀请其他一人或几人喝酒(俗称随家),喝完酒后,酒盅不许放回桌(俗称落地酒)而只准送给头家,否则,就不能走给别人了,走者,跟着走也。酒杯斟满后,由头家根据重点对象进行安排,将酒敬给客人或某人。视酒量而定,少者一杯,多者两杯(俗称"友好")、四杯(取"四季发财"之意)、六杯(取"六六大顺"之意),甚至将全桌上的酒杯都集中在客人或某人面前,俗称"开会"。其意就是要使客人尽量多喝,以示主人好客之情。被敬酒者喝完酒后(杯数不等),也可邀请其他人喝酒"走盅"。但第一杯酒一般不许再给刚才敬酒的头家,违者罚酒(俗称"热盅")。一般说来,"走盅"时,头家是主动的,随家则是被动的,少则随一杯,多者随两杯(俗称拉板车),甚至三杯(推三轮)、四杯(开汽车)、五杯(五子登科)、八杯(八仙过海)、十杯(十全十美)等。如此循环往复地邀请敬酒,气氛比较热烈。①

一般情况下,主人不喝醉,陪酒者是他的武器,让客人尽兴,才能算尽力。"走盅"文化源于何时已无史料记载,但是太和当地有一个关于"走盅"的传说。话说某一日,某家来了位尊贵的客人,可主人家家境不算宽裕,当时家中仅有一瓶酒。为了表示对客人的尊重,主人又请来左邻右舍作陪。这样一圈倒下来,瓶中酒所剩无几。怎么才能让客人尽兴呢?主人突发奇想,邀请桌上所有人一起把酒敬给这位客人。此后,走盅就流传开来,且名目繁多,花样不断翻新。这

---

① 李良玉,王焰安.皖北的"走盅"[J].民俗研究,1995(2):68.

个传说反映了阜阳人热情好客的传统,即便自己无酒可喝也要让客人尽兴。

(三) 炸雷子

炸雷子是盛行于安徽淮北一带的一种喝酒风俗。现代炸雷子的喝酒风俗是从临界宿州兴起的,很快在淮北流行起来。炸雷子最突出的两个特点就是,一要听响,二要一饮而尽,否则,就不称为炸雷子。酒场如战场,酒风见人品。只要是听过响的,就得喝干喝净,是丝毫不可打折扣的。炸雷子有气势,更豪放,更加畅快淋漓。关于炸雷子的起源,相传早在春秋战国时期,十二国盟主宋国,迁都相城(今安徽淮北)之后,宋侯歃血会盟诸侯于渠沟,捧出头等口子酒,以这种豪爽的喝酒方式款待众家列强。也有人说,炸雷子式的大碗喝酒方式,似乎是北方人与兵营中的规矩。淮北是酒乡,有着悠久的饮酒文化。酒过三巡,主宾互敬,尔后随便找找,或者打个通关,这是多年形成并一直沿袭的喝酒规矩。淮北人粗犷豪放,身高马大,性格刚烈,大碗喝酒更能体现淮北人的壮志豪情和朴实憨厚的特点。炸雷子的饮酒方式,近几年来颇流行于合肥。合肥曾属于楚国,考古学家也曾发掘出"楚国合肥罍"。古代的罍子是青铜器皿,用来盛酒、饮酒,但体积比较大,合肥市旅游局计划以"楚国合肥罍"为原型,经过缩微、改造,设计出一套大小不一、材质不同、更适合作为旅游纪念品的罍子,以期推动特色文化、经济的发展。

(四) 垫台子

主人劝酒,客人与客人之间也要敬酒,喝酒时从不喝起(净),而是要留点在酒盅底上,名曰"垫台子"。习俗来自颍上。颍上地势低洼,经常洪水泛滥。为免遭洪水袭击,家家户户都用土将宅基垫得高高的,名为"垫台子"。后来,人们把"垫台子"引入喝酒习俗,所以喝酒时从不喝起(净),而是要留点在酒盅底上,称其"垫台子"。

(五) 推一圈

萧县一带出现过"推一圈"的喝法。指酒近尾声,能者自告奋勇地先喝半杯酒,然后按顺序每人倒半杯,但不超过自己的标准,邀请大家共同喝。这种喝法,看似豪爽,以身作则,实则带有炫耀自己酒量的嫌疑。

(六) 打通关

筵席上跟在座的人顺次划拳,赢则通过,输则再划,每输一次,饮酒一杯,直到全体通过为止。流行范围广泛,不仅皖北地区有此酒俗。

（七）酒七茶八

主人若以酒敬客，斟酒以斟到七分程度为好，不能斟满了，如果酒斟得太满，客人端杯时，杯中的酒容易溢出而失礼，如果主人把客人杯中的酒斟得太满或溢出，那不只是失礼行为，易被人认为是对客人的一种戏弄，使客人无法端杯或迫使客人俯首而饮。酒斟七分，对贪杯者来说还是一种提示，有十成酒量，喝到七成就可以了，免得伤害身体。若以茶待客，则以倒八分为敬，不宜过满，以便客人端茶杯饮用时，不至于因茶水外溢而失礼，而且还有一定的科学道理：茶杯倒八分茶水，茶水的面距离杯口有一定空间，茶水的清沁芳香就不容易失散。在饮茶前，就能闻到浓郁的茶香，茶水也不至于烫着客人的嘴唇。

（八）无酒不成席

据《阜阳县志》记载：亲友到来，要有4～10个菜。但一定有酒，不然，不足以表示主人的热情和好客。婚丧喜事要设宴招待。[①]

酒宴开始时，主人常要讲上几句话，正规宴会礼仪称为祝辞，内容大多说明举行本次酒宴的意义，表达对宾客的赞扬、主人的祝福等。说完之后，主人邀请大家，全桌人端起自己的酒杯，俗称"门盅"，共同干杯。共同干杯一般三次，称"酒至三巡"。但阜南县酒俗禁喝三杯酒。"无酒不成礼仪，招待客人必先举酒，饮酒可以足量。不成席的酒，要么不喝，喝了至少需两盅，说是'一条腿不能走路'。多则四、六、八、十……尤其不许只喝三盅，说喝三盅是骂人，因为旧俗敬神祀祖是三杯酒。"[②]

阜阳人认为：饭，一天三顿，谁没有吃过？酒，怪物一个，喝得到口不到心，滋味难受得像上来了大烟瘾。所以，阜阳人尤其阜阳酒人常说：管饭不管饱，管酒不管好，不如活埋！[③]吃饭时，让客人上座，殷勤敬酒，共同的口头禅是："饭可以不吃饱，酒一定要喝好。"[④]

阜阳人待客以酒相敬，平日无事，也喜欢喝喝闲酒，自斟自饮，三五好友、亲朋小聚，尽兴至上。

（九）东家不喝客不饮

劝酒时，主人先将杯中的酒一饮而尽，客人一般也要喝完。"东家不喝客不

[①] 阜阳县地方志编纂委员会.阜阳县志[M].合肥：黄山书社，1994：422.
[②] 阜南县地方志编纂委员会.阜南县志[M].合肥：黄山书社，1997：508.
[③] 思良.阜阳人说阜阳人[M].北京：中国文史出版社，2006：163.
[④] 阜阳县地方志编纂委员会.阜阳县志[M].合肥：黄山书社，1994：429.

饮",这句话是主人常挂在嘴边的一句话,希望客人多饮酒,如果客人酒喝得少了,主人就会觉得自己没有尽到地主之谊。主人为了让客人多喝酒,自己总是频频举杯相邀,往往客人没有喝醉自己倒先喝醉了,因为主人觉得自己少喝让客人多喝,似有"其心不诚"的欺诈之嫌,颇有"己所不欲,勿施于人"的君子之风。受到主人盛情的感染,客人们往往兴致高涨,酒量也比平日增加许多。

阜阳人劝酒,花样百出。你有千般理由不喝,他有万般理由让你端起酒杯。说辞如:酒可以杀死病毒治疗感冒,酒可以串皮活血治疗皮肤过敏,酒可以杀菌消毒、以毒攻毒治疗口腔溃疡、牙疼上火等等,斩断推辞喝酒者的后路。有人专门编了顺口溜,说喝酒就怕三种人:红脸蛋的,拿药片的,扎小辫的。提醒大家,不要以这三种人自居,为躲酒找借口。大家不会被假象所迷惑的,这几种人不但能喝酒,还会后发制人,你就自觉喝酒,不要作假了。皖北人赌酒,有全桌人共用一个酒杯的习俗。把全桌人的酒杯收起,留下一个空杯子放置在桌子中间,下面垫着反扣的茶杯等物件,目的是突出酒杯地位,方便监督输酒的人是否喝净杯中酒。喝酒时,也有禁忌。据《亳州市志》记载,饮酒划拳出一指时,只能出大拇指,它是象征着佼佼者,忌出其他任何一指;出两指时出大拇指和食指,或大小两指,忌出食指和中指,如出这两指,认为是挖眼睛、不礼貌的行为。①

阜阳人喝酒不醉不煞性。此处的不煞性,系阜阳方言,为不尽兴、不过瘾之意。故而在酒场上出现酒友、酒大户(指称海量者)、酒仇、酒晕子等称谓,更有甚者,会出现贪杯自醉者的酒人。

酒仇,酒友中的精英人物。"俺俩,是门神也不对脸儿。"——阜阳酒仇们常说。

在阜阳地儿,够得上酒仇资格的酒人、酒友并不太多。酒仇随着酒龄的增长、酒量的加大与酒情的日益浓厚而自然获得资格,并非谁想成为或申请加入即够格儿的事情。谁与谁是酒仇,或谁是谁的酒仇,重要的在于酒人、酒友们公认,自封不得。

酒仇结交酒仇大体具备四个条件:第一,酒量相当。你半斤的量,我八两的水平,或你八两的水平,我半斤的量。第二,擅长行令。双方都有十八般武艺,猜拳、猜枚、揭扑克、"吹牛"、压指、杠子打老虎等样样计精术巧,斗起酒来,棋逢对手,难分雌雄。第三,全是爽快人。喝滑酒的人结不了酒仇。凡酒仇,在酒场儿上不会麻缠,全是干脆利索、输拳不赖账、赢酒总自吹的酒人和酒友。第四,习惯恋群儿。酒仇聚首喝酒的理由充分,公场儿,私场儿,一个电话打过去,那边天塌一角,他也顾不及修补,非得马上赶来不可。无酒学佛,有酒学仙。一聚

---

① 亳州市地方志编纂委员会.亳州市志[M].合肥:黄山书社,1996:586-587.

首,一交杯,不过三巡即拼将起来。当场喝趴下,没有酒仇寒脸的;第二天有约,三几个酒仇嘻嘻哈哈地再度相逢,重步仙境。深情浓似酒,厚意醉如诗。酒仇喝酒,一日不见如隔三秋。逢酒场儿,酒仇中缺少哪位,其他酒仇如失恋的情人一样各自害起相思病。①

上文中的"麻缠",方言词,指马虎,喝酒滑头,不实诚,不爽快,还爱纠缠。酒晕子,阜阳方言,指好酒贪杯的人,有贬义,但分量较酒鬼稍轻。酒鬼有斥骂的意思,而酒晕子则含戏谑、讽刺的意思。阜阳人眼中,酒晕子常喝常醉,醉后一般不发酒疯。这种醉,阜阳人叫"熟醉"。熟醉后,酒晕子话多、尿多、儿戏多,走到哪里疯癫到哪里,不惹大事,但习惯纠缠人。酒晕子还有一个特点,即逢酒场儿喝不够,没酒场儿找酒喝,要不,在家或钻进小酒馆自斟自饮,一醉方休。

醉酒者,分三六九等:有酒人眼睛血红,醉意朦胧,叫"六成醉";有酒人目瞪口呆,醉意醺醺,叫"八成醉";有酒人说话"乱台",醉态千姿,哭笑无常,叫"十成醉";少数酒人瘫于一地,睡倒扶不起,扶起来不知道提裤子,尽闹恶作剧,这种醉叫"烂醉";极个别酒人醉后一命归西,这种醉叫"死醉"。

当代蒙城县人郭宪章曾以宝塔式联句讥讽酒鬼、酒晕子的无德而饮:

上联	下联
雨	疯
花雨	酒疯
飞花雨	发酒疯
点点飞花雨	回回发酒疯
檐前点点飞花雨	席上回回发酒疯
君子有道,檐前点点飞花雨	小人无德,席上回回发酒疯②

(十) 皖北酒桌劝酒词

皖北人喝酒的方式花样繁多,不断推陈出新。从划拳、压指、数数、打老虎,到翻扑克、照相……层出不穷,酒桌上流传着成套的劝酒词。

高举感情旗帜劝酒:

宁伤身体,不伤感情。

宁可让胃有个小洞洞,也不让感情有个小缝缝。

感情铁不铁?铁!那就不怕胃出血!感情深不深?深!那就不怕打吊针!

感情深,一口闷;感情浅,舔一舔;感情厚,喝不够;感情薄,喝不着;感情铁,喝出血。

---

① 思良.阜阳人说阜阳人[M].北京:中国文史出版社,2006:175.
② 思良.阜阳人说阜阳人[M].北京:中国文史出版社,2006:177-180.

一杯干,二杯净,三杯喝出真感情。

强调"男人"能喝酒,应该喝酒,劝酒词丰富:

男人喝了酒,豪爽又风流。

男人不喝酒,交不到好朋友。

男人不喝酒,枉在世上走。

男人不喝酒,活的像条狗。

现代男人,喝酒,一瓶两瓶不醉;跳舞,三步四步都会;打麻将,五天六天不睡;做起工作尽打瞌睡!

皖北劝酒以醉为热情好客的表现,劝酒词中出现很多带"醉"的语句:

你出钱我出胃,要喝就要喝个醉;你不醉我不醉,宽马路上谁来睡?

喝酒不喝醉,不如打瞌睡;何况这是酒,不是敌敌畏;人生难得几回醉,喝得一定要到位。

客人喝酒就得醉,要不主人多惭愧。

今日酒,今日醉,不要活得太疲惫;好也过,歹也过,只求心情还不错。

想醉,把酒留在胃;怕醉,白水往里兑;真醉,敢喝敌敌畏;烂醉,桌子底下睡;装醉,忘了给小费。

早上喝酒不能多,今晚还有好几桌;中午喝酒不能醉,下午部门要开会;晚上喝酒不能倒,免得老婆到处找。

你是葡萄酒,我是夜光杯;你为我美丽,我为你陶醉;今生有你来相伴,大醉一生不后悔!

有的劝酒词虽然不带"醉"字,但描绘了醉酒状态,对醉酒现象进行讽刺与调侃:

一两二两不是酒,三两四两漱漱口,五两六两才是酒,七两八两扶墙走,九两十两墙走人不走。

不会喝酒,前途没有;一喝九两,重点培养;只喝饮料,领导不要;能喝不输,领导秘书;一喝就倒,官位难保;长喝嫌少,人才难找;一半就跑,升官还早;全程领跑,未来领导。

工作就是开会,协调就是喝醉,管理就是收费,领导说得都对!

甘为革命献肠胃,革命的小酒天天醉,喝红了眼睛喝坏了胃,喝得手软脚也软,喝得记忆大减退。喝得群众翻白眼,喝得单位缺经费;喝得老婆流眼泪,晚上睡觉背靠背。一状告到纪委会,书记听了手一挥,能喝不喝也不对,我们也是天天醉!

也有少数以不醉为度的语句:

喝酒不醉最为高,好色不乱乃英豪,不义之财君莫取,忍气饶人祸自消。

突出领导、朋友、老乡、哥、妹、兄弟等各种社会、亲情关系的劝酒词丰富多彩。当然,此处的哥、妹、兄弟,大多无血缘关系,属于社会关系中对人的尊称。如：

激动的心,颤抖的手,我给领导端杯酒,领导不喝我不走。

结识新朋友,不忘老朋友。

相聚都是知心友,我先喝俩舒心酒。

美酒倒进白瓷杯,酒到面前你莫推,酒虽不好人情酿,远来的朋友饮一杯。

会喝一两的喝二两,这样朋友够豪爽！会喝二两的喝五两,这样同志党培养！会喝半斤的喝一斤,这样哥们最贴心！会喝一斤的喝一桶,回头提拔当副总！会喝一桶的喝一缸,酒厂厂长让你当！

大海航行靠舵手,增进友谊靠喝酒。

老乡见老乡,喝酒要喝光。

啥话也别说,最亲是大哥,哥不喝酒妹不干,让妹高兴哥必喝。

危难之处显身手,哥替妹妹喝杯酒。

一杯情,二杯意,三杯喝出好兄弟。

热烈赞美酒,劝人多喝：

美酒香飘万里,哪有不喝道理。

酒是福,酒是寿,喝了健康又长寿。

酒是粮食精,越喝越年轻。

酒是粮食做,不喝是罪过。

酒是美容霜,越喝脸越光。

酒是长江水,越喝越貌美。

酒是黄河浪,越喝身体越健康。

杯是圆的,酒是满的,祝您家庭事业,圆圆满满。

酒到一半,祝您福气不断、财运不断。

给您倒满,祝您财满、福满、运气满。

这杯酒您喝完,祝你幸福万万年。

酒撒贵人身,满地是黄金。

酒倒福到,满地生花。酒满福满,美满幸福。

还有根据人的外貌编纂的劝酒词,栩栩如生,朗朗上口：

大眼睛,双眼皮,一看就是能喝的人。

脸上有酒窝,肯定很能喝。

喝酒脸红,酒量无穷。

头发理得平,喝酒肯定行；头发根根站,喝酒不用劝；头发向前趴,喝酒顶呱呱；头发两边分,喝酒肯定深。

眼镜戴,学问高,喝酒水平肯定高。

眼镜一戴,喝酒爽快。

您心好,人又帅,喝酒肯定不耍赖。

除此之外,还有其他根据实际情况,适应不同情景的劝酒词。如:

万水千山总是情,少喝一杯也不行。

人在江湖走,哪能不喝酒?

天蓝蓝,海蓝蓝,一杯一杯往下传。

天上无云地下旱,刚才那杯不能算。

市场经济搞竞争,快将美酒喝一盅。

女有貌,郎有才,杯对杯,一起来。

天上无云地下旱,刚才那杯不能算。一碰二喝老规矩,好事成双两相愿。

一两二两漱漱口,三两四两不算酒,五两六两扶墙走,七两八两还在吼。

一杯金,二杯银,三杯喝个聚宝盆。

只要心里有,茶水也当酒。

辣酒刷牙,啤酒当茶。

小快活,顺墙摸;大快活,顺地拖。

商品经济大流通,开放搞活喝两盅。

有的劝酒词运用"仿拟"辞格,依据古诗词为蓝本,仿句、仿篇,古为今用。"朝辞白帝彩云间,半斤八两只等闲。""日出江花红胜火,君子一定把酒喝。""床前明月光,疑是地上霜,举杯约对门,喝酒喝个双。""春眠不觉晓,处处闻啼鸟,举杯问朋友,我该喝多少?""少小离家老大回,这杯我请朋友陪。""酒逢知己饮,诗向贵人吟。""锄禾日当午,汗滴禾下土,连干数杯酒,你说苦不苦?""我笑人世多癫狂,纵酒无度好嚣张。""千杯散尽一笑过,莫道春风也断肠。""酒逢知己千杯少,话不投机大口喝。""若要人不知,除非你干杯。""酒里乾坤大,壶中日月长。""百川到东海,何时再干杯?现在不喝酒,将来徒伤悲。""滚滚长江都是酒,乙醇淘尽英雄,坛坛罐罐转头空,杯盘依旧在,几张老脸红,残汤剩菜酒桌上,惯看醉汉威风,一群酒鬼喜相逢,古今多少事,都废酒坛中。"

有的劝酒词仿拟流行歌曲歌词:"危难之处显伸手,该出手时就出手,兄弟替我喝个酒。""路见不平一声吼,你不喝酒谁喝酒?""一条大河波浪宽,端起这杯咱就干。""喝了是英雄,不喝是狗熊,狗熊很难听,英雄多光荣。"

还有的用激将法劝酒,如"和领导喝了,不和小百姓喝不够意思吧?""认我这个兄弟,就喝了这杯。""不喝,就是看不起我。""是纯爷们的,都干了!"等等。

有劝酒词,就会有挡酒词。例如:

甲:酒量不高怕丢丑,自我约束不喝酒。乙:相聚都是知心友,放开喝杯舒心酒。

甲:万水千山总是情,这杯不喝行不行?乙:一条大河波浪宽,这杯酒说啥也得干!

甲:来时夫人有交代,少喝酒来多吃菜。乙:酒壮英雄胆,不服老婆管。

甲：激动的心,颤抖的手,我给领导倒杯酒,领导不喝嫌我丑。乙：春眠不觉晓,处处闻啼鸟,举杯问美女,我该喝多少？

甲：客人喝酒就得醉,要不主人多惭愧。乙：要让客人喝好,自家先要喝倒。

甲：男人不喝酒,枉在世上走。乙：危难之处显身手,妹妹(兄弟)替哥喝杯酒。

甲：喝酒不喝白,感情上不来。乙：只要感情有,喝啥都是酒。君子之交淡如水,以茶代酒也很美。

甲：屁股一抬,喝了重来。乙：屁股一动,表示尊重。

最流行的是借助夫人之口拒绝："来时夫人有交代,少喝酒来多吃菜,形势不好耍点赖,出去几趟再回来。"

酒逢知己千杯少,饮酒是人们联系情感的重要媒介,但饮酒有节,敬酒有礼。北宋诗人黄庭坚诗云："四座欢欣观酒德,一灯明灭又成诗。"清代诗人袁枚则认为"人无酒德而贪杯酌,最为可憎！"当代人总结出喝酒五部曲："斟酒时斜风细雨,劝酒时甜言蜜语,喝酒时豪言壮语,喝多了胡言乱语,到最后倾盆大雨。"认为："这酒啊看起来像水,喝到嘴里辣嘴,喝到肚里闹鬼,走起路来绊腿,半夜起来找水,早上醒来后悔！"奉劝大家,在聚众饮酒时,不要过度劝酒,喝得尽兴即可,无需出现斗酒、争强场面,伤感情、伤身体,以致引发民事纠纷,甚至刑事案件。

四、阜阳酒歌与酒文化

俗话说：阜阳的麻雀都能喝四两。阜阳之地为何会出现如此夸张的言语？阜阳酒语,酒文化丰富的深层动因是什么？这些疑问,如酵母,激发着我们研究的兴趣,激励着我们探索的进程。

酒文化在阜阳源远流长,《阜阳桑榆书画选集》载庄传林书写、陈安然创作的《阜阳名酒歌》,从西周开国文王贡酒到今日阜阳特产金种子,阜阳地区所产名酒,择要展示。全文如下：

阜阳名酒歌[①]

北有古井南焦坡,东有陈酿西沙河；阜阳特产金种子,玉液斟来细品酌。
亳州名产古井贡,香飘四海天下晓；谁酿美酒贡文王？沈子国君聃季载。
老聃家乡老子酒,甘罗洒酒祭管鲍；庄周故里庄子酒,漆园春色真融合。
曹操进酒汉献帝,华佗以酒配灵药；刘伶访酒留陵镇,一醉三秋不改色。

[①] 刘奕云.中国酒林之葩:阜阳酒文化[M].澳门:澳门文星出版社,2002:119-120.

宁肯为盗不伤廉,毕卓铜阳偷酒喝;太和秘酿太和殿,寇准设酒宴宾客。

颍州太守欧阳修,饮酒赋诗赞焦坡;文州新制银杏酒,治病强身健体格。

阜阳酿酒历史长,国优省优获奖多;劝君莫把时机错,阜阳酒乡来做客。

酒歌,提供了我们观察阜阳酒文化的线索。阜阳造酒始于西周,原阜阳地区11市县皆有好酒。值得探讨的酒文化现象有:曹操敬献"九酝春酒"、刘伶畅饮醉三秋、欧阳修赋诗赞焦坡等。

(一)沈子国"五谷酒"祝寿周文王

沈子国是古时周文王第十子聃季载的封地,现安徽省阜阳市临泉县。相传,周文王四处征战,铲平群雄,拔除了商朝羽翼,为建立西周王朝打下基础。社稷传给武王姬发,余下分封诸侯。聃季载是文王的第十个儿子,生来文静,体质较弱,喜欢耕读,最得文王宠爱。为此,文王把土地肥沃、民风敦厚的沈子国分封给他,还亲自护送儿子一家赴沈,在宅院旁、泉河畔选址,亲自动手铲土,挖了一口水井。井水清澈透明,回味甘甜。从此,聃季载落地生根,与百姓一起,从事农桑,怡然自乐。

沈子国里,百姓有酿黄酒、麦仁酒、五谷酒的习惯,逢年过节,家家必备,姑嫂老妪人人会做,酿酒的手艺,一年比一年娴熟精湛。聃季载的夫人也学着做了一坛。

此时,聃季载正为送文王六十寿辰之礼发愁,闷闷不乐,夫人就舀了一碗自酿五谷酒捧给夫君解忧。聃季载先闻到一股扑鼻酒香,后一喝,才觉到此酒妙处:酒香浓郁而不烈,口感甘甜生津,细腻滋润,喝后浑身经脉活络,精神抖擞,四肢强健有力,一扫数日困苦。连夸:"好酒!好酒!"赞过之后,茅塞顿开:何不将这酒送给父王祝寿?

寿辰当日,聃季载夫妇跪拜文王曰:"沈子国无甚名贵,只带来儿媳用父王掘出的井水,用我们种出的五谷,学百姓酿酒技艺,酿制的一坛五谷酒,为父王祝寿,恳请父王接纳。"

文王见状大喜,夸道:"十子最懂父意,不负我厚望,种得五谷,酿出美酒,今天就用此酒宴请百客。"

文王亲自挽起衣袖,为自己满满斟了一杯。只见酒面高出杯口而不溢,清澈透亮,真乃琼浆玉液!举杯一饮而尽,赞不绝口:"好酒!好酒!人间仅有,天上绝无。"随之邀众客人连饮数杯,并说从未喝得这样开心,吃得这样香甜,一再对十子说:"幸得你带来沈子国五谷酒为寿宴添色,明年此时,再送一坛来,不过坛要大一些啊!"

从此,聃季载每年都用文王掘井之水酿五谷酒敬献父王,邻居们也纷纷效仿，取文王井水酿制黄酒、麦仁酒、五谷酒等，酿出的各类美酒，样样精纯，无可比肩。沈子国酿酒工艺流传至今，百姓就把敬献文王的贡酒称为"文王贡酒"，这也是现今临泉县著名商标"文王贡酒"的来历，阜阳酿酒始于西周的来源。

（二）曹操敬献"九酝春酒"

东汉建安年间，曹操将家乡亳州产的"九酝春酒"献给献帝刘协，并上表说明九酝春酒的制法。曹操在《上九酝酒法奏》中说："臣县故令南阳郭芝，有九酝春酒。法用曲二十斤，流水五石，腊月二日渍曲，正月冻解，用好稻米，漉去曲滓，三日一酿，满九斛米止，臣得法，酿之，常善；其上清，滓亦可饮。若以九酝苦难饮，增为十酿，差甘易饮，不病。今谨上献。"

《四民月令》称正月所酿之酒为"春酒"，曹操不仅总结了"九酝春酒"的酿造工艺，还提出了改进办法，这样酿制，酒味更醇厚浓烈。他认为"若以九酝，苦难饮。增为十酿，差甘易饮，不病"。对此，贾思勰解释说："九酝用米九斛，十酝用米十斛，其用曲三十斤，但米有多少耳。"米多米少是由酒曲"杀米"，即曲对于原料米的糖化和酒精发酵的效率决定的。曲多酒苦，米多酒甜。所以，《齐民要术》说用米多少，"须善候曲势：曲势未穷，米犹消化者，便加米，唯多为良"。"味足沸定为熟。气味虽正，沸未息者，曲势未尽，宜更殿之；不段则酒味苦，薄矣。""九酝"的酒用二十斤曲"杀"九斛米，因曲多米少而"苦难饮"，再多投一斛米，即增一酿，则曲、米之比恰到好处，酒亦"差甘易饮"了。"九酝酒法"是对当时亳州造酒技术的总结，也是亳州的"九酝春酒"曾作为贡品的最早的也是唯一的文字依据。

汉代，由于制曲技术的发展，各地已经利用不同的谷物来制曲了，因而酒的品种有所增加。这时既有廉价的"行酒"，又有少曲多米"一宿而熟"的"甘酒"，有叫作"酎"的白酒，叫作"醴""糟下酒"的红酒，还有叫作"醴"的清酒。身为丞相的曹操，对当时天下酿酒情况应该会有所了解，除了对故里的偏爱，还有对"九酝春酒"的认可，才会将此酒献给皇上。

当时酿酒用的曲有两种：神曲、笨曲。"九酝春酒"所用的曲可能是神曲（即现在的小曲），而不是笨曲，因为其用曲量（30斤）只有原料米（九斛）的3%。这表明当时已利用根霉酿酒了。根霉能在坛中不断地繁殖，不断地把淀粉分解成葡萄糖，酵母则把葡萄糖变成酒精。实际上，"九酝酒法"已是近代霉菌深层培养法的雏形。"曲者酒之骨"，远在先秦时期，我们祖先就发明了用曲来酿酒。秦汉以来，我国的造酒技术已有了很高的成就。《礼记·月令》中记录了造酒的六点注意事项："秫稻必齐，曲糵必时，湛炽必洁，水泉必香，陶器必良，火齐必得。"它要求造酒用的谷物要成熟，投曲要及时，浸煮时要保持清洁，造酒用的水要好,器皿要用优良的陶器,火候要适宜。这不仅指出酿酒的关键,也指出亳州产好酒的地理、文化因素。

南北朝时,在亳州的减店集(现更名古井镇),处于黄淮海平原南端,地处涡河之弯、洪河河套,人们发现有一口古井,井水清洌甜美,人们用此井水酿酒、泡茶,回味无穷。相传,有个将军因作战失利,临死前将所用的兵器投入井里。谁知此后井水比先前更清淳透明,爽口润喉,所酿之酒,十里飘香,古井名声大噪,人们称之为"天下名井"。俗话说"水为酒之血""名酒必有佳泉"。当曹操将"九酝春酒"及"九酝酒法"献给刘协后,献帝大加赞赏,作为宫廷用酒。从此,亳州一带酿酒作坊如雨后春笋般发展起来,到了宋代,减店集已成了有名的产酒地,当地百姓至今还有"涡水鳜鱼黄水鲤,减酒胡芹宴嘉宾"的说法。明代万历年间,阁老沈鲤在万历帝的庆典上,把"减酒"当作家乡酒进贡朝廷,万历帝饮后连连叫好,钦定此酒为贡品,命其年年进贡,"贡酒"之名由此而得。到了清末,特别是民国时期,百姓不堪重负,致使糟坊荒芜,工人背井离乡,古井也随之毁坏。1959年,国家将那些失散的减酒代表"公兴糟坊"的传人聚集在一起,在原址,相继发掘出了南北朝时期的古井和明代酿酒用的发酵池,在采用传统"老五甑"操作法的基础上,运用了科学配方和技术革新,终于酿造出色、香、味俱佳,有独特风味,自成一家的佳酿。品酒专家评价道:"古井贡酒清澈透明如水晶,香味纯正似幽兰,喝入口中甘美醇和,回味悠长。其酒乃'酒中牡丹'也!"

九酝春酒是古井贡酒的源头,减酒是其前身。如今,"古井贡酒酿造遗址"被列为全国重点文物保护单位,主体由明清窖池群、明清酿酒遗址及两口魏、宋古井构成。前后共出土百余件碗、盏、盘、杯、缸等生活用具,再现了苏鲁豫皖地区传统酿酒工艺全过程,是该区域传统酿酒技艺重要的实物见证。这些酿酒及生活用品遗存,是"中华第一贡"古井贡酒产生、形成及发展的重要实物见证,具有极高的历史研究价值。作为较全面展现中国传统酿酒工艺流程的手工业设施遗址,其布局合理,设施配套齐全,工艺独特,特别是开放式的生产、发酵,与众多现代的生产酿造设施、设备今昔对比,实为展示中国酿酒工艺流程的生动课堂。古井集团还投资兴建古井酒文化博物馆,利用声、光、电等方式,通过实物陈列、情景再现、现场模拟等手段,让人们直观感受到源远流长的中国酒文化。

(三)刘伶畅饮醉三秋

中华书局出版《辞海》标注"醉三秋"为"白酒——阜阳(古称颍州)特产"。民间也流传着"杜康酿酒刘伶醉"的传说。魏晋年间,"竹林七贤"之一、被誉为"酒仙"的刘伶,偕诸友行至颍州城外,循酒香来到一小巷,恰逢杜康后人在此酿酒。古道热肠的主人呈上佳醇请大家品尝,刘伶连喝数碗,酩酊大醉,三天未醒,待第四日醒来,惊呼:"三年矣,如今身处何地?"杜康后人一听,大喜,此酒自酒祖杜康发明以来,尚未取名,今日偶得,"醉三秋"由此得名,至今已有两千多年的历史。据传,宋代文学大家醉翁欧阳修任颍州太守期间,有两大喜好,一是喜饮醉倒刘伶的三秋酒,二是畅游颍州西湖。

在"醉三秋"基础上发展出来的"金种子"酒,获得"全国十大公众喜爱商标"美誉,核心产品柔和种子酒、祥和种子酒、恒温窖藏天蕴、地蕴醉三秋酒,在全国同行业率先通过国家地理标志注册认证,被中国绿色食品发展中心认定为绿色食品,荣获"全省三绿工程畅销品牌产品"称号。"颍州佳酿"入选商务部"中华老字号"品牌。古老的"醉三秋"酒香及其传说,至今飘荡在皖北大地,沃野中华。

(四) 欧阳修赋诗赞焦坡

欧阳修(1007~1072年),字永叔,号醉翁、六一居士,汉族,吉州永丰(今江西省吉安市永丰县)人,北宋政治家、文学家,且在政治上负有盛名。他因吉州原属庐陵郡,以"庐陵欧阳修"自居。他官至翰林学士、枢密副使、参知政事,谥号文忠,世称欧阳文忠公。后人又将其与韩愈、柳宗元和苏轼合称"千古文章四大家"。他与韩愈、柳宗元、苏轼、苏洵、苏辙、王安石、曾巩被世人称为"唐宋散文八大家"。

欧阳修是在宋代文学史上最早开创一代文风的文坛领袖。他领导了北宋诗文革新运动,继承并发展了韩愈的古文理论。他散文创作的成就与其古文理论相辅相成,开创了一代文风。欧阳修在变革文风的同时,也对诗风词风进行了革新。在史学方面,他也有较高成就。欧阳修一生宦海浮沉,曾三遭贬谪,对命运变幻和官场艰险有较深的体验,提出了"诗穷而后工"的诗歌理论,重视抒发自我独特的人生体验,章法委婉平易,语言清新流畅。涉及"焦陂"之地,主要有三首诗。

焦陂,也叫椒陂、焦坡,在今安徽阜阳市阜南县地。明《正德颍州志》卷一:"椒陂塘在州南六十里,广十余顷,溉田万亩。唐刺史柳宝积教民置陂润田,引水入塘,灌溉倍之。"

新春有感寄常夷甫

余生本羁孤,自少已非壮。
今而老且病,何用苦惆怅。
误蒙三圣知,贪得过其量。
恩私未知报,心志已凋丧。
轩裳德不称,徒自取讥谤。
岂若常夫子,一瓢安陋巷。

身虽草莽间,名在朝廷上。
惟余服德义,久已慕恬旷。
矧亦有吾庐,东西正相望。
不须驾柴车,自可策藜杖。
坐惊颜鬓日摧颓,及取新春归去来。
共载一舟浮野水,焦陂四面百花开。

这是一首欧阳修熙宁三年(1070年)正月在青州作的"思颍诗"。欧阳修十次辞官不准,又于熙宁二年冬两次上表,请调寿州,未允。他要求改任寿州的目的是向颍州靠近。他在《乞寿州第一札子》中说:"欲乞就移淮颍间一差遣以便私计。伏望圣慈特赐怜悯。"①

欧阳修最后一首"思颍诗"《忆焦陂》也写到焦陂,此诗写于熙宁四年的蔡州,是其仕途的最后一站,得知皇帝将允许他致仕,心情较为愉快。

忆焦陂

焦陂荷花照水光,未到十里闻花香。
焦陂八月新酒熟,秋水鱼肥脍如玉。
清河两岸柳鸣蝉,直到焦陂不下船。
笑向渔翁酒家保,金龟可解不须钱。
明日君恩许归去,白头酣咏太平年。

诗中"秋水"句暗用"思鲈"典。《晋书·张翰传》:"翰见秋风起,乃思吴中菰菜、莼羹、鲈鱼脍。曰:'人生贵得适志,何能羁宦数千里以要名爵乎!'遂命驾而归。"王维《送从弟游淮南》诗:"忽思鲈鱼脍,复有沧州心。"表达了欧阳修志在必归的欣喜之情。

诗中的清河,贯穿于今阜阳市区和阜南县境的人工河流,今尚存。据传,周景王五至十六年(前540~前529年),楚灵王开"通商渠",自淮河直通小汝河(今泉河),直抵胡国城。五代时后周世宗显德四年(954年),命前华州刺史王祚为颍州团练。王祚改通商渠为"清河",命民大加修浚,颍州南境多年无水患。南宋时清河淤塞。清乾隆时疏浚加宽,河流南经焦陂塘入淮,北汇西湖入颍。②

诗歌描绘出水美、鱼肥,祥和美好的太平景象。焦陂,成了欧阳修牵挂、思念之地,他的绝笔诗再次提到此地,足见眷恋之深。

临薨作

冷雨涨焦陂,人去陂寂寞。
唯有霜前花,鲜鲜对高阁。

---

① 王秋生.苏轼颍州诗词详注辑评[M].合肥:黄山书社,2004:204-205.
② 王秋生.苏轼颍州诗词详注辑评[M].合肥:黄山书社,2004:211-212.

焦陂镇地势平坦,土质肥沃,水质甘甜清冽,矿质含量丰富,有一眼古井,坐落在焦陂酒厂院内,水位恒定,遇暴雨不溢,逢大旱不枯。本地人称它为金沙泉,又名奇泉、九龙泉,取之煮茶,高出杯口而不外溢,用其酿酒,清香扑鼻而浓郁,欧阳修曾留有"九龙泉水一百尺,凭君汲井试烹之"的佳句。有人和:千里酒乡最佳处,一年寒暖奇泉香。《颍州志》记载,焦陂,在西汉时已有酿酒业,宋代有多家酒坊,酿有"银条、风曲"等酒品,清代酿有烧酒、黄酒,1980年在奇泉旁建焦陂酒厂,1982年生产焦陂特曲,被誉为"窖香浓,入口甜,落口绵,酒体丰满,香味协调,余味悠长",伴随欧阳修的诗歌,焦陂美酒,名扬天下。

(五)汉三杰闻香下马,高炉酒十里飘香

千年古镇高炉,自古就以"酒乡"著称。

早在春秋时期,道教鼻祖老子曾沿涡河顺流而下,行至高炉,见此处土肥水美,民风淳朴,于是欣然驻足,开坊烧酒,诚招天下文人骚客,把酒临风,共叙人生、宇宙,而"老子家酒"的美誉也随着涡河水广为流传。

当地还流传另一个传说,三国枭雄曹操击退袁绍之后,曾屯兵高炉镇,开坊烧酒,犒赏将士,从此古老的酿酒工艺便在高炉代代相传。每当粮丰谷满时,家家都用世代相守的家传工艺酿出美酒,以求来年风调雨顺。出酒之日,户户张灯结彩,用上好的陶罐将自家酿造的美酒封存起来,贴上红纸,写上自家姓氏,旦逢往来商贾远游乡人,便将这独特的家酒带到四方。高炉家酒也因其醇厚地道的品质,美名远扬。末代皇帝溥仪曾御笔钦书"汉三杰闻香下马,高炉酒十里飘香"。

2001年,安徽双轮集团推出了第一款以徽派家文化为背景的高炉家酒,成为了国内继孔府家酒之后的第二个以"家"文化为内涵的白酒品牌。

(六)想吃好酒沙河边,双合糟坊匾上悬

元末明初,界首市就有了发达的白酒工业,清代同治年间,沙河酒已经蜚声遐迩。"想吃好酒沙河边,双合糟坊匾上悬",这首脍炙人口的民谣,流传至今。

沙河酒业,秉承传统古方——老五甑发酵工艺,酿造的沙河王酒,口感丝滑细腻,回味柔雅悠长,广告语"点燃激情,滴滴难舍"闻名遐迩,秦含章教授曾誉"安徽多名酒,沙河独成王"。

(七)名人与酒的轶事

《阜阳名酒歌》除了提到名酒,也提到许多名人与酒的轶事。主要有毕卓盗酒、华佗研制麻沸散等。

1. 毕卓盗酒

毕卓,东晋官员,字茂世,新蔡铜阳(今安徽临泉铜城)人。他历仕吏部郎、温峤平南长史,晋元帝太兴末年为吏部郎,因饮酒而废职。

毕卓少年时豁达豪放,很有才华。因当时朝政腐败,加上"八王之乱",权柄你争我夺,杀杀砍砍,国无宁日。他为保身,扮成一个不问政事、不爱权势、饮酒自乐的人。他曾夜间醉后盗邻人之酒被缚于酒瓮边,天亮时主人见是毕吏部,大惊,解缚谢罪。而他却大笑:"让我闻一夜的酒香,多谢了。"并让其打酒再饮,大醉而归。至今民间仍有"瓮边醉倒毕吏部,马上扶归李太白"的劝酒对联。他曾说:"得酒数满百斛船,四时甘味置两头。右手执酒杯,左手持蟹螯,拍浮酒船中,便足了一生矣。"还说:"儒以文乱法,侠以武犯禁,自此衰矣。"于是自题一匾于门首:"游息书屋。"他后来当上了行止秉正、统帅有方的温峤将军的平南长史,协助温峤做了很多有益之事,直至去世。

国画大师齐白石曾有《毕卓盗酒》画作,并题:"宰相归田,囊中无钱。宁可为盗,不肯伤廉。"

在安徽临泉县铜城镇还曾发现毕卓墓,高4米,周长80余米,宏伟威严。墓内分为正室、后室、西室、东室。全为青砖结构,墓砖上刻有鸟花纹。1958年,当地群众掘墓取砖,曾挖出大量五铢铜钱、一只酒壶和一个"吉士夫人"的砖刻。

2. 华佗研制麻沸散

华佗(约公元145～公元208年),名旉,字元化,汉末沛国谯(今安徽亳县)人,东汉末医学家,与董奉、张仲景并称为"建安三神医"。

魏、蜀、吴三国鼎立时,战争频繁,军队和老百姓受伤、生病的很多。华佗是当时最有名的医生,伤病人员都请他治疗。由于那时没有麻醉药,每当做手术时,伤病员要忍受极大的痛苦。有一天,华佗为一个患烂肠痧的病人破腹开刀。由于病人的病情严重,华佗忙了几个时辰才把手术做完。手术做好后,华佗累得筋疲力尽。为了解除疲劳,他喝了些酒。华佗因劳累过度,加上空腹多饮了几杯,一下子喝得酩酊大醉。他的家人被吓坏了,用针灸针刺入中穴、百会穴、足三里,可是华佗没有什么反应,好像失去了知觉似的。家人摸他的脉搏,发现跳动正常,相信他真的醉了。过了两个时辰,华佗醒了过来。家人把刚才他喝醉后给他扎针的经过说了一遍。华佗听了大为惊奇:为什么给我扎针我不知道呢?难道说,喝醉酒能使人麻醉失去知觉吗?

几天以后,华佗做了几次试验,得出结论是:酒有麻醉人的作用。后来动手术时,华佗就叫人喝酒来减轻痛苦。可是有的手术时间长,刀口大,流血多,光用酒来麻醉还是不能解决问题。

后来华佗行医时又碰到一个奇怪的病人：病者牙关紧闭，口吐白沫，手攥拳，躺在地上不动弹。华佗上前看他神态，按他的脉搏，摸他的额头，一切都正常。他问患者过去患过什么疾病，患者的家人说："他身体非常健壮，什么疾病都没有，就是今天误吃了几朵臭麻子花（又名洋金花），才得了这种病症的。"

华佗听了患者家人的介绍，连忙说道："快找些臭麻子花拿来给我看看。"患者的家人把一棵连花带果的臭麻子花送到华佗面前，华佗接过臭麻子花闻了闻，看了看，又摘朵花放在嘴里尝了尝，顿时觉得头晕目眩，满嘴发麻："啊，好大的毒性呀！"华佗用清凉解毒的办法治愈了这名患者，临走时，什么也没要，只要了一捆连花带果的臭麻子花。

从那天起，华佗开始对臭麻子花进行试验，他先尝叶，后尝花，然后再尝果根。实验结果表明，臭麻子果麻醉的效果很好。华佗到处走访了许多医生，收集了一些有麻醉作用的药物，经过多次不同配方的炮制，终于把麻醉药试制成功。他又把麻醉药和热酒配制，麻醉效果更好。因此，华佗给它起了个名字——麻沸散。

今亳州市有"华祖庵"等遗迹，江苏徐州有华佗纪念墓，沛县有华祖庙，庙里的一副对联，抒发了作者的感情，总结了华佗的一生：

医者剖腹，实别开岐圣门庭，谁知狱吏庸才，致使遗书归一炬；

士贵洁身，岂屑侍奸雄左右，独感史臣曲笔，反将庆事谤千秋。

本章通过对"酒"字、酒词、皖北酒俗、皖北酒宴习俗、阜阳酒歌与酒文化等现象的描写，尝试探索皖北酒文化中的民俗语言魅力。这些民俗语言，犹如 meme，广为流传，被人接受，从而形成皖北酒文化的繁盛局面。

meme 一词最早出现在牛津大学著名动物学家和行为生态学家理查德·道金斯（Richard Dawkins）1976 年出版的《自私的基因》(*The Selfish Gene*)一书中。道金斯在书中先提到了 mimeme，这是一个希腊词根，意为"被模仿的东西"，为了读起来有点像 gene 这个单音节词，即去掉词头 mi，缩写成了 meme。他杜撰 meme 一词的主要目的是说明文化进化规律，倡导对社会文化做进化研究。meme 具有两个含义：一是"文化传播单位"，二是"模仿单位"。1999 年，其学生苏珊·布莱克摩尔所著的《模因机器》(*The Meme Machine*)一书出版，该书在很大程度上充分完善了前者的观点，认为模因的核心在于模仿，那些在人与人之间通过相互模仿而传递的东西，如观念、教诲、行为、消息等，都可以被称之为模因。从此，研究 meme 及其社会文化影响的学科被称为 meme tics。牛津英语词典对 meme 的解释是：An element of culture that may be considered to be passed on by non-genetic means. esp. imitation.（文化的基本单位，通过非遗传的方式,特别是模仿而得到传播。)①

在皖北,人们对"酒""酒语""酒文化"的热爱,凝练成酒谚语、酒俗语言、酒歌,伴随欧阳修诗篇,如同 meme,作为文化的基本单位,通过非遗传的方式,特别是模仿而得到传播。这也解释了皖北人爱酒、皖北酒多的深层原因。

---

① 何自然,冉永平.新编语用学概论[M].北京:北京大学出版社 2009:328-329.

附录　皖北谚语、歇后语辑录

一、皖北谚语

（一）宿州谚语[①]

丰年要当歉年过,免得歉年受饥饿。
一天省一把,三年买匹马。
三年不吸烟,省个大黄犍。
勤是摇钱树,俭是聚宝盆。
不听老人言,吃亏在眼前。
一段篱笆三根桩,一个好汉三个帮。
三个臭皮匠,抵个诸葛亮。
灯不拨不明,话不说不透。
不经一事,不长一智。
为人不做亏心事,半夜不怕鬼敲门。
远亲不如近邻,近邻胜如远亲。
人不可貌相,海水不可斗量。
天有不测风云,人有旦夕祸福。
人无远虑,必有近忧。
明枪易躲,暗箭难防。
饱时一斗,饿时一口。
耳听是虚,眼见为实。

真金不怕火来炼。
留得青山在,不愁没柴烧。
吃人家的嘴软,拿人家的手软。
师傅领进门,修行在个人。
和尚不亲帽子亲。
儿不嫌母丑,狗不嫌家贫。
美不美家乡水,亲不亲故乡人。
外（横）财不富命穷人。
冻死迎风站,饿死扎扎腰。
冻死不挖窟,饿死不做贼。
善有善报,恶有恶报,不是不报,时辰未到。
病从口入,祸从口出。
万恶淫为首,百善孝当先。
宁愿站着死,不愿跪着生。
跑了和尚跑不了寺（事）。
纵有良田百亩,不如薄技在身。

---

① 宿州市地方志编纂委员会.宿州市志[M].上海:上海古籍出版社,1991.
　宿县县志编纂办公室.宿县志[M].合肥:黄山书社,1988.
　周道斌.宿县地区志[M].北京:中国人民大学出版社,1995.

十年河东转河西,莫笑穷人穿破衣。
积德行善,不必把佛念。
冰冻三尺非一日之寒。
铁杵磨绣针,功到自然成。
冬吃萝卜夏吃姜,不用医生开药方。
若要身体好吃个八成饱。
不吸烟不喝酒,病魔绕道走。
交了九月九,医生袖着手;家家吃萝卜,病从何处有?
睡前烫烫脚,胜似催眠药。
返老还童求仙丹,不如早起跑三圈。
心宽酣睡,长命百岁。
一顿吃伤,十顿喝汤。
姜开胃,蒜解毒,多吃萝卜百病无。
一生勤劳动,老来药少用。
乐观少忧愁,白发难上头。
笑一笑十年少,愁一愁白了头。
喝开水吃素菜,身体健康不受害。
人躁有病,天燥有雨。
春寒多有雨,夏寒断水流。
八月十五云遮月,正月十五雪打灯。
小雪不下雪,旱到来年五月初。
重阳不下看十三,十三不下一冬干。
十月三场雾,老牛水中凫。
雨后西南风,不刮三天空。
旱了东风不下雨,涝了西风不晴天。
一九、二九不出手,三九、四九冰上走。
三九、四九中心腊,河里冻死连毛鸭。
九九加一九,耕牛遍地走。
交了处暑节,夜凉白天热。
天河调角,收拾被窠。
八月被九月袄,十月棉裤要备好。
早上烧霞,晚上汜麻。

早上白云走,晌午晒干柳。
早上瓦瓦云,中午晒死人。
早看东南,晚看西北。
乌云接驾,不阴就下。
日落胭脂红,无雨也有风。
久晴大雾雨,久雨大雾晴。
燕子低飞,大雨顷刻。
蚂蚁搬家蛇虫爬,小秃挠头天要下。
月晕有风,日晕有雨。
水缸穿裙,大雨淋淋。
太阳落乌云长,半夜三更雨点响。
烟搭棚,天要晴。
日出红云升,劝君莫远行。
晚上星星稠,明日晒淌油。
南风转东风,不落三天空。
公鸡高处鸣,阴天要转晴。
晚上鸡鸭早归笼,明天太阳红彤彤。
响雷雨不凶,闷雷下满坑。
西北乌云无好货,不是大风就是雹。
种子不挑选,出芽不保险。
有钱买种,无钱买苗。
饿死爹娘,留好种粮。
冬耕深一寸,抵上一茬粪。
种麦没啥巧,就怕坷垃咬。
秋分早,霜降迟,寒露种麦正当时。
立冬把耧摇,种一葫芦打两瓢。
麦怕胎里旱,人怕老来苦。
庄稼一枝花,全靠肥当家。
种地不上粪,等于瞎胡混。
扫帚响,粪堆长。
要吃香的,离不了脏的。
冷粪果木热粪菜,生粪上地连根坏。
家土换野土,一亩抵二亩。
过了三月三,南瓜葫芦地里安。

谷雨前,好种棉;谷雨后,点瓜豆。
枣树发芽,好种棉花。
天河南北,好种荞麦。
锄头有粪,越锄越嫩。
干耪棉花湿耪瓜,不干不湿耪芝麻。
立了秋,挂锄钩。
芒种忙,麦上场。
谷上垛,麦上场,豆子扛在肩膀上。
蚕老一时,麦熟一晌。
八成就要收,莫等十成丢。
立冬不拔菜,必然遭冻害。
椿树窝纂(指麦收前的季节),饿得穷人翻白眼;椿树馍盘大(指麦收季节),穷人说大话。

枣芽发,种棉花。
三月三,黄瓜茄子地里安。
芒种忙,麦上场。
楝树开花,饿不死一家。(楝树开花后大麦可做食吃。)
牝牛下牝牛,三年两犋牛。
锄头有水,锄头有火。(锄地可以解旱和抗旱,含有科学道理。)
稠倒秫秫稀倒麦。(倒,倒伏)
看山跑死马,指(靠)亲饿死人。

(二) 亳州谚语①

远亲不如近邻,近邻不如对门。
和尚不亲帽子亲。
秦桧还有仨相好的哩。
知人知面不知心。
生意好做,伙计难合。
光棍不吃眼前亏。
光棍只能打九九,不能打加一。
十个手指头伸出来还不一般长哩。
死蛤蟆说得尿淌。
路是弯的,理是直的。
师徒如父子。
树大自直。
一辈人不问两辈事。
烂眼子肯招灰。
躲了初一,躲不了十五。
隔山不打鸟,隔人不说话。
胖子不是一口吃的。

莫对矮子说短话。
越说他胖他越喘。
越渴越给盐吃。
小庙子神受不了大香火。
猪蹄夹子煮一百滚子还是往里弯的。
卖了孩子买蒸笼,不蒸馒头蒸(争)口气。
人挪活,树挪死。
真人不露相。
天塌压大家。
该着三枪死,躲不过一马叉。
鼻子大压嘴。
大骡子大马值钱,人大了不值钱。
兔子不吃窝边草。
好马不吃回头草。
膻不膻是羊肉。
好账算不折。

---

① 杨志华.亳州市志[M].合肥:黄山书社,1996.

肉烂在锅里。
哑巴蚊子咬死人。
跳到黄河里洗不清。
唾沫星子淹死人。（意谓流言可畏。）
孩哭抱给他娘去。
勺子大，肚子有数。
萝卜快了不洗泥。
隔锅的饭香。
针尖不能两头快。
娇养的孩子无义儿。
破罐子能熬过柏木筲。
好儿不如好媳妇，好闺女不如好女婿。
烟酒不分家。
有衣多寒，无衣少寒。
立春三天，百草发芽。
过了惊蛰节，耕地不停歇。
清明晒死柳，窝窝头子砸死狗。
三月清明种在前，二月清明种在后。
二月清明榆不老，三月清明老了榆。
谷雨前后，种瓜种豆。
立夏前，好种棉。
芒种忙，三两场（打小麦）。
夏至种芝麻，头顶一枝花。
夏至耩黄豆，一天一夜扛榔头。
头伏萝卜二伏芥，三伏里头种白菜。
立秋三天遍地红。
立秋十八天，寸草结籽。
白露早，寒露迟，秋分种麦正当时。
（种麦）秋分前后，正是时候。
（种麦）让秋分不让寒露。
霜降拔葱，不拔就空。
麦要八（月）十（月）三（月）场雨。
二月二湿了仓，打的粮食一把糠。

三月不造场，麦打土里扬。
四月八，雾拉拉，坑里壕里种芝麻。
四月十二湿了老鸹毛，麦打水里捞。
六月六，挂锄钩。
有钱难买五月旱，六月连阴吃饱饭。
（种麦）小雪不倒股，大雪不出土。
小雪雪满天，来年定丰年。
麦盖三层被，小孩搂着白馍睡。
冬雪是冬被，春雪是春害。
九尽花不开，果子（水果）压塌街。
枣芽发，种棉花。
天河南北，快种荞麦。
（荞麦）早怕焦花晚怕霜，八月十五就入仓。
黄豆开花，豆棵里张虾。
种林早小，小麦早老。
旱豇豆，涝小豆，不旱不涝结爬豆。
高地种棉，洼地种树。
秦椒栽花，茄子栽荚。
要想吃好面，还得泥来拌。
稠豆子稀麦，乡里老头吃亏。
种上早麦，十年九得。
一麦顶三秋，得种又得收。
蛤蟆打哇哇，四十天吃疙瘩。
蚕老一时，麦熟一晌。
人误地一时，地误人一年。
春天多流一滴汗，秋天多收两担粮。
人少不了血，地少不了水。
不冷不热，五谷不结。
不锄不耕，五谷不生。
地是刮金板，人勤地不懒。
深耕土一寸，强似一遍粪。
要想好收成，土地要深耕。
人哄地皮，地哄肚皮。

人缺营养面黄,地缺肥料少打粮。
种地不上粪,等于瞎胡混。
肥是地中金,猪是家中宝。
种地不用问,全靠工夫(和)粪。
底肥小麦苗粪谷,林林粪足长得粗。
家里土,粪里虎。
有收没收在于水,收多收少在于肥。
天天拾筐粪,粮食打满囤。
要想多打粮,粪筐挎在肩膀上。
晴天不锄苗,阴天忙不了。
锄头有水,越锄越肥;锄头有粪,越锄越嫩。
锄头不锄墒,庄稼两面荒。
早锄三遍谷金黄,棉花七遍白如霜。
七遍林林八遍花,谷锄三遍转回家。
旱锄棉花,雾锄芝麻。
种子壮,苗儿旺。
一年选种,三年收成。
种子年年选,季季获高产。
培养种子田,丰收就不难。
靠龙靠虎,不如靠黄土。
东奔西跑,不如拾粪除草。
春分秋分,昼夜平均。
春雨贵似油,下得满街流。
清明断雪,谷雨断霜。
穷汉子就怕富汉子哄,柿树开花冷一冷。
要想暖,椿树头子大似碗。
返了春,冻断筋。
夏至未来莫道热,冬至未来莫道寒。
交了七月节,夜寒白天热。
大雪年年有,不在三九在四九。
交了九,一天一夜长一手。
一九二九不出手,三九四九冰上走。

五九六九,抬头看柳。
七九六十三,路上行人把衣宽。
八九七十二,猫狗寻荫蔽。
八九加一九,耕牛遍地走。
东北风,雨祖宗。
东风下雨西风晴。
一点一个泡,大雨马上就来到。
春寒多雨。
东明西暗,撑不到吃饭(下雨)。
雨搅雪,下半月。
八月十五云遮月,正月十五雪打灯。
十雾九晴。
天上洼洼云,明天晒死人。
朝霞不出门(下雨),晚霞行千里(晴天)。
早看东南,晚看西北。
晚晴四十五(天)。
要想日子甜,家里无人闲。
地不亏勤劳力,天不冻出力汉。
外有赚钱手,家有守钱篓。
吃不穷,喝不穷,不会打算就会穷。
养猪养羊,本小利长。
没柴栽柳树,没钱喂母猪。
要想富,喂母猪。
要想富,多栽泡桐树。
家有千棵桐,一辈子不受穷。
鸡鸭喂全,不缺零钱。
家种三分菜,不怕年成坏。
宁叫心宽,不叫屋宽。
五马六羊,七月的狗肉不能尝。
麦怕胎里旱,人怕老来穷。
家里有黄金,邻居有斗秤。
好男不吃分家饭,好女不穿陪嫁衣。
吃亏人常在,破帽子常戴;占便宜死

附录　皖北谚语、歇后语辑录

187

得快。
相与一个人开条路，得罪一个人打道墙。
嘴上无毛，办事不牢。
明枪易躲，暗箭难防。
人心隔肚皮，虎心隔毛翼。
跟着好人学好人，跟着筮婆子（巫婆）下假神。
心里无玄事，不怕鬼敲门。

吃人的嘴软，拿人的手软。
家有千口，主事一人。
不听老人言，饥荒在眼前。
有理走遍天下，无理寸步难行。
好事不出门，坏事传千里。
鼻子大压嘴，胳膊拧不过大腿。
人不在人眼下，树不在树底下。
亲不亲，家乡人。
住庙有山主，住家靠邻居。

（三）砀山谚语[①]

三月清明榆不老，二月清明老了榆（指榆钱）。
清明前后，种瓜种豆。
清明种瓜，船载车拉。
谷雨前，好种棉。
枣树发芽，该种棉花。
小满不满，麦子有闪。
麦到芒种秋到秋，黄豆白露往家收。
芒种忙，麦满场。
麦子去了头，秋秋没了牛。
头伏萝卜二伏芥，三伏里种白菜。
立了秋，挂锄钩。
七月十五见新花，八月十五大把抓（指拾棉花）。
天河南北，好种荞麦。
秋分早，霜降迟，寒露种麦正适时。
寒露至霜降，种麦日夜忙。
蚕老一时，麦熟一响。
春争日，夏争时，误了季节有闪失。
有钱难买五月旱，六月连阴吃饱饭。
七月十五定旱涝，八月十五定收成。

一冬无雪天藏玉，三月有雨地生金。
一年两个春，黄牛贵如金。
冬耕深一寸，抵上一遍粪。
深耕又细耙，种地不用问行家。
地是刮金板，喜勤不喜懒。
人治水，水利人，人不治水水害人。
庄稼一枝花，全靠肥当家。
种地不上粪，等于瞎胡混。
扫帚响，粪堆长。
积肥如积粮，粮在粪中藏。
喂猪赚钱不赚钱，回头看看田。
好葫芦开好瓢，好种子出好苗。
种子胖，苗儿壮。
种地不除草，庄稼似蛇咬。
防病治虫早，庄稼长得好。
豆子锄三遍，豆夹结成串。
棉花锄七遍，棉桃像鸡蛋。
棉花不打杈，净长柴火架。
凹打早，尖打迟，平头打头最适时（棉花打顶芽）。
人哄地皮，地哄人肚皮。

[①] 砀山县地方志编纂委员会. 砀山县志[M]. 北京：方志出版社，1996.

人哄地一时,地哄人一季。
麦怕胎里旱,人怕老来穷。
要致富,栽果树。
一亩园,十亩田。
村庄无树难发财,四旁绿地沙不来。
桃三杏四梨五年,枣树栽后当年就还钱。
雨打梨花减一半,沙打梨花不见面。
七月枣八月梨,九月柿子红了皮。
雷打立春节,惊蛰雨不歇。
清明有雨,连到谷雨。
正月十五雨打灯,滴滴答答到清明。
四月十二湿了老鸹毛,麦子水里捞。
大旱不过五月十三。
六月六湿龙衣,一直下到七月七。
淋了伏头,锈了锄头。
八月初一下一阵,旱到来年五月尽。
重阳无雨看十三,十三无雨一冬旱。
春风带哨,秋后易涝。
东风不倒,神仙难保(要下雨)。
南风不过三,过三不雨也阴天。
南风转东风,三天不落空(下雨)。
西风刹雨脚,有雨也不多。
迎风过云,不用问神(下雨)。
西北风刮三天,云彩都归东南山。
云向东一场空,云向西披蓑衣。
云绞云,雨淋淋。
日落乌云长,半夜雨点响。
黑云风,白云雨。
有雨四方亮,无雨天顶光。
西北起黄云,冰雹要来临。
黑云镶白边,冰雹将会来。
日出胭脂红,不雨便有风。
晚看西北明,明日定天晴。

早晨烧霞,傍晚沤麻。
早霞不出门,晚霞行千里。
月亮长毛,有雨明朝。
日晕后,天要漏。
日晕三更雨,月晕午时风。
闪电无光,风大雨狂。
东虹晴,西虹雨。
虹吃雨天要晴,雨吃虹下不停。
烟搭棚,阴转晴。
早晚烟扑地,老天有雨意。
长虫过路,大雨将注。
蠓虫打脸,有雨不远。
水缸出汗地返潮,不久雨来到。
蛤蟆叫连声,下满壕坑。
泥鳅跳,雨来到。
人心齐,泰山移。
单手拍不响,独木不成林。
众人拾柴火焰高。
三个臭皮匠赛过诸葛亮。
勤是摇钱树,俭是聚宝盆。
精打细算,钱粮不断。
细水长流,吃穿不用愁。
不吸烟不喝酒,身体健康钱在手。
三年不吸烟,省个大老犍。
远亲不如近邻,近邻不如对门。
争之不足,让之有余。
路遥知马力,日久见人心。
打人莫打脸,骂人莫揭短。
没有不下雨的天,没有用不着的人。
害人之心不可有,防人之心不可无。
心中无邪事,不怕鬼敲门。
不当家不知柴米贵。
好借好还,再借不难。
儿不嫌母丑,狗不嫌家贫。

嘴上无毛,办事不牢。
上梁不正下梁歪。
宁吃甜桃一口,不吃烂杏一筐。
有理走遍天下,无理寸步难行。
好事不出门,坏事传千里。
人急反常,狗急跳墙。
人穷莫说方便,人老莫话当年。
有志不在年高,无志空活百岁。

在家千日好,出外当时难。
在家靠父母,在外靠朋友。
饱汉子不知饿汉子饥,骑马不知步撵的。
树大有柴烧,人大(骄傲自大)一文不值。
事不明,问群众。
政策好不好,下乡问父老。

(四)凤台谚语①

一人开井,万人饮水。
不怕不知,只怕不学。
工不枉人,地不亏人。
亏心人进不得庙门。
勺子免不了碰锅台。
天上无云不下雨,地上无人事不成。
水到檐前便开沟。
急火打不出好烧饼。
歪嘴和尚念错经。
要打当面鼓,莫敲背后锣。
单丝不成线,独木不成林。
佛争一炷香,人争一口气。
居安思危,思则有备,有备无患。
虎瘦雄心在,人穷志不穷。
运来时,扁担开花;倒霉时,生姜不辣。

冻不死的葱,干不死的蒜。
房子好住,街坊难处。
爱火不爱柴,火从哪里来?
唱戏要嗓子,拉弓要膀子。
理正不怕官,心正不怕天。
淡酒多杯会醉人。
藕发莲生,必定有根。
要得小儿安,多受饥少受寒。
春东风,雨祖宗;春东夏西秋不论。
夏至耩黄豆,一天一夜扛榔头。
秋前,秋后,雁爪绿豆。
白露早寒露迟,秋分种麦正当时。
童子活了八百,还是早稻早麦。
立夏三日火,麦死九条根。
小满收麦个别家,芒种收麦普天下。

(五)阜南谚语②

大雪年年有,不在三九在四九。
三九四九中心腊,河里冻死连毛鸭。
冷在三九,热在中伏。

一九二九不出手。
三九四九凌上走。
七九八九,杨花看柳。

---

① 凤台县地方志编纂委员会.凤台县志[M].合肥:黄山书社,1996.
② 阜南县地方志编纂委员会.阜南县志[M].合肥:黄山书社,1997.

九九八十一,黄狗卧荫地。
春打五九尾,家家卖老米。
春打六九头,家家卖老牛。
反了春,冻断筋。
九尽花不开,果子压塌街。
三垦对门,屋檐底下坐人。
春分秋分,昼夜平分。
清明要明,谷雨要晴。
穷孩子别信富孩子哄,樟树开发有一冷。
枣芽发,种棉花。
二月怕三七,四月怕初一。
三七初一都不怕,就怕四月十二下。
四月十二湿了老鹅毛,麦打水里捞。
癞蛤蟆打哇哇,四十天吃疙瘩。
四月八雾沙沙,高地洼田收芝麻。
小满见三新。
麦到芒种秋到秋,豆子顶到寒露收。
麦熟一晌,蚕老一时。
芒种黄豆夏至秧。
芒种忙,乱打场。
立夏不下,停犁子住耙。
夏至种黄豆,一天一夜扛榔头。
五月二十五,葛家白龙来探母。
午忙六月锄破皮,强似冬天犁一犁。
交了七月节,夜寒白天热。
立秋三天遍地红(高粱成熟)。
秋前秋后,狗蹄子荞麦,雁瓜绿豆。
立了秋,挂锄钩。
七月七,拾半斤(棉花)。
豆子开花,地墒沟摸虾(或养鸭)。
麦熟一晌,蚕老一时。
稀豆子稠麦,十种九得;稀麦稠豆子,饿死小舅子。

八月二十种早麦,九月重阳种好麦。
八月蛤蟆叫,小麦种两道,不是打烃巴,就是拉泥条。
秋分早,霜降迟,寒露种麦正当时。
三垦正南,小麦下田。
重阳不下看十三,十三不下一冬干。
三垦歪,种好麦。
交了十月节,下雨就下雪。
麦怕胎里旱,人怕老来穷。
雪下到灰里,麦收到堆里。
寸麦吃丈水,丈麦不吃寸水。
麦盖三床被,头枕馒头睡。
麦楼黄泉,稻搂颖。
葱栽一犁,蒜栽地皮。
灰里芝麻,泥里豆。
春寒多有雨,夏寒断水流。
六月六下雨,七月七涨水。
七月十五定旱涝,八月十五走年成。
乡里老头不怕鬼,就怕七月十五一场水。
早看东南,晚看西北。
日落云长,半夜水响。
晚上烧霞是晴天,不用打卦问神仙。
早霞不出门,晚霞行千里。
雨后西南风,三天不脱空。
早上浮云走,响午晒死狗。
东明西暗,撑不到吃饭。
春雾雨,夏雾热,秋雾连阴冬雾雪。
东降(虹)日头,西降雨,南降出来发大水。
淋伏头晒伏脚,二八月里炒破锅。
十月雾,黄牛漫岗鬼。
扫帚响,粪堆长。
淹了淮河湾,塌了半拉天。

收了淮河湾,养活半拉天。
出门看天色,进门看脸色。
三年不吸烟,省个大老犍。
囤尖好省,囤底难挨。
地是刮金板,人勤地不懒。
人不哄地皮,地不哄肚皮。
人穷地生劣,家败出毛猴。
人哄地一时,地哄人一季。
家有黄金,邻有斗秤。
外头有个抓钱手,家里有个聚钱斗。
一步赶不上,步步赶不上。
紧睁眼,慢张口。
说话轻,过活重。
话不说不知,木不钻不透。
孙子有理能讲着爷。
墙有缝,壁有耳。
路上说话,草棵里有蛇。
仰脸老驴漫山跑,掀头老驴吃饱草。
人不在人眼下,树不长树底下。
人到人眼下,怎敢不低头。
光棍打九九,不能打加一。
人抬人高,人踩人低。
冻闲人,饿懒人。
相与个朋友多条路,得罪个朋友拆座桥。
有志不在年高,无志空活百岁。
有智吃智,无智吃力。
有理不在言高。
一人说话满有一,二人说话见高低。
旁观者清,当局者迷。
有理走遍天下,无理寸步难行。
官不打送礼的,狗不咬拉屎的。
是树高过草,是官刁过民。
官卫官,民向民,关老爷只向蒲州人。

强梁不压地土。
一人难称二人意,十人难称百人心。
一家饱满千家怨。
一辈做官,十辈打砖。
人心隔肚皮,虎心隔毛皮。
跟着好人学好人,跟着巫婆下假神。
会说话叫人笑,不会说话叫人跳。
猪蹄子熬一百滚子,只朝里勾不朝外连。
只南走一千,不北走一砖。
走千走万,不如淮河两岸。
早起三光,晚起三慌。
不怕不识货,就怕货比货。
没行市有比式。
有货不愁贫,无货愁坏人。
你敬人一尺,人敬你一丈。
人不可貌相,海水不可斗量。
君子肚里宽似海,宰相肚里磨舟船。
为人不做亏心事,不怕半夜鬼敲门。
身正不怕影子斜,脚正不怕鞋儿歪。
染房不开牌子在,腊肉骨头受得啃。
留得青山在,不怕没柴烧。
人过留名,雁过留声。
家鸡打得团团转,野鸡不打望天飞。
只跟人比种田,不跟人比过年。
种不好庄稼一季子,娶不到好老婆一辈子。
聪明一世,糊涂一时。
吃一磨亏,学一磨刁。
三个臭皮匠,赛似诸葛亮。
长木匠,短铁匠。
铁匠不使好剪子,木匠不坐好板凳。
在家千日好,出外一时难。
在家靠父母,出外靠朋友。

久病床前无孝子。
棒打出孝子,娇养忤逆儿。
有百年自家,没百年亲戚。
大树底下好乘凉。
头十年看父敬子,后十年看子敬父。
三十年前子仗父贵,三十年后父靠子荣。
不看僧面看佛面,不看鱼情看水情。
儿不嫌母丑,狗不嫌家贫。
没吃过猪肉,也见过猪走。
离了王屠户不能连毛吃猪。
不制大网,不逮大鱼;不逮大鱼,不破大窟窿。
跳得高,摔得响。
一不做,二不休。
一锹是动上,两锹是活埋。
耳听是虚,眼见是实。
都想坐轿没人抬。
碾磨不动,鸡无食。
哪山上老虎都吃人。
兔儿不吃窝边草。
虎毒不吃儿。
远水不解近渴。
远亲不如近邻,近邻不如对门。
嫁出门的女,泼出盆的水。
只管三尺门里,不管三尺门外。
三十年河东转河西,莫笑穷人穿破衣。
编筐打篓,养家糊口。
百能百巧百受穷。
吃不穷,穿不穷,算计不到一世穷。
有事要大胆,无事要小心。
人急叫娘,狗急跳墙。
千里姻缘一线牵,该是姻缘棒打不开。
得了上风扬石磙。

(六) 阜阳谚语[①]

正月初一不见星,沥沥拉拉到清明。
春打六九头,家家卖老牛;春打五九尾,家家吃大米。
反了春,冻断筋。
春雾雨,夏雾热,秋雾凉风冬雾雪。
正月雷,土谷堆;二月雷,麦谷堆。
九尽花不开,果子压坍街。
东风不倒,天气不好。
七晴八不晴,逢九放光明。
三怕三七,四怕初一。
三七初一都不怕,就怕四月十二下。
四月十二湿了老鸹毛,麦在水里捞。
大旱不过五月十三。
五月二十五,老龙去探母。
瓦瓦云,晒死人;棉花云,雨淋淋。
早上烧霞,晚上沤麻。
东明西暗,晴不到吃饭。
东虹日头西虹雨,南虹出来发大水,北虹一出卖儿女。
日落云长,半夜雨响。
雷暴雨,三后响。
风是雨的头,风来雨不愁。
星星照泥,再下二回。
月亮戴斗篷,必定要刮风。

[①] 阜阳市地方志编纂委员会.阜阳市志[M].合肥:黄山书社,1993.

早起浮云走,晌午晒死狗。

早看东南,晚看西北。

月牙仰巴,不愁不下;月牙立楞,少雨多风。

早燥有风,晚燥有雨。

盐罐反潮,大雨难逃;水缸发腥,大雨满坑。

交了七月节,夜寒白天热;交了八月节,一热也不热。

八月十五云遮月,正月十五雪打灯。

重九不下看十三,十三不下一冬干。

立了秋,凉飕飕,手中扇,随处丢。

交了十月节,下雨就下雪。

热在中伏,冷在三九。

吃了冬至饭,一天长一线。

头九下,九九下,头九不干一冬干。

一九二九伸不出手,三九四九冰上走,五九六九河开冻,七九八九抬头看柳,九九八十一,路上行人把衣披。

大雪年年有,不在三九在四九。

雨掺雪,下半月。

下雪不冷,化雪冷。

初九初十,月落子时。

十五六,两头露;二十楞正,月出一更。

二十四五六,月亮出来正使牛。

雪后树挂孝,晴天就来到。

春到人间,栽树当先。

家有百棵树,等于小仓库。

夜里下,白日晴,收的粮食没处盛。

有钱难买五月旱,六月连阴吃饱饭。

枣芽发,种棉花。

三月三,倭瓜葫芦下地边。

黄鹂鸟子来,梅豆子埋。

三月谷雨种(棉)前,二月谷雨种后。

头伏萝卜二伏芥,三伏里头种白菜。

癞蛤蟆打哇哇,四十五天吃疙瘩。

打春一百(天),磨镰割麦。

小麦去了头,秫秫瞒住牛。

六月六,耩黄豆,一天一夜扛榔头。

七月十五定年成,八月十五定收成。

白露早,霜降迟,寒露种麦正当时。

稀麦稠豆子,饿死小舅子。

麦盖三床被,枕着馒头睡。

豆子开花,豆棵里捉虾。

麦怕胎里旱,人怕老来苦。

冬耕深一寸,抵上一遍粪。

立秋三天遍地红(秫秫熟了)。

桃三杏四梨五年,枣树栽上就卖钱。

种地不上粪,等于瞎胡混。

紧手的庄稼,消闲的买卖。

庄稼一枝花,全靠粪当家。

人勤地出宝,人懒地长草。

扫帚响,粪堆长。

麦吃三月连阴雨,还得二月雨来催。

小满三天西南风,神鬼都担惊。

四月八,不见黄瓜定见花。

小满见三新——大麦、菜籽、蚕茧。

七月七,拾半斤(棉花)。

种地种到老,还是早麦早豆子好。

灰里芝麻泥里豆,不干不湿种秫秫。

湿锄黄豆干锄花,不干不湿锄芝麻。

和气为贵,和能生财。

生意不成仁义在,这次不买下次来。

不怕不卖钱,就怕货不全。

不怕不识货,就怕货比货。

货卖堆山。

一分利润吃饱饭,三分利润饿坏人。
秤砣虽小压千斤,买卖公平暖人心。
人无笑脸别开店,货不停留利润多。
行船看风向,买卖看行情。
货好不怕看,功夫不怕练。
人叫人千声不语,货叫人不叫自来。
长木匠,短铁匠,不长不短是裁缝。
车多不碍路,船多不碍江。
犯病的不吃,犯法的不做。
当面查钱不为簿。
编筐打篓,顾住几口。
便宜没好货。
没有行市,有比市。
南京到北京,买的没有卖的精。
缺斤扣两,折福折寿。
先尝后买,知道好歹。
货卖三家不吃亏。
三年不吸烟,省个大老犍。
囤尖好省,囤底难留。
吃不穷,穿不穷,算计不到就要穷。

人敬我一尺,我敬人一丈;人敬我一丈,我把人顶头上。
为人不做亏心事,半夜叫门心不惊。
树大不怕狂风摆,脚正不怕鞋儿歪。
有理走遍天下,无理寸步难行。
吃人家的嘴软,拿人家的手短。
有理不在年高,孙子有理讲住爷。
会怨的怨自己,不会怨的怨别人。
做到老,学到老,一生一世学不了。
灯不拨不亮,话不说不明。
路是弯的,理是直的。
路不平,有人踩;理不平,有人摆。
猪嘴好捆,人嘴难捆。
上梁不正下梁歪。
大河有水小河满,大河无水小河干。
人越睡越懒,嘴越吃越馋。
满罐子不摇,半罐子晃荡。
葱辣鼻子蒜辣心,坏人好嚼舌头根。
伸拳不打笑脸人。
家有黄金,邻舍有斗秤。

(七) 怀远谚语[①]

种地不要问,全靠功夫粪。
扫帚响,粪堆长,粪堆长,庄稼旺。
有收无收在于水,多收少收在于肥。
家里土,地里虎。
种地不上粪,等于瞎胡混。
麦苗把头抬,追肥莫迟挨。
人不混地,地不混人。
追肥追得早,十块庄稼九块好。
稻子孕穗肥要足,施担大粪换担谷。
施肥一大片,不如一条线。

冷粪果木热粪菜,生粪上地连根坏。
多肥倒,少肥黄,不多不少多打粮。
伏天积好粪,来年麦子收成囤。
犁在松土,耙在油土,种在墒土,锄在浮土。
三年不翻粪成土,土翻三年就成粪。
犁得深,耙得匀,瘦土变成银。
冬耕深一寸,抵上一遍粪。
生土变熟土,一亩抵两亩。
要想丰收年,冬天深耕田。

[①] 怀远县地方志编纂委员会.怀远县志[M].上海:上海社会科学院出版社,1990.

八月犁田一碗油,九月犁田半碗油,十月犁田没有油。
麦耙紧,豆耙松,秫秫耙得不透风。
麦收一盘耙,秋收一张锄。
秫秫茬,小晒垡,种麦顶呱呱。
过了惊蛰节,耕地不停歇。
种在犁上,收在锄上。
灰里芝麻,泥里豆,干种麦子到老瘦。
要想庄稼好,一年四季早。
早一日,早一春,早个时辰早定根。
千耕万犁,赶不上播种适宜。
九尽种秫秫,谷种三月中,早了好悬心,晚了穗头松。
柳棉刮,枣树发芽种棉花。
清明玉米,谷雨花(生),谷子播种到立夏。
清明前后,点瓜种豆(菜豆)。
谷雨下早秧,节气正相当。
春种争日,夏种争时。
五月田,早种一夜高一拳。
栽秧栽到五月中,早上不换中午工。
早怕焦花,晚怕霜,七十二天回家乡(荞麦)。
大暑前,小暑后,两暑之间种绿豆。
秋分早,霜降迟,寒露种麦正当时。
二指浅,四指深,麦种三指正当心。
大麦种过年,认粪不认田。
清明后谷雨前,种上高粱就种棉。
夏至耩黄豆,一天一夜扛榔头。
庄稼苗不全,误田大半年。
有钱买种,无钱买苗。
种稠了丢,长稠了收。
六月初三丢一丢,高田洼地都有收。
五月秧,单插香,六月秧,大把夯。

头伏萝卜,二伏菜。
豆打秧长,麦打头。
椿树窝纂,种谷不晚。
夏至东南风,必定收洼坑。
四月大雨霎霎,高地洼地种芝麻。
草是庄稼病,不锄要送命。
好苗不锄草,还是收不好。
牲口怕水草不匀,庄稼怕杂草围根。
种田要三好:一苗二肥三锄草。
林林榜八遍,给麦都不换。
晒根的林林培根的谷,芝麻留台长得粗。
伏天锄破皮,强似冬天犁一犁。
懒汉不栽隔夜秧。
稻薅三交米无糠,棉锄八遍白如霜,黄豆三交滚过江。
豆要一条根,只要榜得深。
大暑不浇苗,到秋无好苗。
黄疸收,黑疸丢,黄疸收一半,黑疸不见面。(黄疸:小麦锈病;黑疸:小麦黑穗病)
麦怕胎里旱,豆怕苗时荒。
寸麦过丈水,尺麦怕寸水。
麦怕子时雨,稻怕午时风。
麦子扬花火炼丹,稻子扬花水满田。
谷锄深,麦锄浅,豆子露出半个脸。
二月雨泼泼,稀麦变稠麦。
麦收三月雨,全靠二月下。
黄豆开花,墒沟长虾。
麦子去了头,秫秫漫黄牛。
麦收八、十、三场雨。(农历八月、十月、三月)
麦盖三床被,枕着馒头睡。(冬雪)
小满收麦家把家,芒种收麦普天下。

立秋三天遍地红。
蚕老一时,麦老一晌。
立罢秋,锄挂钩。
秋分不分,拿刀割根(绿豆)。
麦收黄,秫收红,大豆收摇铃。
麦收九成熟,不收十成落,九成开镰,十成归仓。
锄地不锄墒,弄得两家荒。
人勤地出宝,人懒地生草。
慢工出巧匠,快了不妥当。
庄稼年年收,就怕懒汉不开沟。
水利不修,有田自丢。
种子年年选,产量节节高。
好种出好苗,好葫芦开好瓢。
种地选好种,一垄抵两垄。
母大儿肥,粒大苗壮。
家有百样种,不怕老天哄。
种子留双套,不怕天胡闹。
新品种要想多,田间注意多选棵。
凉扛秫秫,热扛麦。
饿死爹娘,不吃种粮。
瑞雪兆丰年。
清明晒死柳,窝窝头子撑死狗。
小满十天晴,麦粒赛狗蝇。
夏至东风摇,麦子水里捞。
五月冷,一棵豆子打一捧。
有钱难买五月旱,六月连阴吃饱饭。
春旱不算旱,秋旱丢一半。
立了秋,哪里下雨哪里丢。
高粱开花地裂缝,赶快多做粮食囤。
八月三场雾,荞麦长成树。
七月十五定干旱,八月十五定年成。
立夏不下(雨),棚犁搁耙(主歉收)。
早看东南,晚看西北。

早上烧霞,晚上沤麻。
早起浮云走,晌午晒死狗。
云从东南涨,有雨不过晌。
日落乌云长,半夜听水响。
早霞不出门,晚霞行千里。
云走东,车马通;云走西,披蓑衣。
乌云接驾,半夜就下。
云绞云,雨淋淋。
日晕三更雨,月晕午时风。
天上钩钩云,地上雨淋淋。
天上宝塔云,地上雨淋淋。
天上鱼鳞片,无雨风也颠。
西北来云无好货,不是风来就下雹。
云头黄而红,冰雹在雨中。
十雾九晴。
春雾晴,夏雾热,秋雾凉风,冬雾雪。
夜雾伴秋,来年雾打春。
八月雾,粮满库。
霜打冬至前,来年雨涟涟。
十月三场雾,黄牛水上凫。
秋雾干到底,冬雾来还礼。
四季东风四季下,只怕东风刮不大。
东风不过三(天),过三雨连天。
久旱东风不下雨,久雨东风不晴天。
久晴西风必下雨,久雨西风必晴天。
夏至西南风,十八天水来冲。
秋前北风秋后雨,秋后北风干到底。
五月南风下大雨,六月南风干河底。
清明刮了坟头土,滴滴答答四十五(天)。
惊蛰刮大风,冷到五月中。
顶风上云,不雨就阴。
雷打立春节,惊蛰雨不歇。
雷打惊蛰后,低田好收豆。

惊蛰响雷,小满发水。

正月雷响雨不止。

秋后雷声发,大旱一百八。

东闪空,西闪雨,南闪火门开,北闪连夜来(雨)。

一冬无雨雪,有雨就在二三月。

春寒多有雨,夏寒断水流。

热极生风,闷极生雨,闷得很,下雨拿得稳。

冬寒春雨多,冬暖春雨少。

秋干返春,冬旱春涝。

冬暖春寒,夏雨多。

久晴必久雨,久雨必久晴。

桃花落在烂泥里,麦子收到干土里;桃花落在干土里,麦子收到烂泥里。

秋雨透地,霜期远离,秋后雨水多,来年雨水缺。

惊蛰牛打颤,冷到五月半。

九内南风伏里旱。

重阳无雨看十三,十三无雨一冬干。

清明夜雨,连到谷雨。

九内无雪伏里旱。

四月初三初四雨,麦子泥里取。

四月十二湿了老鸹毛,麦子水里捞。

头九、二九下了雪,头伏、二伏雨不缺。

头九封冻二九开,二九不开到春来。

九尽三场雨,遍地都是米。

正月十二阴,遍地生黄金,正月十二晴,鲤鱼穿河凌,正月十二下,鲤鱼干在桥底下。

八月十五云遮月,正月十五雪打灯。

三月怕初七,四月怕初一,初七、初一都不怕,就怕四月十二下。

立夏不下,无水浇耙。

立秋打雷不旱秋。

淋了小暑头,四十五天不使牛。

月亮打黄伞,三天晴不到晚。

月亮坐火盆,有雨在明晨。

东虹日头西虹雨。

鱼起头,下雨不用愁。

水缸穿大褂,必定有雨下。

人黄有病,天黄有雨。

三月还下桃花雪,四月还下麦黄霜。

秋后三场雨,麻布褂子高挂起。

交了七月节,夜寒白天热。

东雨不救西田,救了西田下半年。

缸穿靴,山戴帽,大雨不到小雨到。

瓦块云,晒死人。

天上有了扫帚云,不出三天大雨淋。

霜后暖,雪后寒。

大雪年年有,不在三九在四九。

立春三场雾,雨水漫大路。

交了十月节,变天就下雪。

(养猪)赚钱不赚钱,回头看看田。

鸡鸭养得全,不缺油和盐。

种地要选两合土,买牛要买抓地虎,前裆放开手,后裆插下手。

牛腿要弯,驴腿要直。

马无夜草不肥。

温食暖圈,一天一夜长斤半(养猪)。

草膘、料力,水精神。

寸草锄三刀,无料也添膘。

有料无料,四拐都拌到。

春防病,夏防热,秋防凉,冬防雪。

猪吃百样草,看你找不找。

圈要干,槽要净,牲口就会少生病。

养牛没有巧,圈干草料饱。
外有挣钱手,家有聚钱斗。
干活不随东,累死枉无功。
三年不吸烟,省个大老犍。
兔子不吃窝边草,光棍不吃眼前亏。
四两秤砣压千斤。
人在人眼下,不得不低头。
好家搁不住三搬。
心里没有病,不怕鬼敲门。
人领着不走,鬼牵着乱转。
十年大路走成河,十年媳妇熬成婆。
山不转路转,路不转人转。
当家才知柴米贵,养儿才知报娘恩。
嘴上无毛,办事不牢。
有心栽花花不发,无心插柳柳成荫。
光棍打九九,不能打加一。
人不伤心不掉泪。
人心要实,火心要虚。
跟人家比种田,不跟人家比过年。
人抬人高,水涨船高。
雪里埋不住死尸。
一天省一口,一年省三斗。
半夜起来上扬州,天亮还在锅后头。
家有千斤油,不点双灯头。
大水冲倒龙王庙,一家人不认一家人。
笑一笑,十年少,愁一愁,白了头。
饭后百步走,活到九十九。
鱼生火,肉生痰,青菜萝卜保平安。
冬吃萝卜夏吃姜,不用医生开药方。
人过留名,雁过留声。
人无远虑必有近忧。

百里不同俗,十里一乡风。
狼走千里吃肉,狗走千里吃屎。
人心隔肚皮,虎心隔毛衣。
人不可貌相,海水不可斗量。
好事不出门,坏事传千里。
百货中百客,好酒卖背巷。
吃不穷,穿不穷,算计不到一世穷。
打人不打脸,骂人不揭短。
是艺都养生,就怕学不精。
众人是杆秤,斤两称分明。
水流千里归大海,儿行千里母担忧。
七十二行,行行出状元。
一个老鼠坏锅汤。
好儿不吃分家饭,好女不穿嫁时衣。
上梁不正下梁歪,中梁不正倒下来。
磨刀不误砍柴工。
单丝不成线,孤树不成林。
兄弟一条心,黄土变成金。
门里出身,不学会三分。
有这一堆灰,不愁驴打滚。
破船还有三千钉。
脚正不怕鞋歪,身正不怕影斜。
囤尖子好省,囤底子难省。
饱时一斗,饿时一口。
不吃馒头争(蒸)口气。
理不短,嘴不软。
画龙画虎难画骨,知人知面难知心。
走千走万,不如淮河两岸。
收了大河湾,猫狗都把裤子穿。
收了大河湾,富了半边天。
淹了大河湾,单被改成裤子穿。

（八）界首谚语[①]

秋分早，霜降迟，寒露种麦正当时。
一寸浅，二寸深，麦播寸半宜发墩。
小雪不倒股，大雪不出土。
好种出好苗，好葫芦开好瓢。
三月清明种在前，二月清明种在后（指高粱）。
麦喜三月连阴雨，还得二月雨来催。
人误地一时，地误人一季。
过了三月三，倭瓜葫芦地里钻。
蛤蟆打哇哇，四十八天吃疙瘩。
人到小满说大话，牛到谷雨吃饱草。
大暑前，小暑后，二暑中间种绿豆。
蚕老一时，麦熟一晌。
夏至耩黄豆，一天一夜扛榔头。
头伏萝卜，二伏芥，三伏里头种白菜。
豆子开花，豆棵里养鸭。
追肥不浇水，庄稼撅着嘴。
深耕加一寸，顶上一遍粪。
庄稼老头不能鬼（指高兴），就怕七月十五一场水。
立秋三天遍地红（指高粱）。
育在秋分关，栽在立冬边（指油菜）。
家有百棵桐，子孙不受穷。
要想福满门，喂好家畜禽。
编席打篓，养活几口。
东明西暗，晴不到吃饭。
太阳落，云彩长，半夜三更雨声响。
水缸出汗，大雨必现。
早上烧霞，晚上沤麻。
瓦瓦云，晒死人。
四月十二湿了老鸹毛，麦从水里捞。
黑云黄稍子，必定下雹子。
立秋十八天，河里断澡洗。
头九晴九九晴，头九阴九九阴。
冷在三九，热在中伏。
七九、八九，抬头看柳。
吃了冬至面，一天长一线。
庄稼不收，百事不成。
真正好友，不讲菜酒。
索要彩礼，不是诚心夫妻。
不吃苦中苦，难得甜上甜。
狗不嫌家贫，子不嫌母丑。
死后哭爹哭娘，不如活着暖暖心肠。
一天省一把，三年省匹马。
屯尖好省，屯底难留。
饥不暴食，渴不狂饮。
少吃多得味，多吃活受罪。
早吃饱，午吃好，晚吃少。
少吸烟，少饮酒，病魔见了绕道走。
大蒜是个宝，常吃身体好。
美酒且莫过量，好菜不必过食。
冬吃萝卜，夏吃姜，不找医生开药方。
饭后百步走，活到九十九。
笑一笑，十年少；愁一愁，白了头。
气多催人老，乐观度少年。
睡觉洗洗脚，胜似催眠药。
勤剪指甲勤洗头，减少疾病添阳寿。
新社会新风尚，男孩女孩都一样。
宁添一斗，莫添一口。
子女多了家务忙，累死累活是爹娘。

[①] 界首市地方志编纂委员会.界首县志[M].合肥：黄山书社，1995.

(九) 利辛谚语[①]

早晨烧霞,晚上沤麻。
天上钩钩云,地下雨淋淋。
瓦瓦云,晒死人。
粪缸臭,天要漏。
烟搭棚,天要晴。
炊烟不出门,不久雨倾盆。
天上扫帚云,三日雨淋淋。
热发冷,云发红,不到吃饭要下凌(冰雹)。
日落云彩长,半夜听雨响。
天上鱼鳞斑,晒粮不用翻。
早起浮云走,晌午晒死狗。
蛤蟆哇哇叫,大雨要来到。
东明西暗,等不到吃饭。
雷暴雨,三后晌。
有钱难买五月旱,六月连阴吃饱饭。
一场春雨一场暖,一场秋雨一场寒。
东风不过晌,西风渐渐长。
盐罐返潮,大雨难逃。
缸穿裙,大雨淋。
壕里泛青苔,大雨不久来。
下雪不冷,化雪冷。
小燕来,抽蒜薹;大雁来,拔棉柴。
一九二九,闲人袖手,三九四九凌上走。五九六九中心腊,河里冻死老母鸭。七九八九,杨花看柳。九九加一九,耕牛遍地走。
九尽花不开,果子压塌街。
立春天气暖,雨水送肥晚。
惊蛰快耙地,春分犁不闲。

清明多栽树,谷雨下春物。
立夏点瓜豆,小满不种棉。
芒种收新麦,夏至种田忙。
小暑不算热,大暑热死人。
立秋种白菜,处暑摘新棉。
要想吃好面,还得泥来拌。
稀麦稠豆子,饿死小舅子。
麦盖三床被,枕着馒头睡。
白露栽白菜,早三天不早,迟三天不迟。
白露种荞麦,一半黑,一半白。
种麦选好种,一垄顶两垄。
种麦不上粪,等于瞎胡混。
七月十五定旱涝,八月十五定年成。
麦怕子时雨,稻怕午时风。
稳当秫秫,浪荡麦。
秫怕苞里焐,人怕老来苦。
麦怕胎里旱,人怕病不看。
麦熟三晌,蚕老一时。
四月十二湿了老鸹毛,麦从水里捞。
淋伏头,晒伏脚,谷子秫秫泥里摸。
上粪一大片,不如一条线。
肥是庄稼宝,缺它长不好。
沤绿肥没啥巧,一层土一层草。
冬耕深一寸,抵上一遍粪。
干犁湿耙,白累一夏。
无灾人养树,有灾树养人。
十年靠前,不如种田;十年靠后,不如栽树。
立秋三天遍地红。

[①] 利辛县地方志编纂委员会.利辛县志[M].合肥:黄山书社,1995.

附录 皖北谚语、歇后语辑录

立秋三天,寸草结籽。
麦到芒种秫到秋,白露黄豆往家收。
小满不满,芒种不管。
谷三串,麦露实,豌豆丰收半个籽。
庄稼不让时,船家不让风。
春天不忙,冬天无粮。
月怕十五年怕半,庄稼人怕的误时限。
一季早,季季早,十年庄稼九年好。
春争日,夏争时。
小麦不怕草,就怕坷垃咬。
麦耙紧,豆耙松,秫秫耙得不透风。
小满十八天,生熟都要干。
麦黄不要风,有风没收成。
棉花锄七遍,疙瘩长成串。
棉花薅芽,豆子薅荚。
桃三杏四梨五年,枣树栽上就还钱。
七月核桃八月梨,九月柿子黄了皮。
一亩园,十亩田。
七月菱角八月藕,九月光吃老鸡头(芡实)。
杨栽小,榆栽老,桑栽鼓肚槐栽芽,腊月栽柳是行家。
解冻栽榆,萌芽栽枣。
槐栽骨朵,柳栽棒。
九楝三桑一棵槐。
寸草铡三刀,没料也上膘(牛)。
八九不喂料,来春甭想套(牛)。
一口青草一口血,一把黄豆一把力(牛)。
七摇八不动,九年过来一道缝(牛牙)。
黑汉骟牛铁青马,青沙骡子不用打。
三岁黄牛四岁马,岁半牛犊搞沟爬。

一紫二栗三黄四黑五花六白七烟熏八孝头(马)。
一年不成驴,到老驴驹子。
牛不吃脏草,马不饮脏水。
兔一(怀胎一月生仔)猫二狗三猪四羊五牛十马十一驴一年。
人靠五谷养,谷靠粪土长。
有收无收在于水,收多收少在于肥。
种地不用问,除了工夫就是粪。
喂猪不赚钱,肥了二亩田。
一人一条心,穷断骨头筋。
一勤治百懒,一懒生百邪。
一物降一物,石膏降豆腐。
一家人不说两家话。
一口吃不成胖子。
一顿吃伤,十顿吃汤。
人无理说蛮话,牛无力拉横耙。
人不知自丑,马不知脸长。
人怕没理,狗怕夹尾。
人老弯腰把头低,树老焦梢叶儿稀。
人看从小,马看蹄爪。
人多出理,谷多出米。
人过留名,雁过留声。
人有脸树有皮,不吃馒头争口气。
人家打架莫动手,人家吵嘴莫还口。
人哄地皮,地哄肚皮。
人是铁饭是钢,一顿不吃就心慌。
一人不如二人计,三人肚里唱本戏。
一顿省一口,一月省一斗。
一个萝卜一个坑,一个钉子一个眼。
人在人情在,人死两分开。
人越困越懒,嘴越吃越馋。
人犟损财,牛犟损力。
人叫人千声不语,货叫人无言自来。

人不打送礼的,狗不咬屙屎的。
儿不嫌母丑,狗不嫌家贫。
力气是压大的,胆子是练大的。
大树底下好乘凉。
大河无水小河干。
上当学乖,吃亏学习。
上山骡子平地马,下坡毛驴不用打。
上梁不正下梁歪。
下地弯弯腰,回家有柴烧。
三天打鱼,两天晒网。
不到黄河不死心,不见棺材不掉泪。
不经一事,不长一智。
不见兔子不撒鹰,不到火候不揭锅。
不动扫帚地不光,不动手脚饭不香。
不懂装懂,一辈子饭桶。
不怕慢,就怕站。
长木匠,短铁匠,不长不短是裁缝。
车多不碍路,船多不碍江。
风吹树梢动,水过地皮湿。
无风不起浪,是事都有因。
开水不响,响水不开。
夫妻不睦奸人乘,兄弟不和外人欺。
犯病的不吃,犯法的不做。
宁吃飞禽四两,不吃走兽半斤。
只看人家眉毛短,不见人家头发长。
吃人家的嘴软,拿人家的手软。
吃药不忌嘴,跑断大夫腿。
当面查钱不为薄。
会怨的怨自己,不会怨的怨别人。
会说话惹人笑,不会说话惹人跳。
有志不在年高,无志空活百岁。
有废人,没有废物。
灰里热不死火,酱里咸不死盐。
早起三光,晚起三慌。

关屋漏,关马瘦,关客来了满门凑。
饱汉子不知饿汉子饥。
吹箫吹在眼上,打鼓打在点上。
驴架子大了值钱,人架子大了不值钱。
囤尖好省,囤底难留。
帮人帮到底,救人救个活。
狗窝里放不住剩馍,锅肚里倒不出生柴。
眼大肚子小,眼馋肚里饱。
话越传越多,东西越传越少。
鱼出一滩,鳖出一湾。
前头有车,后头有辙。
病从口入,祸从口出。
窍门满地跑,看你找不找。
满罐子不响,半罐子咣当。
馋狗不肥,馋痨不壮,馋猫鼻子尖。
馋咬舌头饿咬腮。
常骂不惊,常打不怕。
船稳不怕风大,有理走遍天下。
猪嘴好捆,人嘴难捆。
得理不饶人,无理赖三分。
编筐打篓,顾住几口。
编筐打篓靠索沿,不会索沿蚀一半。
路是弯的,理是直的。
路不平有人踩,理不平有人摆。
旗杆绊不倒人,羊橛子能绊到人。
一分钱难倒英雄汉。
一户发财,千户倒灶。
上天无路,入地无门。
上无片瓦,下无寸土。
下水的船,衙门的钱。
马无夜草不肥,官无横财不富。
牛角越长越弯,财主越富越贪。

有钱能使鬼推磨,没钱鬼也不开门。

屈死不告状,饿死不做贼。

(十) 临泉谚语①

春雾雨,夏雾热,秋雾凉风,冬雾雪。
反了春(立春下雨或雪),冻断筋。
三月三,有时还下桃花雪。
穷人莫受富人哄,楝树开花猛一冷。
五月二十五,老龙来探母(雨日)。
五月二十八,老龙来探家(下雨日)。
交了七月节,夜寒白里(日)热。
立秋十八天,河里断澡洗。
大雪年年有,不在三九在四九。
一九二九不出手,三九四九冰上走。
天黄有雨,人黄有病。
有雨四下亮,无雨顶上光。
蛇当道,雨要到。
蚂蚁兴兵,不是下雨就刮风。
雷暴雨,三贺晌(不只一次)。
雨后西南风,三天不脱空。
星星照泥,还下二回。
早霞不出门,晚霞行千里。
日头落,云彩长,半夜三更听水响。
东虹日头西虹雨,南虹出来发大水。
雷公先唱歌,有雨也不多。
瓦瓦云,晒死人。
打春(立春)一百(天),拿镰割麦。
麦吃三月雨,还得二月提。
三月三,倭瓜(南瓜)葫芦下地边。
茄子要深,黄瓜露根。
黄鹂子来,眉豆埋。
枣芽发,种棉花。
柳棉刮,种棉花。

清明种秫秫,谷雨种棉花。
蛤蟆打哇哇,四十五天吃疙瘩(吃新麦)。
芒种忙,麦上场,不打三场打两场。
有钱难买五月旱,六月连阴吃饱饭。
麦子去了头,秫秫瞒住牛。
枣塞鼻孔,庄稼人拣豆种。
有钱买种,没钱买苗。
稀豆稠麦,两季都得。
麦打短秆,豆打长秧。
灰里芝麻泥里豆。
夏至耩黄豆,一天一夜扛榔头。
夏至种芝麻,头顶一枝花;立秋种芝麻,老死不开花。
五月冷,一棵豆子打一捧。
豆子开花,豆棵里摸虾。
豆子耳聋,越锄越通。
锄头有粪,越锄越嫩。
豆子锄三遍,石磙压不烂。
要想多结瓜,就得花套花。
瓜地无日,藤上无瓜。
淹不死白菜旱不死葱。
夏天划破皮,抵上冬天犁。
头伏萝卜二伏芥,三伏里头种白菜。
七月七,拾半斤(指棉花)。
立秋三天遍地红。
麦到芒种秫到秋,豆子要到寒露收。
秫秫去头麦上场,豆子扛在肩膀上。
好孩子有好娘,好种子多打粮。

---

① 临泉县地方志编纂委员会.临泉县志[M].合肥:黄山书社,1994.

天河南北拖,庄稼红似火。
地是刷金板,人勤地不懒。
人误地一时,地误人一年。
天明三星歪,赶紧种小麦。
天丝织被,麦种下地。
麦怕胎里旱,人怕老来穷。
重茬谷,人受苦。
积肥如积粮,粮在肥中藏。
冷粪果木热粪菜,生粪上地连根坏。
冬耕深一寸,抵上一茬粪。
三九四九,保护耕牛。
水草喂到,胜似吃料。
寸草铡三刀,无料也上膘。
早起三光,晚起三慌。
外有抓钱手,家有聚钱斗。
三人一条心,黄土变成金。
师傅领进门,学艺在个人。
银钱上串,补钉一半。
能穿三年破,不忍一日饿。
囤尖好省,囤底难省。
一顿省一口,一年省一斗。
一天省一把,一年买匹马。
三年不吸烟,省个大老犍。
夏天草,冬天宝,大雪铺门找不到。
五忙六月打庆工,十冬腊月饿愣正。
不听老人言,吃亏在眼前。
不听众人劝,当即遭难看。
你敬人一尺,人敬你一丈。
金钱如粪土,脸面值千金。
多吃萝卜菜,啥病都不害。
气恼要生病,快乐能长命。
不怕慢,就怕站。
穷锅门,富水缸。
天天防火,夜夜防贼。

树要好根,人要好心。
狗怕夹尾,人怕输理。
嘴稳手稳,处处安稳。
不看颜色,只看贤德。
人心齐,泰山移。
紧睁眼,慢张口。
宁走十步远,不走一步险。
经一番挫折,长一层见识。
不怕不识货,就怕货比货。
谨防怒中性,慢发喜中言。
白酒红人面,黄金黑人心。
岁寒知松柏,危难见人心。
情深茶敬少,知己笑话多。
吃饭要尝尝,做事要想想。
水落石头现,久后澄人心。
刁人哄不住信猪。
刁事只一磨儿(回),水深人不过。
两脚站得牢,不怕大风摇。
狗不嫌家贫,子不嫌母丑。
纸里包不住火,雪里埋不住屎。
灯不拨不亮,理不辩不明。
物越用越少,话越传越多。
树直不怕风摆,人正不怕影歪。
路不平有人踩,理不公有人摆。
一人不过二人细,三人四人出巧计。
大骡子大马值钱,大人不值钱。
跟着好人学好人,跟着巫婆子吓假神。
不怕虎生三张嘴,只怕人怀两样心。
吃了果子别忘树,好了疮疤别忘疼。
远亲不如近邻,近邻不如对门。
吃人家的嘴软,拿人家的手软。
鼓要敲到点上,笛要吹到眼上。
骗人只能一次,害己却是一生。

害人之心不可有,防人之心不可无。

鸟惜羽毛虎惜皮,为人处世惜名誉。

(十一)灵璧谚语[1]

八月麦,草上飞。
春分早,霜降迟,寒露种麦正当时。
蝉喊豆子晚。
大暑前,小暑后,二暑夹当种绿豆。
饿死爷娘,不吃种粮。
谷雨前后,种瓜种豆。
蛤蟆打哇哇,四十八天吃锅巴。
秋耕深一寸,顶上一层粪。
人怕"忠厚"坏,稻怕棵里稗。
十月麦,泥里追。
秫秫除九遍,给麦都不换。
头伏萝卜二伏菜,头伏芝麻二伏豆。
夏至种黄豆,一天一夜扛榔头。
枣树发芽种棉花。
该热不热,五谷不结。
立秋锄把丢。
立秋三天遍地红。
麦怕胎里旱,又怕三月寒。
七月十五定旱涝,八月十五定收成。
秋分不分,拿刀割根。
头九尽,地韭长一寸。
小满不满,麦有一闪。
有钱难买五月旱,六月连阴吃饱饭。
干红豆,烂小豆。
四月八日雨洒洒,高岗地里种芝麻。
四月十二湿了老鸹毛,小麦必在水里捞。
四月十二下一阵,家家准备要饭棍。
一九二九,伸不出手。三九四九中腊,河里冻死连毛鸭。五九六九,河里开流;七九八九,河边看柳。
七九六十三,路上行人把衣单。
九九寒尽,春暖花开。
九九八十一,猫狗寻荫地。
九九加一九,耕牛遍地走。
烂泥改旱田,死泥变活田。
黑油土,土中王,百年不薄多打粮。
黄土掺黑土,增产一石五。
黄土上河土,一亩顶二亩。
碱地见了砂,好像孩子见了妈。
碱土压砂土,保苗不用补。
砂土拌黑土,一亩顶二亩。
暄土拌熟土,地力大如虎。
麦黄不要风,稻熟不要雨。
棉怕八月连阴雨。
天耽误收,人耽误丢。
扫帚响,粪堆长。
保持暖圈,一天斤半。
寸草铡三刀,无料也添膘。
草膘料劲水精神。
饥不急喂,渴不急饮。
鸡抱鸡,二十一;鸡抱鸭,二十八;鸡抱鹅,一月往外挪。
驴打滚,牛倒沫,有病也不多。
母猪衔草,产期要到。
牛配前,马配后,驴配中间不得漏。
牛配早,马配迟,驴配中间正当时。
能走千里远,就怕一套撑。

[1] 秦隆兴.灵璧县志[M].杭州:浙江人民出版社,1990.

能养隔墙猪,不养隔墙鸡。
你也打,他也揍,喂得再好也得瘦。
牝牛下牝牛,三年两犋牛。
秋雨如刀刮,瘦牛不瘦马。
入秋不加料,开春不顶套。
上买一张皮,下买四个蹄。
上坡要站,下坡要慢。
牲口一跑三分膘。
少给勤添,越吃越欢。
头歇轻,二歇倒,三歇使重套。
夏秋多割一筐草,省得冬天满湖跑。
夏喂湿,冬喂干。
有料无料,四角拌倒。
饮马三提缰。
要吃蛋,粮来换。高栽桐,低栽杨,柳树栽在洼地上。
家有百棵桐,一辈子不受穷。
人怕丧志伤心,树怕剥皮伤根。
山上多栽树,等于修水库,雨大它能吞,无雨它能吐。
山枣嫁大枣,满山都是宝。
树木全身都是宝,衣食住行少不了。
松怕旱死不下水,杨柳淹死不上山。
桃三杏四梨五年,小枣当年就还钱。
要想富,多栽树。
栽树要成功,切记别漏风。
八月初一下一阵,旱到来年五月尽。
八月十五云遮月,正月十五雪打灯。
春风无雨秋分补。
春寒多有雨,夏寒断水流。
冬寒春雨多,冬暖春雨少,冬晚春寒夏雨多。
冬至一场风,夏至一场雨。
二月二湿了场,麦子谷子一把糠。
今收槐花明收麦。
惊蛰刮大风,冷到五月中。
惊蛰闻雷,小满发水。
雷打立春早,惊蛰雨不歇。
立夏不下,高挂犁耙。
立夏南风夏雨多。
芒种西南风,夏至雨连天。
四月初三初四雨,麦从泥里取。
清明夜雨,连到谷雨。
五月南风发大水,六月南风井也干。
秋后雨水多,来年雨水缺。
霜打冬至前,来年雨连连;霜降被雨打,来年踩泥巴。
桃花落在烂泥里,麦子收在干土里;桃花落在干土里,麦子收在烂泥里。
头九二九下了雪,头伏二伏雨不缺。
头九下,九九下;头九晴,九九晴。
头九雨雪多,夏天雨水少。
一场春风,一场秋雨。
夜雾伴秋月,来年雹打春。
春雷十日阴,春雷十日寒。
春起东风雨绵绵,夏起东风井断泉,秋起东风秋不论,冬起东风雪连天。
春雾当日晴,夏雾雨来临,秋雾凉风,冬雾雪。
东风湿,西风干,北风寒,南风暖。
东风下雨西风晴,再刮东风就不灵。
东虹日头西虹雨。
狗吃青草阴,猫吃青草晴。
旱刮东风不雨,涝刮西风不晴。
旱天西北闪,有雨没多远。
急雷快晴,闷雷难晴。

久晴出现雾,有雨在明后。
久晴大雾必转阴,久雨大雾将转晴。
久雨见星光,明日雨更狂。
雷打天顶雨不大,雷打天边大雨降。
雷声像拉磨,大风夹冰雹。
蚂蚁垒窝,蛇过道,燕子低飞雨来到。
蠓虫打脸有雨不远。
母鸡斗,天要漏。
云交云,雨淋淋。
日出眯猫眼,有雨不到晚。
日出有云杠,天气就要变。
天上钩钩云,地上雨淋淋。
天上挂絮云,地上有雨淋。
天上鱼鳞云,明日雨淋淋。
晚上星星稠,明天热死牛。
西北黄云现,冰雹在眼前。

响雷雨不凶,闷雷下满坑。
云从东南涨,有雨不过晌。
早上下雨当日晴,晚上下雨到天明。
早起浮云走,中午晒死狗。
早雾晴,晚雾阴。
早霞不出门,晚霞行千里。
饱汉不知饿汉饥,骑驴不知步难行。
补屋趁天晴,读书趁年轻。
打人不打脸,骂人不揭短。
逮鱼摸虾一顿饭。
过头事不做,过头话不说。
好花开不败,好事说不坏。
良言一句三春暖,恶语伤人六月寒。
坛口封得住,人口封不住。
要吃饭,得流汗。

(十二)蒙城谚语①

瓦瓦云,晒死人。
黄云翻,冰雹天。
东北风,雨祖宗。
东虹风,西虹雨。
云交云,雨淋淋。
缸穿裙,大雨临。
母鸡头,天要漏。
羊不上圈,老天要变。
锅底出汗,天气要变。
云鳞天,不雨也风颠。
顶风上云,顺风下雨。
乌云接驾(太阳),不阴就下。
乱云天顶交,风雨快来到。
雷公先唱歌,有雨也不多。

闷雷不揭天,响雷转晴天。
雨后西南风,三天不落空。
春寒多有雨,夏寒断水流。
天上黄澄澄,必定要刮风。
东风不过晌,过晌渐渐长。
恶云见风长,冰雹随风落。
黑云黄梢子,必定下雹子。
水中泛青苔,天有风雨来。
蠓虫飞成团,风雨在眼前。
早怕南云涨,晚怕北云升(主雨)。
久旱东风不雨,久雨西风不晴。
不怕东风不下,就怕刮得不大。
春雾雨夏雾热,秋雾凉冬雾雪。
西北云彩起金边,冷子要见面。

---

① 蒙城县地方志编纂委员会.蒙城县志[M].合肥:黄山书社,1994.

鸡早宿天必晴,鸡晚宿天要阴。

蚂蚁高处搬家,天要下;低处运卵,天要旱。

南北道子云,云根在北主雨,在南主阴。

雷轰天边,大雨连天;雷轰天顶,有雨不猛。

烟搭棚,天要晴;烟柱往下滚,不久雨来临。

燕子低飞蛇挡道,鱼儿跳水蛤蟆叫,石润气闷粪(池)冒泡,天将转阴雨要到。

一九二九不出手,三九四九冰上走,五九六九挂凌溜,七九八九杨花看柳,九尽花不开,果子压塌街,九九加一九,耕牛遍地走。

清明前后,种瓜种豆。

风扬花,亩产石八;雨扬花,秕瞎一把。

大麦三月黄,不到小满不能尝。

小满不满,芒种不管。

麦到小满渐渐黄,就怕热风帮倒忙。

芒种忙,乱打场。

麦熟一晌,蚕老一时。

有钱难买五月旱,六月连阴吃饱饭。

雨后西南风,麦收一把松。

立夏种棉花,不要问人家。

夏至耩黄豆,一天一夜扛榔头。

知了喊,种豆晚。

大暑前小暑后,两暑中间种绿豆。

头伏萝卜二伏菜,三伏里头种荞麦。

立秋冷一冷,一棵豆子收一捧。

秋分早,霜降迟,寒露种麦正当时。

七月种,八月花,九月荞麦收到家。

小雪种麦不倒股,大雪种麦不出土。

童子活了八百,还是早稻早麦。

麦收八(农历八月)、十(月)、三场雨。

麦盖三床被(雪),搂着馒头睡。

穗大籽粒饱,好种出好苗。

壮苗年年收,弱苗一半丢。

稠豆子稀麦,庄稼人吃亏。

麦种深谷种浅,豆子种得翻白眼。

灰里芝麻泥里豆,麦种墒土保丰收。

水利不修,有田也丢。

庄稼年年收,就怕不挖沟。

深耕细作,衣食有着。

只种不管,打破饭碗。

干犁湿耙,白累一夏。

冬耕深一寸,抵上一遍粪。

五月六月锄破土,强似冬天犁一犁。

多锄如上粪,越锄苗越嫩。

锄头底下有三宝,有水有肥去杂草。

干锄棉花湿锄麻,不干不湿锄芝麻。

八成熟十成收,十成熟两成丢。

小猪要游,大猪要囚。

人瘦面皮黄,地瘦不打粮。

积肥如积粮,肥多粮满仓。

施肥一大片,不如一条线。

有收无收全靠水,收多收少全靠肥。

正月栽竹,二月栽树。

五九六九,沿沟栽柳。

栽桑种桐,子孙不穷。

洼地种桐,谁栽谁穷。

栽树没诀窍,莫让树知道。

栽树根不弯,强似问神仙。

柳树没有根,只要栽得深。

保护林中鸟,树木能长好。

一棵果树三分田,百棵果树十亩园。

桃三杏四梨五年,核桃柿树六七年,枣树当年就还钱。
杨栽小,榆栽老,桑栽鼓肚枣萌芽,槐楝骨朵是行家。
不懂装懂,一世饭桶。
耳朵不硬,心里不定。
师傅领进门,学艺在个人。
补漏趁天晴,学习趁年轻。
囤尖好省,囤底难熬。
年年防歉,夜夜防贼。
一天省一口,一年省一斗。
三年不吸烟,省个大老犍。
一步赶不上,十步喘得慌。
吃不穷,穿不穷,计划不周一世穷。
一儿一女一枝花,儿女多了累死妈。
一人一条心,必定穷断筋。
人心要实,火心要虚。

树怕刮皮,人怕刮鼻。
人怕输理,狗怕夹尾。
是话有音,是草有根。
打人不打脸,骂人不揭短。
饱汉得一斗,饿汉得一口。
屈了想说说,疼了想摸摸。
认理不认人,帮理不帮亲。
钻头子不动,钻杆子瞎拧。
路不平有人踩,理不平大家摆。
骡子大马大值钱,人大了不值钱。
酒肉朋友不长久,米面夫妻不到头。
跟着好人学好人,跟着巫婆下假神。
泥人经不住雨淋,假话经不起见真。
苍蝇不叮无缝鸭蛋,蚂蟥(水蛭)不来旱地咬人。
会说的惹人笑,不会说的惹人跳;会怨的怨自己,不会怨的怨别人。

(十三) 泗县谚语①

春天耕种忙,秋天多打粮。
春耕深一寸,抵上一遍粪。
秋天划破皮,胜过春天犁一犁。
保墒如保命,缺墒难播种。
人误地一时,地误人一季。
庄稼不认爹和娘,深耕细作多打粮。
要想庄稼长得好,伏天多锄几遍草。
庄稼根边草,赛过毒虫咬。
七遍棉花八遍瓜,白芋少锄是行家。
干锄棉花湿锄瓜,雾雾拉拉锄芝麻。
五月金,六月银,错过光阴无处寻。
人瘦面皮黄,地瘦不打粮。
积肥如积粮,粮在肥里藏。

养猪不盖圈,不是庄稼汉。
水利修得好,收成才能保。
有肥没有水,庄稼撅着嘴。
水是田的娘,无水苗不旺。
旱天收不收,全靠井和沟。
增产措施千万条,兴修水利最重要。
好种出好苗,好葫芦开好瓢。
种子胖,苗儿壮。
种田选好种,一垄抵两垄。
红芋要长好,育苗得趁早。
栽禾看秧,娶媳看娘。
清明前后,种瓜种豆。
谷雨前,播早棉;谷雨后,点早豆;芒

① 泗县地方志编纂委员会.泗县志[M].杭州:浙江人民出版社,1989.

种后,种秋豆。
三月三,黄瓜茄子地下安。
白露早,寒露迟,秋分种麦正当时。
种田种到老,还是早麦好。
棉花长开身,一棵摘一斤。
种豆不怕早,麦后赶着跑。
要得豌豆肥,多施草木灰。
豆锄三遍,果生成串。
小麦种迟没头,油菜种迟没油。
庄稼汉活一百,千万别忘种早麦。
芝麻瓜,怕重茬。
除虫和除草,一定要趁早。
除虫如治病,不治丢了命。
冬天把田翻,害虫命归天。
人无疾病身体好,庄稼无虫长得好。
豆不让场,麦不让响。
九成开镰,十成归仓。
十成收,三成丢。
七月小枣八月梨,十月柿子红了皮。
立冬不砍菜,冻了你别怪。
麦怕胎里旱,人怕老来穷。
二月阴,麦死根。
麦怕二月寒,棉怕八月连阴天。
有钱难买五月旱,六月连阴吃好饭。
小满晴,麦穗响铃铃。
麦黄不要风,久风没收成。
冬天下雪麦盖被,小孩枕着馒头睡。
夜里阴,白天晴,收的棉花没处盛。
正月十五雪打灯,今年必有好收成。
风刮一大片,雹打一条线。
今年大雪飘,明年收成好。
麦在地里不要笑,收到囤里才牢靠。
春寒多有雨,夏寒断水流。
大雾不过三,不雨也阴天。

早上瓦瓦云,中午热死人。
月落乌云长,半夜听水响。
天上钩钩云,地上水淋淋。
乌云在天顶,有雨也不凶。
阴云满天跑,天气要转好。
南风转东风,三天不脱空。
久雨见星光,明日雨更旺。
日出红云升,劝你别远行。
喜鹊叫得欢,一定是晴天。
雨后西南风,三天不脱空。
日出猫眯眼,有雨不到晚。
端午东南风,当年泥洼坑。
早上满天雾,尽管洗衣裤。
早雨一天晴,晚雨到天明。
星星眨眼,有雨不远。
雷轰头顶,有雨不猛;雷轰天边,大雨连天。
锅底出汗,天气要变。
是晴是阴,摸摸烟筋。
泥鳅暴跳,风雨必到。
重九不下看十三,十三不下一冬干。
八月初一下一阵,旱到来年五月尽。
天黄有雨,人黄有病。
天色黄,午后风必狂。
早霞不出门,晚霞行千里。
早看东南,晚看西北。
勤是摇钱树,俭是聚宝盆。
饱带干粮晴带伞,丰年也要防灾年。
会打会算,钱粮不断;细水长流,吃穿不愁。
只有勤来没有俭,好比有针没有线。
常将有日思无日,莫待无时思有时。
智慧从实践中来,办法从群众中来。
常下河才知水深浅,细调查才有发

言权。

学会辩证法,遇事有办法;不学辩证法,工作就抓瞎。

遇事肯干,有难不难;遇事怕麻烦,不难也难。

不知羞耻的人,绝不会有美德。

刻苦攀高峰,功到自然成。

学问学问,学了要问;学习学习,学了要习。

不懂装懂,永世饭桶。

补漏趁天晴,读书趁年轻。

星多天空亮,人多智慧广。

众人齐心,黄土变金。

莫学灯笼千只眼,要学蜡烛一条心。

太阳爷的心,共产党的恩。

吃菜要吃白菜心,当兵要当新四军(抗日战争谚语)。

包了工,联了产,又治穷来又治懒。

包产到了户,粮食满仓库。

责任制实在好,粮食吃不完,草也烧不了。

政策好不好,下乡问父老。

老鼠怕猫雀怕鹰,贪污干部怕整风。

国正人心顺,官清民自安。

人多乱,龙多旱,干部多了扯闲淡。

(十四)濉溪谚语①

种子不挑选,出芽不保险。

浸种催芽不要问,注意温度和水分。

种麦选好种,一垄抵三垄。

二月八月不晾堡,少犁要多耙。

冬耕深一寸,抵上数车粪。

随收随犁有三好,肥田除虫又除草。

麦耙紧,豆耙松,秫秫耙得不透风。

种麦没它巧,就怕坷垃咬。

晒根的秫秫,培根的谷,芝麻留台长得粗。

麦前锄完三遍地,麦后才能沉住气。

种地不治虫,收成无保证。

锄头有粪,越锄越嫩。

五月六月锄一遍,强似晒堡晒一年。

棉花锄五遍,棉桃像鸡蛋。

头遍挠,二遍刨,三遍围根又去苗(指高粱)。

干耪棉花,湿耪麻,不干不湿耪芝麻。

想吃高粱面,还得扒出根来看。

庄稼一枝花,全靠氮磷钾。

家土换野土,一亩顶三亩。

儿有奶胖,地有肥壮。

柴多火焰高,粪多庄稼好。

粪要保管好,防止日晒鸡狗掏。

喂猪赚钱不赚钱,看看地里种的田。

冷粪果木,热粪菜,生粪上地连根坏。

一担坑泥半斤粮,坑底就是米粮仓。

上粪一大片,不如一条线。

麦苗喂饱粪,麦子打满囤。

底肥金,追肥银,三月上粪气死人。

年前追肥一条线,抵上年后追三遍。

过了三月三,葫芦南瓜地里安。

谷雨前,好种棉;谷雨后,点瓜豆。

枣树发芽,好种棉花。

---

① 濉溪县地方志编纂委员会.濉溪县志[M].上海:上海社会科学院出版社,1988.

夏至耩黄豆,一天一夜扛榔头。
知了(蝉)喊,豆子晚。
头伏种芝麻,头顶一枝花。
头伏萝卜,二伏菜,三伏里头种荞麦。
秋分早,霜降迟,寒露种麦正当时。
麦子年前发好杈,到了年后就不怕。
豆播浅,麦播深,芝麻只要影住身。
清明种秫秫,谷种谷雨中,早了肯瞎巴,晚了穗头松。
种得正当时,逮着就不轻。
五月栽茄子,切不了一碟子。
立了冬,把耧摇,种一葫芦收两瓢(指小麦)。
大麦种过年,认粪不认田。
清明秫秫谷雨花(棉花),要种黍子到立夏。
沙地花生淤地麦,碱地的棉花似银白。
灰里(指地干)芝麻泥里豆,芒种播种是时候。
麦锄三遍没有沟(籽粒饱满),豆耪三遍园溜溜。
麦怕胎里旱,人怕老来苦,秫秫就怕苞里捂。
棉花不打杈,光长柴火架。
今冬麦盖三床被,明年枕着馍头睡。
麦旱老,谷旱小,拾着棉花怕雨浇。
旱豇豆,涝小豆,不淹不旱收绿豆。
麦到芒种秫到秋,豆子顶到寒露收。
麦子去了头,秫秫没了牛。
大麦三月黄,不到四月不能尝。
砍了秫秫割了谷,摸摸红芋有多粗。
立冬不拔菜,必然遭霜害。
芒种忙,麦上场。

谷上垛,麦上场,豆子扛到肩膀上,红芋片晒干才稳当。
八成就要收,莫等十成丢。
七月十五定旱涝,八月十五定年成。
造林栽树,穷能变富。
山上栽满树,等于修水库;雨多它留下,雨少往外吐。
现在人养林,日后林养人;无灾人养树,有灾树养人。
移树无它窍,莫让树知道。
栽树要早,莫让春晓。
十年往前,不如种田;十年往后,不如栽树。
只栽不管,打破金碗;只栽不问,等于胡混。
春寒多有雨,夏寒断水流。
交了处暑节,夜寒白天热。
重阳不下(雨)看十三,十三不下一冬干。
十月三场雾,老牛水中凫。
雨后西南风,三天不落空。
旱了东风不下雨,涝了西风不晴天。
早上烧霞,晚上沤麻。
早上瓦瓦云,中午晒死人。
早上浮云走,晌午晒干柳。
乌云接驾,不阴就下。
久晴大雾雨,久雨大雾晴。
燕子低飞,大雨顷刻。
蚂蚁搬家蛇挡道,大雨一会就来到。
月晕有风,日晕有雨。
太阳落,乌云长,三更半夜雨点响。
天上鱼鳞斑(云),晒麦不用翻。
烟搭棚,天要晴。
有钱难买五月旱,六月连阴吃饱饭。

东虹风,西虹雨。
日出红云升,劝君莫远行。
日出猫眯眼,有雨不到晚。
日出乌云长,半夜听雨响。
日出胭脂红,不雨就是风。
晚上星星稠,明日热死牛。
热极生风,闷极生雨。
南风转东风,三天不落空(指下雨)。
久晴出现露,有雨在明后。
雄鸡高处鸣,阴天要转晴。
大雁成群天空转,最近天气要回暖。
小雪不下雪,旱到来年五月初。
西风随日住,不住刮断树。
顶风上云,不雨就阴。
南风不过三,过三不雨就阴天。
四季东风下,只怕东风刮不大。
晚上鸡鸭早归笼,明朝太阳红彤彤。
雨夹雪,下半月。
早晴一日晴,晚晴连日晴。
西北来云无好货,不是风来就是雹。
天色黄,午后风必狂。
蚂蟥水上漂,有雨在明朝。
黄鳝浮头,有雨在后头。
晚蛙晴,早蛙阴,中午蛙叫晒死人。
大雁急南飞,风霜后面追。
响雷雨不凶,闷雷下满坑。
早上下雨当日晴,晚上下雨到天明。
畜棚牛圈面朝南,夏挡热来冬防寒。
牛怕肚底水,马怕满天星。
圈要干,槽要净,防止牲畜传染病。
寸草铡三刀,无料也添膘。
有料无料,四角拌到。
牛怕西北风,有棚过好冬。
庄稼老汉喂牛马,晴天出栏勤晒刮。

草膘料肥水精神,添加食盐更有劲。
牛怕栏里水,水多烂牛腿。
牛喂三九,马喂三伏(指最难喂养的时候)。
不怕使十天,就怕猛三鞭。
渴不急饮,饿不急喂。
不怕千次使,就怕一次累。
牛马要把胎来保,千万莫喂霉烂草。
草水喂到,胜似加料。
马抖毛,牛倒沫,就是有病也不多。
好马不睡,好牛不站。
猪吃百样草,看你找不找。
温食暖圈,一天一夜长斤半。
草喜清,鲢喜绿,肥水里边养"胖头"(鱼)。
养鱼如绣花,一针不能差。
鱼长"三伏",猪长"三秋"。
清明到霜降,鱼类生长旺。
养鱼没有窍,饵足水质好。
有货货到,无货话到。
逢俏莫赶,遇贱莫懒。
磨要勤锻,账要勤算。
秤足端满,顾客心暖。
坐商变行商,财源达三江。
买卖讲公道,顾客做广告。
人好不怕贬,货好不怕选。
和气能生财,强横客不来。
购销调存赚,有货就好办。
货来天南海北,客来四面八方。
大生意靠嘴,小生意靠腿。
若要生意好,秤尺莫要少。
水果经营贵在鲜,勤进快销赶时间。
炉火不旺不出钢,不懂行情难经商。
百问不烦礼相待,买卖不成人情在。

经商最重三件宝,货真价实信誉好。
市场是个晴雨表,调查研究不可少。
经营商业不懂行,好像瞎子乱撞墙。
孔雀美丽靠羽毛,管好商品靠勤劳。
冬吃萝卜夏吃姜,不用医生开处方。
要想身体好,吃饭莫过饱。
不吸烟,不喝酒,病魔绕道走。
睡前烫烫脚,胜似催眠药。
返老还童求灵丹,不如早起跑三圈。
大蒜是个宝,常吃身体好。
宁吃鲜桃一口,不吃烂杏一筐。
一顿吃伤,十顿喝汤。
饥不暴食,渴不狂饮。
姜开胃,蒜解毒,多吃萝卜壮筋骨。
吃药不忌嘴,跑断大夫腿。
心宽甜睡,长命百岁。
常开窗透阳光,空气新鲜保健康。
一生勤劳动,老来药少用。

要想身体壮,劳逸要适当。
乐观少忧愁,白发难上头。
处事大度要开朗,切忌暴躁把神伤。
喝开水,吃素菜,身体健康不受害。
家穷难舍,故土难移。
人躁有祸,天燥有雨。
当家才知柴米贵,养儿方知报娘恩。
三年不吸烟,省个大老犍。
不能吃着算,应该算着吃。
丰年要当歉年过,免得歉年受饥饿。
要比种田,不比过年。
一天省一把,三年买匹马。
刀伤易治,言伤难医。
跟着好人学好人,跟着巫婆下假神。
远亲不如近邻,近邻不如对门。
打人不打脸,骂人不揭短。
良言一语三冬暖,恶语伤人六月寒。
节约好比燕衔泥,浪费好比水决堤。

(十五) 太和谚语①

云向东,一场风。
雨后东南风,三天不落空。
久旱东风不雨,久雨西风不晴。
东明西暗,撑不到吃饭。
日头落,云彩长,半夜三更听雨响。
晚晴四十五,早晴一晌午。
东虹风,西虹雨,南虹出来卖儿女。
头九晴,九九晴;头九阴,九九阴。
头九封河二九开,二冬封河待春来。
三九四九冰上走。
冷在三九,热在中伏。
十月天,窑婆脸。

七九六十三,路上行人把衣宽。
七九八十九,摇风看柳。
九九八十一,老狗卧荫地。
天九尽,地韭(菜)出。
麦过清明漫老鸹。
三月清明榆(钱)不老,二月清明老了榆。
打春一百,拿镰割麦。
蛤蟆打哇哇,四十八天吃疙瘩。
立夏不立夏,黄鹂来说话。
黄鹂来,提蒜薹;黄鹂走,谢花藕。
小满见三新(蒜、大麦、茧)。

---

① 太和县地方志编纂委员会.太和县志[M].合肥:黄山书社,1993.

芒种忙,麦上场,不打三场打两场。
二、八月,勒马等路。
二、八月,昼夜相停。
立秋三天遍地红(高粱晒米)。
立秋三天,寸草结子。
人活一百,早豆早麦。
一麦顶三秋。
麦怕胎里旱,人怕老来穷。
麦扎(根)黄泉。
寸麦吃丈水。
秋秋早小麦早老。
麦熟一响,蚕老一时。
稳当秋秋浪当麦。
秋秋圆杆麦上场,豆子扛到肩膀上。
人到小满说大话,牛到谷雨吃饱草。
有钱难买五月旱,六月连阴吃饱饭。
扁豆漫瓦罐,一亩打一石。
麦打短杆,豆打长秧。
稠豆子稀麦,两季子不得。
秋秋圆杆,管跟老天爷翻眼。
豆子开花,豆棵里张虾。
七月十五挂锄钩,八月十五定年成。
一亩园,十亩田。
没有葱和韭,瞎在园里守。
三里不同俗,十里改规矩。
七十二行,行行出状元。
路不平,有人踩;理不平,有人摆。
猪嘴能捆住,人嘴捆不住。
树叶天稠,不遮鹰眼。
王八有钱鳖大哥,秃子有钱明二爷。
谁请神,谁送神。请神容易送神难。

三十年前看父敬子,三十年后看子敬父。
老哥比父,老嫂比母。
好儿不吃分家饭,好女不穿嫁妆衣。
远亲不如近邻。
种不好庄稼是一季,娶不着好妻是一辈。
狗不嫌家贫,子不嫌母丑。
龙生龙,凤生凤,老鼠生来会打洞。
根不正,稍不正,结个葫芦歪着腚。
牛生麒麟猪生象,老鸹窝里出凤凰。
粪堆里长出灵芝草,草窝里飞出金凤凰。
爹有娘有,不如自己有,两口子有隔道手。
骡子马大值钱,人大不值钱。
光棍打九九,不打加一。
兔子不吃窝边草,光棍不欺地方人。
你敬我一尺,我敬你一丈。
鸡不跟狗斗,男不跟女斗,少不跟老斗。
心里没玄事,不怕鬼敲门。
人若不要脸,神仙也难管。
自家说千个好,不如人家说一个好。
打人不打脸,骂人不骂短。
有理走遍天下,无理寸步难行。
在家不打人,出外人不打。
常在河边走,哪能不湿鞋?
跟着好人学好人,跟着师婆子下假神。

(十六) 涡阳谚语[①]

要想吃好面,还得泥来拌。
童子活到八百,还是早豆子、早麦。
稠豆子稀麦,乡里老头吃亏。
蛤蟆打哇哇,六十天吃疙瘩。
麦收八十三场雨(指八月、十月、三月)。
麦盖三床被(雪),枕着馒头睡。
天河南北,好种荞麦。
清明前后,种瓜种豆。
豆子开花,豆地里张虾。
清明晒干柳,窝窝头子砸死狗。
立夏不下,停犁搁耙。
知了喊,豆子晚。
四月十二雨湿老鸹毛,麦从水里捞。
淋伏头,晒伏脚,谷子秫秫泥里摸。
种麦选好种,一垄顶两垄。
立了秋,挂锄钩。
五黄六月锄破皮,强似冬天犁一犁。
麦种深,谷种浅,豆子种得翻白眼。
上粪一大片,不如一条线。
沤绿肥,没啥巧,一层土,一层草,常灌水,常翻倒。
冬耕土一寸,抵下一遍粪。
干犁湿耙,白累一夏。
干锄棉花湿锄麻,不干不湿锄芝麻。
造林栽树,穷能变富。
现在人养树,日后树养人。
四月八雾啦啦,坑里壕里种芝麻。
早怕焦花晚怕霜,六十一天还了仓(荞麦)。
麦到芒种秫到秋,黄豆白露往家收。
大麦三月黄,不到四月不能尝。
小满不满,芒种不管。
芒种忙,乱打场。
黄瓜搭上架,茄子打骨朵。
早晨烧霞,晚上沤麻(下雨)。
日出红云升,劝君莫远行。
西南雷十三轰,大雨往下冲。
瓦块云,晒死人。
炊烟不出门,不久雨倾盆。
天上鱼鳞斑,不雨也风颠。
月亮戴斗叉(风圈),来日大风刮。
井翻底沟水腥,三天以内大雨倾。
烟气搭棚,必定要晴。
热发冷,云发红。不到吃饭要下凌(冰雹)。
乌云接驾,不阴就下。早看东南,晚看西北。
燕子钻天蛇过道,有雨无雨拔艾蒿。
日落云彩长,半夜听雨响。
一场秋雨一场寒,十场秋雨该穿棉。
云往西雨凄凄,云往东一阵风。
雨后西北风,没有三天撑。
早晨浮云走,晌午晒死狗。
春刮东风连阴雨,秋雨连阴西北风。
缸穿裙(湿),山戴帽(云),蚂蚁搬家蛇过道。(阴雨预兆)
乌云在东,有雨不凶。
东明西暗(云),等不到吃饭(雨)。
老虎斑(云),不过三(天),不下雨,就

---

① 涡阳县地方志编纂委员会.涡阳县志[M].合肥:黄山书社,1989.

阴天。
春雾雨,夏雾热,秋雾连阴冬雾雪。
返了春,冻断筋。
鸡鸣雨下,有雨不大。
雨后西南风,三日不落空。
劈柴劈小头,问路问老头。
跟着好人学好人,跟着巫婆下假神。
寸草铡三刀,无料也上膘。

不怕使三天,就怕猛三鞭。
三年不吸烟,省个大老犍。
囤尖好省,囤底难留。
家有两犋牛,不如一个好锅头。
丰年要当歉年过,免得歉年受饥饿。
秧好一半谷,麦好一半福。
吃药不忌嘴,跑断大夫腿。
扎针搬罐子,病好一半子。

(十七) 五河谚语①

清明断雪,谷雨断霜。
谷雨蚕生牛出屋。
椿树满把抓,种得棉花点得瓜。
谷雨下秧家把家,立夏下秧满天下。
小满不满,芒种不管。
小满三日晴,麦子赛狗蝇。
夏至种黄豆,一天一夜扛榔头。
大麦芒种忙忙割,小麦夏至无一棵。
大暑前小暑后,夹夹空里种绿豆。
立过秋,锄把丢。
立秋三日遍地红,处暑动刀兵。
立过秋,哪里下雨哪里收。
头伏萝卜二伏菜。
白露早,霜降迟,寒露种麦正当时。
打春一百,提篮掐麦。
獭猫巴眼,下雨不远。
早霞不出门,晚霞行千里。

早上浮云走,晌午晒死狗。
西北风是开天锁。
九里南风伏里旱。
雨前蒙蒙无大雨,雨后蒙蒙不晴天。
早上露西虹,晚上泥里晃。
雨加雪,不得歇。
蚯蚓唱歌,有雨不多。
三月蛤蟆哑,农夫无稻打。
四月八雨洒洒,高洼田种芝麻。
有钱难买五月旱,六月连阴吃饱饭。
秋后无雨一冬干。
一九二九袖笼焐手;三九四九中心腊,河里冻死连毛鸭;五九六九沿河看柳;七九六十三,路上行人把衣担;八九七十二,穷人说大话;九九八十一,猫狗寻荫地;九尽花开,寒就不来。

(十八) 萧县谚语②

一年两个春,黄牛贵如金。
三月清明榆不老,二月清明老了榆

(这与头一年闰月有关系)。
过了冬,长一葱。

---

① 五河县地方志编纂委员会.五河县志[M].杭州:浙江人民出版社,1992.
② 萧县地方志编纂委员会.萧县志[M].北京:中国人民大学出版社,1988.

吃了冬至饭,一天长一线(白天长了夜间短了)。
交了七月节,夜寒白天热。
天河南北,该种荞麦;天河东西,该穿棉衣。
九尽三场雨,遍地都是米。
清明晒干柳,秫面窝窝噎死狗。
有钱难买五月旱,六月连雨吃饱饭。
三伏透雨下,一亩能抵一亩八。
晒伏头,淋伏脚,打的粮食没处搁。
七月十五定旱涝,八月十五定收成。
麦盖三床被,枕着馒头睡。
白盖黑,吃陈麦。
冬无雪,麦不结。
九九加九九,麦子入了口。
枣树发芽种棉花,谷雨间苗收好花。
棉花不打杈,光长柴火架。
凹打早,尖打迟,平头打顶最适时;阴天打顶难愈合,晴天中午不放松(棉花)。
夏季棉田草,胜似毒蛇咬。
豆子锄三遍,豆荚结连串。
积肥如积粮,粮在肥中藏。
不怕地孬天旱,就怕靠天吃饭。
人治水,水利人;人不治水,水害人。
耕田深又早,百样庄稼好。
耕三耙四锄八遍,天不下雨也耐旱。
谷钻圈麦露齿,豌豆痛收挤扁粒。
近年富,抬粪土;远年富,多栽树。
山上林是宝,没林富不了。
村上无树锅难开,四旁绿化沙不来。
一棵果树三分田,百棵果树十亩园。
桃三杏四梨五年,枣树当年就还钱。
七月小枣八月梨,九月柿子压满集。

山脚板栗,河边柳,荒岗坡上种石榴。
旱枣涝梨水栗子,不旱不涝宜柿子。
干榆湿柳水白杨,桃杏栽在山坡上。
栽树在河畔,防洪保堤岸。
种树如种田,管树如管棉。
帽山的萝卜瓦子口的葱,苗桥的白菜出家东。
天九尽,地韭出。
头伏萝卜二伏芥,三伏里头种白菜。
麦子去了头,秫秫没了牛,黄瓜上了架,茄子打滴溜。
寸草过三刀,料少也添膘。
冻破头九,九九暖。
三(月)怕三、七,四(月)怕初一,三七初一都不怕。
就怕四月十二下,四月十二湿了老鸹毛,麦子水里捞(上述日子下雨可能连阴天淹麦)。
大旱不过五月十三。
六月六雨湿衣,连阴四十一(天)。
秋后雷发,大旱一百八(天)。
重阳无雨看十三,十三无雨一冬干。
四季东风下,只怕东风刮不大。
春风带哨,秋后易涝。
东风下雨东风晴,再起东风就不灵。
西风刹雨脚,有雨也不多。
雨后西南风,三天不落空。
南风不过三(天),过三不雨就阴天。
秋前北风秋后雨,秋后北风干河底。
黑风头黄风尾,光打雷不下雨。
伏里西北风,腊月船不通。
雷打立春节,惊蛰雨不歇。
东闪日头西闪雨,南闪火门开,北闪有雨来。

风来雨就来,老和尚背个鼓就来(鼓指雷声)。
清明夜雨,连到谷雨。
久雨出现雾,有雨在明后(天)。
久晴大雾会转雨,久雨大雾将转晴。
晚雾阴,早雾晴。
人黄有病,天黄有雨。
日出胭脂红,不雨就是风。
久雨见星光,明日雨更狂。
晚上星星稠,明天晒死牛。

烟搭棚,天要晴;烟不出门,天转阴。
早晚烟扑地,苍天有雨意。
早蚯出,出太阳;晚蚯出,有雨降。
蚂蚁垒窝蛇过道,燕子低飞山戴帽,大雨马上就来到。
早蛙阴,晚蛙晴,中午蛙叫晒死人。
雨天听蝉叫,预告晴天到。
蠓虫打脸,有雨不远。
水缸出汗地返潮,不久雨来到。

(十九)颍上谚语[①]

冷在三九,热在中伏。
反了春、冻断筋。
春寒多有雨,夏寒断水流。
秋凉子叫一声,穷汉子吓一惊。
大雪年年有,不在三九在四九。
九尽杏花开,寒气永不来。
三月怕三七(初七、十七、二十七);四月怕初一;三七、初一都不怕,就怕四月十二下(雨),四月十二湿了老鸹毛,麦在水里涝。
交了七月节,夜寒白天热;交了八月节,中午一回热;交了九月节,一热也不热;交了十月节,下雨就下雪。
天河东西,穿得寒衣。
东明西暗,撑不到(早饭)。
日落云彩长,半夜听雨响。
天黄有雨,人黄有病。
雨前蒙蒙无大雨,雨后蒙蒙不得晴。
惊蛰牛打颤,秋秋种两遍。
鸡儿上笼(罩)早,明儿天气好。

狗吃青草,天气不好。
蚂蚁搬家蛇过道,燕子低飞雨就到。
有钱难买五月旱,六月连阴吃饱饭。
夏至麻叶翻,小暑水连天。
池塘翻底,必定有雨。
五月南风发大水,六月南风井底干。
母鸡斗,天要漏。
日头晒墙根,淋得母猪哼。
打春一百(天),拿刀割麦。
蛤蟆打哇哇,四十天吃粑粑。
麦怕胎里旱,稻怕夹秋干。
清明泡稻,谷雨下秧。
清明要明,谷雨要晴。
清明晒死柳,窝窝头儿砸死狗。
小满不满,芒种不管。
芒种忙,乱打扬。
大暑前,小暑后,两暑中间种绿豆。
麦耙紧,豆耙松,秫秫耙的不透风。
头伏萝卜二伏菜,三伏里头种荞麦。
夏天戳破皮,强似冬天犁一犁。

① 颍上县地志办.颍上县志[M].合肥:黄山书社,1995.

有钱买种,无钱买苗。

夏至种黄豆,一天一夜扛榔头。

立秋三日遍地红。

立夏不下,停犁子竖耙。

夏至端午远,必定有一闪。

灌堡麦子渐渐瘦,稀泥糊里种黄豆。

灰里芝麻泥里豆。

黄豆开花,豆棵里养虾。

细收细打,颗粒还家。

庄稼一枝花,全靠粪当家。

扫帚响,粪堆长,卫生积肥两相当。

喂猪不赚钱,回头看看田。

化肥最重要,速效产量高。

好葫芦开好瓢,好种子出好苗。

种子年年选,产量年年高。

七十二行,庄稼上行。

科学种田,越种越甜。

紧打酒,慢打油。

外行不做,内行不丢。

门里出身,不会三分。

开过药铺打过铁,哪样生意都不热。

褒贬是买主,喝彩是闲人。

不怕不卖钱,就怕货不全。

不怕不识货,就怕货比货。

一分利吃饱饭,十分利饿坏人。

生意不成仁义在,言语不到生意不成。

和气生财。

清水六月。

保本吃利。

薄利多销。

锯响就有末。

千零不如一总。

漫天要价,就地还钱。

造林栽树,穷能变富。

现在人养林,日后林养人。

单丝不成线,孤树不成林。

栽一棵活一棵,树林里面有金窝。

到处绿葱葱,旱涝影无踪。

门前屋后,栽竹种树,防尘减害,又有致富。

家有千棵桐,子孙不受穷。家有千棵柳,不怕年成走。

响声一报告,地震就来到。

大震声发沉,小震声发尖。

房子东西摆,地震南北来。

高土墙、女儿墙,地震来先遭殃。

砖出檐,不牢靠,地震一来往下掉。土坯房,矮又巧,地震来了不易倒。

鸡在窝里闹,猪在院里跳,羊跑狗叫震要到。鸭不下水鸡上树,鱼儿受惊水面跳。

家有千贯,不如日进分文。

外头有个挣钱手,家里有个聚钱斗。

家贼难防,偷断屋梁。

只要心宽,不要屋宽。

三年不抽烟,省个大老犍。

只有算了吃,不要吃了算。

行要好伴,住要好邻。

吃不穷,穿不穷,算计不到也要穷。

不吃烟,不喝酒,身体健康钱在手。

有理走遍天下,无理寸步难行。

节约好比燕衔泥,浪费好比河决堤。

囤尖好省,囤底难省。

狗伸舌头你不做,鸡翘爪子你忍饿。

吃饭八成饱,到老身体好。

少吃多有味,多吃伤脾胃。

大蒜是个宝,常吃身体好。

精打细算,细水长流。
刀不磨要生锈,人不学必落后。

要想富,多喂兔。
要比种田,莫比过年。

二、皖北歇后语

(一) 宿州歇后语[①]

听评书落泪——替古人担忧
飞机上唱戏——唱高调
秃头的虱子——明摆着
肉包子打狗——有去无回
小葱拌豆腐——一清二白
蒜薹拌藕——有光棍有眼子
热锅上的蚂蚁——难熬
老鼠钻风箱——两头受气
老鼠拉木锨——大头在后边
猫哭耗子——假慈悲
耗子抵猫鼻梁骨——作死
黄鼠狼给鸡拜年——没安好心
鸭子吃蜗牛——食而不知其味
狗舔锅台——团团转
茶壶里煮饺子——肚里有货倒不出
癞蛤蟆想吃天鹅肉——痴心妄想
茅厕的石头——又臭又硬
豆腐掉到灰窝里——吹打不得
石膏点豆腐——一物降一物
周洋狗上山——找煤(霉)(周洋狗即烈山煤矿董事长周玉山)

疤癞眼照镜子——自找难看
螃蟹作揖——对夹(家)
大水淹了龙王庙——一家人不认识一家人
六个指头挠痒——多一道子
戴草帽子亲嘴——差一截子
老牛掉到枯井里——有力无处使
八仙过海——各显神通
哑巴吃黄连——有苦难言
哑巴吃扁食——心里有数
宿州的高跷——半截不是人
捋胡子过河——牵须(谦虚)过渡(度)
井底的蛤蟆——见不了多大的天
泥菩萨过江——自身难保
裁缝掉了剪子——净落尺(吃)了
瞎子点灯——白费蜡
打绳的摆手——到劲了
骆锅子上山——前(钱)心重
骑驴看书——走着瞧
聋子耳朵——摆设

[①] 宿州市地方志编纂委员会.宿州市志[M].上海:上海古籍出版社,1991.
宿县县志编纂办公室.宿县志[M].合肥:黄山书社,1988.
周道斌.宿县地区志[M].北京:中国人民大学出版社,1995.

枣核子解板——两锯（句）
十五只吊桶打水——七上八下
芝麻掉到针眼里——巧得很
擀面杖吹火——一窍不通
嘴上抹石灰——白说
快刀打豆腐——两面光
吃了秤砣——铁心了
吃了木炭——黑心了
乌龟垫床腿——硬撑
快刀斩乱麻——利落
卖梨膏糖的住高楼——熬上去了
猪八戒照镜子——里外不是人
猴子戴礼帽——假充人
隔靴搔痒——不着边际
狗撵耗子——多管闲事
木匠调线——睁一只眼闭一只眼
外甥打灯笼——照舅（旧）
姜太公钓鱼——愿者上钩
一枝红杏出墙来——对外开放
大姑娘坐花轿——头一回
墙头上的茅草——随风摆
狗咬尿泡——瞎喜欢
芝麻开花——节节高
兔子枕着狗腿睡——胆大妄为
叫花子打年鼓——穷开心、穷快活
吊死鬼抹粉——死要好看
八月的柿子——老来红
出窑的砖——定型了
高射炮打蚊子——大材小用
王佐断臂——留一手
抱着元宝跳河——舍命不舍财
矮子上楼——步步升高
没钱去赶集——闲逛
顺梢吃甘蔗——节节甜

老龙王搬家——离海（厉害）
马尾巴系豆腐——不能提
三十晚上盼月亮——没指望
下雨顶筛子——漏得匀乎
闺女穿娘的鞋——老样子
锅底下掏红芋——捡熟的摸
巷口扛竹竿——直来直往
程咬金三斧头——头三下子狠
狗吃糖稀——拖不断
狗咬狼——两怕
红辣萝卜——里（李）白
腊月的萝卜——冻（动）心
砍头狼喝烘柿——露不出鼻子眼
尿罐子打酒——不是盛酒的家伙
抱着木炭亲嘴——碰一鼻子灰
布袋里装菱角——里戳外捣
竹篾子攮狗——不是枪（腔）
狗皮贴在墙上——不是画（话）
脚底下踩电灯——明脚（名角）
担挑行李——两头兼顾
秃子买木梳——没的梳（说）
在大腿上诊脉——摸错了地方
裹脚布围嘴——臭一圈
一个指头和面——捣着吃
拉车跟个牛犊子——不使劲
年三十逮个鳖——有它也过年无它也过节
八月的核桃——满仁（人）
石板上栽花——不能活
大脚穿小鞋——前（钱）紧
叫花子牵猴——玩心不退
癞蛤蟆不咬人——样子难看
秃头上别簪子——撬（俏）皮
卖盆的不吆喝——敲缸

连边胡子吹喇叭——毛鼓（估）
黄鼠狼跑到磨道里——私充大尾巴驴
盐店失火——烧包
割草打兔子——带梢（捎）
卖凉粉的挑戏台——架子大
四十八两元宝——一锭（定）
癞蛤蟆打哈欠——口气不小
连鬓胡子吹喇叭——毛鼓（估）着
顶碓窝子唱戏——吃力不讨好
蒜薹调藕——光棍的光棍，眼子的眼子（光棍：体面的人，眼子：老实窝囊的人）
孟昭金和泥——做（揍）孩子头（孟昭金是宿县北部有名的扎纸匠）

车穿掉在井里头——眼子到底
黄桑峪掉皮榆——野檀（谈）
高滩的萝卜——里外青（清）
水湿麻绳——自紧
二月二的仓——各人围（为）的
漫地里拉石磙——改场（常）
裁缝丢了剪子——光落了尺（吃）了
（蜗牛）屋里牛戴纱帽——拧劲子带肉头
螺螺蛛（蜘蛛）的腚——夹（假）丝文
红芋秧子烤火——甜不唧的脸
十五里路不换肩——死抬杠
光着膀子扛秫秸——里外夹皮
盘子里倒猛子——不知深浅

（二）亳州歇后语[①]

大观楼失火——着板
一串钱掉在门槛子上——里外都是半吊子
大麻脸打喷嚏——全面洞（动）圆（员）
连鬓胡子吹喇叭——毛鼓（估）
老鼠钻到风箱里——两头受气
二桥口的生意——拦腰砍
老鼠尾巴上长疮——挤不出四两脓
掂着喇叭下乡——找事
剃头的扛铡——专做大活
剃头的拿锥子——各师傅各传授
乡里老头坐石磙——场（长）里看
秃子头上的虱子——明摆着
挑卖水的过河——满眼都是钱

眼上贴票子——认钱不认人
驴跟牛抵头——舍着脸上
棺材里伸手——死要钱
铁匠死了不闭眼——欠锤（捶）
连边胡子吃糖稀——满沾
老奶奶跳井——尖脚（坚决）到底
临死拿个花棒槌——玩心不退
七月的核桃——满仁（人）
一把柴火不拾——没啥可烧
二大娘的闺女——又远一门
土地爷放屁——神气
六辈子得个儿——七辈（齐备）了
木匠吊线——睁一只眼闭一只眼
罗锅腰上树——前（钱）紧
罗锅腰趟水——湿（失）脸

[①] 亳州市地方志编纂委员会.亳州市志[M].合肥：黄山书社，1996.

秆草捆老头——丢大人
失火挨板子——双晦气
蒜薹调藕——有光棍有眼子
肉汤子洗脸——荤（昏）头荤（昏）脑
豆腐掉到灰窝里——吹打不得
阴天洗衣裳——早晚是干
小二姐的裹脚——又臭又长
三洋枪打兔子——没有准
拽着胡子过河——牵须（谦虚）过渡（度）
癞蛤蟆爬到脚面子上——不咬人恶心人
泥巴狗子作阴天——翻上翻下
歪嘴子吹火——邪气

闺女穿娘的鞋——老样子
屙屎屙到鞋页巴上——不能提
粪池子冒沫——作到劲了
门神里头卷灶爷——画（话）里有画（话）
豆腐渣上船——不是好货
打绳的摆手——到劲了
疤痢眼照镜子——自找难看
老鼠啃书本——咬文嚼字
二月二的仓——各人围（为）的
寡妇领个赖孩子——免心焦
一口吃个鞋帮——心里有底
针尖对麦芒——刺对刺，尖对尖

（三）砀山歇后语①

裁缝丢了剪子——光落尺（吃）了
老牛掉到枯井里——有力无处使
擀面杖吹火——一窍不通
打绳的摆手——到劲了
上鞋的不用锥子——针（真）管
狗皮贴到南墙上——不像画（话）
肉包子打狗——有去无回
狗撵鸭子——呱呱叫
龙王爷搬家——离海（厉害）
豆腐渣贴门神——不粘板
豆腐渣上船——不是好货
口袋里装锥子——冒尖
口袋里装牛梭头——内里有弯
坐飞机吹喇叭——响（想）得高
吹喇叭的下乡——找事
八年的干姜——老味（比喻友谊浓厚）
老鼠钻到风箱里——两头受气
老鼠过街——人人喊打
凉水沏鸡蛋——上不来
吃馍不喝汤——干鼓肚
竹篮子打水——一场空
十五只吊桶打水——七上八下
外甥打灯笼——照舅（旧）
外甥打妗子——不讲舅（究）
八月里的核桃——满仁（人）
闺女身穿娘的鞋——老样
嘴上抹石灰——白说
卖凉粉的挑戏台——架子不小
小葱拌豆腐——一青（清）二白
蒜薹拌藕——有光棍、有眼子
黄鼠狼给鸡拜年——没安好心

---

① 砀山县地方志编纂委员会.砀山县志[M].北京:方志出版社,1996.

黄鼠狼生老鼠——一窝不如一窝

黄鼠狼衔油条——对色

黄鼠狼跑进磨道里——自充大尾巴驴

骑驴看唱本——走着瞧

驴给牛抵架——舍着脸上

打破沙锅——纹(问)到底

烟袋锅里炒芝麻——小打油

井里的蛤蟆——见不了多大天(比喻见识浅)

蛤蟆的耳朵——虚泡(炮)

癞蛤蟆垫桌子腿——死撑

茅厕里的石头——又臭又硬

高射炮打蚊子——大材小用

关门逮鸡——没大跑

兔子的尾巴——长不了

连腮胡子吹喇叭——毛鼓(估)

连腮胡子一天三光脸——你不让我露脸,我不让你露头

八仙过海——各显神通

棋盘上的小卒——能进不能退

一把柴火没有——烧啥(逞什么能的意思)

抱着元宝跳井——舍命不舍财

土地奶奶怀孕——鬼胎

豆腐掉进灰窝里——吹不得,打不得(比喻左右为难)

元旦撕日历——头一张

生产队长插地界——包产到户

导演不登台——幕后指挥

鸡子掉进油桶里——滑蛋(指责懒、刁滑的人)

猪八戒犁地——全凭嘴(指责光说不干活的人)

猪八戒照镜子——里外不是人

猪鼻子插葱——装象(相)

南天门的栝楼——悬蛋(悬虚的意思)

老公公背儿媳妇上泰山——累死落个扒灰头(出力不讨好的意思)

二月二的囤——各在人围(为)

哑巴吃扁食——心里有数

哑巴吃黄连——有苦难言

夜猫子(猫头鹰)入宅——没好事

做梦娶媳妇——想好事

一个指头和面——捣着吃(指责经常捣蛋闹事的人)

秃子打伞——无发(法)无天

秃子头上的虱子——明摆着

秃子买个木梳——没啥梳(说)

瞎子跟着秃子走——先明后不睁(争)

瞎子点灯——白费蜡(啦)

屎壳郎打喷嚏——满嘴喷粪(不说好话)

灶画卷门神——画(话)里有画(话)

扯着胡子过河——牵须(谦虚)过渡(度)

面条点灯——饭(犯)不着

秋蝉落地——哑了

疤眼照镜子——自找难看

灶王爷放屁——神气

磕一个头放两个屁——行善没有作恶多

裤裆里放屁——两岔去了

罗圈套鳖——园套园(没有变化的意思)

小孩吃泡泡糖——吞吞吐吐

小孩吃糖果——嚼(绝)了
保温瓶打炮——没胆了
萧何追韩信——连夜赶
失火挨板子——双倒霉
丈母娘的嫂子——大岳(约)母(摸)
孕妇抱孩子——里外有人
奶妈子抱孩子——人家的
黄连树上挂苦胆——苦上加苦
麻秸打狼——两害怕
打柴的下山——两头担薪(心)
黑碗蒜白子——一个窑的货
头上长疱脚板流脓——坏透了
被窝里划拳——没有外手
猫哭耗子——假慈悲
周瑜打黄盖——一个愿打,一个愿挨
要饭的搬家——穷倒弄

芝麻开花——节节高
卖梨膏的盖楼——得几年熬
半夜逮牛——不摸角(不了解情况)
姐妹俩出嫁——各人招乎各人的
泥菩萨过河——自身难保
文姬归汉——别胡来
戴草帽子亲嘴——差得远
老妈子跳井——尖(坚)脚(决)到底
淘井的吃饭——上来了
光腚猴打铁——偎不上摊子
丫环坐椅子——瞅空
正月十五贴门神——晚了半个月
倚着碑碣烤火——面熟
大水冲了龙王庙——一家人不认一家人
棉穗子掉进井里——线(现)透了

(四) 阜南歇后语①

周瑜打黄盖——愿打愿挨
蒜薹调藕菜——光棍的光棍,眼子的眼子
小葱拌豆腐——一清二白
大水淹了龙王庙——一家人不认一家人
船舱、垛底、屋旮旯——多着的
驴跟牛抵头——全凭脸抗
戴孝帽子走进棺屋里——自充近门
爷俩赶集——一大一小
过继过个孙子——不接气
拜罢天地去要饭——没过一天好日子
裁缝掉了剪子——光落个尺(吃)

铅笔刀子转圈——专找尖子
老水牛掉井里——有力无处使
十五个吊桶打水——七上八下
来客杀老鹳——无鸡(计)奈何
黄鼠狼给鸡拜年——不怀好心
红芋秧子勒腰——干了自断
寥野地里烤火——一面子热
肉包子打狗——有去无回
公公背着儿媳妇过河——吃力不讨好(累死落个扒灰头)
焦馍卷馓子——自身难保
三眼枪打兔子——没准
癞蛤蟆爬到鏊子上——烙(落)个肚
癞蛤蟆爬到脚面子上——不咬人,恶

---

① 阜南县地方志编纂委员会.阜南县志[M].合肥:黄山社,1997.

心人

豆腐渣上船——不是货

猪八戒背把烂套子——人没人，货没货

老灶爷上天——有啥说啥（好话多说，坏话少学）

蚂虾装进火筒子里——闷枪（腔）；捋胡子还带磨不开腰

茅缸里的石头——臭硬

张飞卖秤砣——人硬货硬

西瓜掉到油篓里——滑蛋

聋子耳朵——摆设

腰里绑扁担——横行

屋山上挂表——高钟（中）

坐飞机吹喇叭——响（想）得高

哑巴吃黄连——有苦说不出

哑巴吃扁食——心里有数

瞎子打灯笼——白费一支蜡

歪嘴子吹火——邪气

猴子不上树——多敲两褪子锣

关住门逮小鸡——多扑棱一会

隔住门缝子看人——把人看扁了

捂住耳朵摇铃——自哄自

龙王爷搬家——离海（厉害）

狗皮贴墙上——不是画（话）

骑驴看相书——走着瞧

狗咬刺猬——无处下牙

闺女穿她娘的鞋——老样子

麻包换草包——一袋（代）不如一袋（代）

屁股上挂镜子——照人家不照自己

天阴洗衣服——早晚都是干

二大娘的闺女——又一门子人

六辈子得个儿——七辈（齐备）了

刀打豆腐——两面光

豆腐掉到灰窝里——招不的，扫不的

中堂里面卷轴子（门神里面卷灶爷）——画（话）里有画（话）

连边胡子吹喇叭——毛鼓（估）着

扳倒树掏老鹊——干稳当事

外孙牵姥姥家的牛——对打舅（就）的

（五）阜阳歇后语①

小葱拌豆腐——一青二白

哑巴吃饺子——心里有数

猪八戒背把破被套——人没人，货没货

年三十打死个兔子——有它也过年，没它也过年

反贴门神——不对脸

三钱搁到两下里——一是一，二是二

老鼠钻到风箱里——两头受气

蒜瓣子顶门——头多不顶用

癞蛤蟆爬到脚面上——不咬人，刺挠人

出殡打和尚——不共下次

月亮跟着太阳走——借光

凉水蜕鸡——一毛不拔

鸡蛋掉到油篓里——滑蛋

鞋里长草——荒（慌）了脚

蒜薹调藕菜——光棍的光棍，眼子的

---

① 阜阳市地方志编纂委员会.阜阳市志[M].合肥：黄山书社，1993.

眼子
刮大风吃炒面——咋张开嘴来
扁担插进桥孔里——一来不敢担,二来担不起
老公公背儿媳妇过河——累死不落好
豆腐掉到灰窝里——吹不得,打不得
擀面杖吹火——一窍不通
枣核截板——两锯(句)
罗锅子腰上树——前(钱)紧

(六) 怀远歇后语①

老西门外的簸篮——外行
麻线拴豆腐——不能提
武大郎放风筝——出手不高
张飞卖刺猬——人强货扎手
竹篮打水——一场空
老鼠拉木锨——大头在后边
面条子点灯——饭(犯)不着
粪箕子扛场——没有笆斗(巴头)
老公公背儿媳妇过河——出力不过好
鸡蛋长爪子——连滚带爬
正月十五贴门神——晚了半月
秃子跟着月亮走——借光
黄狼给鸡拜年——没安好心
疤癞眼照镜子——当面难看
老太婆的裹脚布——又臭又长
驼锅子上山——前(钱)心重
老和尚娶亲——头一回
大闺女坐轿——头一次
送殡打和尚——不图下次
秃头上的虱子——明摆着
茅厕里的石头——又硬又臭
狗撵耗子——多管闲事
肉包子打狗——有去无回
哑巴吃黄连——有苦难言

哑巴吃饺子——心里有数
两个哑巴亲嘴——好的没法说
茶壶装饺子——有货倒不出来
洋鬼子看戏——傻眼
井里的蛤蟆——没见过天
黄瓜打锣——一锤子买卖
马嘴骡子卖个驴价钱——坏在嘴上
六个指头搔痒——多一道子
坐飞机吹喇叭——响(想)得高
腊月的萝卜——冻(动)心
借钱买藕吃——窟窿套窟窿
绣花枕头——一肚子草包
棺材里伸手——死要钱
老鼠钻进风箱里——两头受气
老猫衔个猪尿泡——空欢喜
二十一天不出壳——坏蛋
巷子里扛竹竿——直来直去
灶老爷上西天——有啥说啥
秃子打伞——无发(法)无天
拄着拐棍上淮南——捣煤(倒霉)
老和尚卖地——庙籍(妙极)
外甥打灯笼——照舅(旧)
瞎子打灯笼——白费蜡(啦)
聋子的耳朵——摆设
隔年的皇历——过时了

---

① 怀远县地方志编纂委员会.怀远县志[M].上海:上海社会科学院出版社,1990.

老虎吃蚂蚱——不搪牙
裁缝掉了剪子——就落尺（吃）啦
霉干菜炒腊肉——有盐（言）在先
塘里的泥鳅——翻不了大浪
老虎拉大车——没有赶（敢）的
老鼠给猫理胡须——小巴结
被窝里划拳——没插外手
豆腐渣上船——不是好货
老母猪拱豆秸——舍着脸上
小葱拌豆腐——一青二白（清清白白）
老鼠尾巴长疮——没有多少脓
出窑的砖头——定型
歪嘴吹火——邪气
十五只吊桶打水——七上八下
泥菩萨过河——自身难保
黄狼过（生）老鼠——一代不如一代
癞蛤蟆想吃天鹅肉——妄想
骑驴看唱本——走着瞧
擀面杖吹火——一窍不通
瞎子拍皮球——不见起
豆腐掉到灰窝里——吹不得打不得
芝麻开花——节节高
黄狼拉油条——对色
北瓜花炒鸡蛋——对色
摇绳的摆手——到劲
麻秸打狼——两怕
门缝看人——看扁了
连边胡子吹喇叭——毛鼓（估）
包脚布做围嘴——臭一圈子
麻袋厂失火——烧包
石榴树打棺材——横竖不够料
豆腐渣贴门对——不沾
豆腐渣炒藕菜——糊眼子

西瓜掉到油篓里——滑头滑脑
一脚踢死麒麟——不知贵贱
狗咬刺猬——难下口
狗喝糖稀——不断头
老牛掉到井里——有劲没法使
蚂虾带籽皮——外货
韭菜地里的香蒲子——配色
猪圈里的水牛——数他大
虾鳖子变蜻蜓——一步登大
头上长疮脚底下流脓——从头坏到脚后跟
羊头钻进篱笆里——进退两难
老鹰叨斧头——云里雾里砍
狗撵鸭子——呱呱叫
癞蛤蟆垫床腿——死撑
绱鞋不用锥子——针（真）管
针尖对麦芒——尖对尖
麻袋里装菱角——里戳外捣
床底下放风筝——不见起
嘴上抹石灰——白说
狗皮贴墙上——不像画（话）
怀远的果子——石榴（十六）
做梦娶媳妇——尽想好事
罗锅腰栽跟头——两头不落实
瞎子赶集——目中无人
黄狼跑到磨道里——假充大尾巴驴
穆桂英破天门阵——阵阵到
外祖母不生男孩——没舅（救）
老龙王搬家——离海（厉害）
蚂蚱打喷嚏——小意思
丈母娘嫂子——大岳母（约摸）
四两棉花两张弓——没有弹（谈）相
土地老爷坐到水盆里——快活散了
腊月生的——冻（动）手动脚

一口吃二十五只老鼠——百爪挠心
抓钩剃头——两路
独眼龙赶考——一眼(言)难尽(进)

癞猴子搔痒——后手不随
老公鸡戴眼镜——面子窄
头枕茅缸睡——离屎(死)不远了

(七) 界首歇后语[①]

界首集的南门——有个大义(界首集的南门称大义门)
陶庄湖起雾——现城(成)
戴眼镜榷辣椒——破着烹(澎)
曹寺的石榴——没核(孩)
外甥牵老娘的牛——弄舅(就)里
螃蟹的大腿——老夹(家)
狗咬弹棉花的——弓(公)捣(道)挚
狗吃豆腐脑——衔(闲)不住
荞麦皮打浆子——不沾板
唱戏人的胡子——假的
光屁股小孩坐凳子——有板有眼
花米团子掉在水里头——滋润透了(舒服自在)
堂屋里挂狗皮——啥画(话)
老公鸡头上的肉——大小是个冠(官)
麻棵里发水——活沤
拄着棍子下瓜园——捣殃(秧)子
李双双哭丈夫——没喜旺(希望)了
哑巴进庙门——多磕头少说话
络腮胡子吹喇叭——毛鼓着来
外甥打灯笼——照舅(旧)
闺女穿她娘的鞋——照老样子来
横扛扁担走路——揽得宽
脊梁上背茄子——有外心啦
小磨子上天——转到云彩眼里去了

刮大风啖炒面——咋张开嘴
黄鼠狼吃鹞鹰子——光想云彩眼里事
老太婆纺花——慢慢上劲
猫哭耗子——假慈悲
三眼枪打兔子——没有准
漫地里烤火——一面子热
卖布不带尺——存心不量(良)
两口子拜年——没那话
烟袋锅炒芝麻——小打油
一两面熬锅饭——不稠(愁)
火星爷的耳巴子——热手(耳巴子指手掌)
大腊月吵架——冷言冷语
竹竿园里羊叫唤——别住角拉
麦杆子吹火——小气(器)
保温瓶的塞子——堵气
卖草帽的喊卖鞋——头上一句,脚上一句
仨钱买个吕洞宾——别把神仙看轻了
吃甜秫秸上楼——步步高,节节甜
网兜子兜子猪——蹄爪都露出来了
大闺女瞧新媳妇——有一来一往
小秃头上的虱子——明摆着哩
打绳的摆手——到劲了
卖凉粉的挑戏台——架子大

---

① 界首市地方志编纂委员会.界首县志[M].合肥:黄山书社,1995.

刘道云吃肥皂——足用（刘道云进城,误认肥皂为糕点,吃罢,问其够否,刘答足用）

中堂里边卷对子——画（话）中有画

（话）

王湖的鱼——一水子货

曹庄萝卜——干辣

新媳妇不上车——讲轿（究）

（八）利辛歇后语①

王瘸子腿——就已了（语出老阎集区有一瘸子姓王,其瘸腿成了不治之症。喻事无可挽救。）

姜老票梳头——软拖（语出阚疃集商店店员姜老票,头发稀疏可数,但喜梳来梳去。喻办事磨蹭拖延。）

"鸭爪子"的狗——烧得不轻（语出阚疃集有一个外号叫"鸭爪子"的人,家中失火,狗被烧伤。喻硬充光棍穷烧包。）

穆成勋贩大烟——临到家扒了岔（语出民国时期阚疃集南穆庄穆成勋从几百里外贩鸦片,一路平安,临到家被阚疃集国民党驻军查获枪毙。喻办事功亏一篑。）

瞎木羔看钟点——差不多远了（语出阚疃集有个外号叫"瞎木羔"的人,被聘为校工,不识钟点,上下课打铃老是时间不准。校长问他什么时间了,他说"大针长点,小针短点,差不多远了"。喻不懂装懂,自以为是。）

板集的老先生——冒充（语出民国年间,板集有一吹烟的人,自称"老先生"。集上读书人耻其下贱,以称"老先生"为辱。喻斯文不可冒充。）

（九）临泉歇后语②

老王的麦酵——就这个味儿
魏二迷唱戏——有板有眼
锅底下扒红芋——拣熟的
咸肉炒腊菜——有言在先
肉包子砸狗——有去无回
蚂蚱不咬蚰子——一块地里虫
蒜薹调藕——有光棍,有眼子
秃子打伞——无法无天
秃子头上的虱——明摆着

秃子后头跟个瞎子——先明后不争
哑巴吃黄连——有苦说不出
哑巴吃饺子——心里有数
噘嘴骡子卖不上驴价钱——吃嘴上的亏
老鼠拉木锨——大头在后边
闺女穿她姥姥的鞋——老样子
月亮跟着日头走——借光
正月十五贴门神——晚了半月

---

① 利辛县地方志编纂委员会.利辛县志[M].合肥:黄山书社,1995.

② 临泉县地方志编纂委员会.临泉县志[M].合肥:黄山书社,1994.

门神里头卷灶爷——话里有话
画匠不给神作揖——各人知道各人里
布袋里装牛梭——里头有弯弯
擀面杖吹火——一窍不通
面条子点灯——犯不着
豆腐掉到灰窝里——吹不里,打不里
石头掉到粪缸里——又臭又硬
西瓜掉到油篓里——大滑蛋
扁担插到桥孔里——担不起
刮大风不掉帽子——拧劲头
刮大风喃炒面——难张口
枣核子截板——没几句
老母猪拱柴垛——全仗着脸皮厚
罗锅腰上树——钱缺
杉木栀子盖猪圈——大材小用
聋子的耳朵——外摆
细粉掉到河里——瓢条
割肉割个猪妈——饶头
癞蛤蟆趴到鳌子上——鼓着肚子撑
老公鸡念文章——极有意思
瞎子拍皮球——不见起
老和尚拜天地——头一回
潦地里拴（牛）缏——外行
腿夹拉里插杠子——自抬自
荞麦皮打糯子——不粘
砍一斧头锯一锯——不对茬口
戴着斗笠亲嘴——差一帽檐子
抱着棍推磨——不要套
六个指头搔痒——多一道子
扳倒树掏老鸹——干稳当的
龙王爷搬家——厉害
卖糖稀的盖楼——熬起来的

小车子上墙——寻着落耳（自讨没趣）
小秃摘帽子——头一名
包脚布子围嘴——臭一圈儿
大水淹了龙王庙——一家人不认一家人
石碾对屁股——常在一块儿
歪嘴吹火——邪气
棒槌拉胡琴——粗来
弓槌赶烙馍——心里厚
捞住胡子上金殿——谦虚
泥菩萨过河——自身难保
客屋里挂狗皮——不像话
猪八戒照镜子——自找难看
络腮胡子吹喇叭——毛鼓着
瞎子打灯笼——白费了
临死打呵闪——瞎张嘴
屁股扎签子——个人为的
狗咬弹花里——公道
孔夫子的徒弟——闲人
张飞卖秤砣——人硬货硬
骑驴看唱本——走着瞧
马尾系豆腐——不能提
木匠戴枷——自作自受
打场不带耢石——光棍
兔子尾巴——长不了
狗咬狼——两怕
哨棒掉在粪缸里——文不能文,武不能武
高射炮打蚊子——没准儿
光着屁股撵狼——胆大不知羞
鞋里长草——荒了脚
碓嘴掉到磨眼里——实在实里

附录 皖北谚语、歇后语辑录

（十）灵璧歇后语[①]

矮子踩高跷——取长补短
矮子上山——步步登高
八月里的石榴——红透了
八月里的天气——一会晴,一会阴
疤癞眼照镜子——自找难看
霸王别姬——迫不得已
半夜里生孩子——亥（害）人
裤子改围嘴子——臭一圈子
白玉秧子烤火——甜不唧的脸
扁担上睡觉——翻不了身
菜园里的辘轳——任人摆布
曹操的心——多疑
草帽子烂顶——露头了
吃腊条屙牛笼嘴子——肚里编的
吃屎的狗——离不开茅厕
刀子嘴豆腐心——假厉害
电话总机——耳听八方
独眼龙赶考——一眼（言）难进（尽）
断线的风筝——下落不明
董永娶七仙女——喜从天降
二十一天不出鸡——坏蛋
公鸡头上长肉块——大小是个官（官）
狗进茅厕——闻（文）进闻（文）出
狗咬叫花子——畜生欺人
罐子打掉耳——别提了
光腚扛秫秸——里外夹皮
过河拆桥——不顾后人
和尚的木鱼子——挨打货
孙悟空登基——非人君主

后娘打孩子——暗中使劲
黄狼子趴在磨碾上——死充大尾巴驴
黄连树下吹笛子——苦中求乐
饥饿虱子——死叮
见兔子撒鹰——稳剋着
贱价买老驴——自夸骑（其）得
脚脖子拴绳——拉倒
井里打锣——有圆音（原因）
老奶奶学绣花——老来发愤
老母猪衔烧火棍——一嘴胡柴
老牛掉井里——有劲使不上
老式窗户——条条框框多
梁头底下柱子——暗使劲
聋子开收音机——充而（耳）不闻
路旁吃甜瓜——甩种
罗锅上山——前（钱）心重
蚂蚁拖蚂蚱——齐心合力
麻袋片子绣花——底子差
媒人的话——两头瞒
庙里的菩萨——木雕泥塑
庙台上长草——荒（慌）了神
木匠的刨子——好管不平的地方
浴池里捣猛子——不知深浅
墙壁上挂门帘——没门
荞麦面包饺子——皮黑心里好
三斤半鸭子二斤半嘴——就凭嘴了
三九天穿单衣——抖起来了
三九天穿裙子——美丽动（冻）人
石灰泥墙——表面光

[①] 秦隆兴.灵璧县志[M].杭州:浙江人民出版社,1990.

宋江的军师——吴(无)用
塑料制花——常开不谢
抬着棺材上战场——拼了
铁棒制针——全靠磨工
头上顶孩子——举人
兔子拉车——连蹦带跳
问客杀鸡——不是真心实意
包公断案——六亲不认
屋里挂钟馗——辟邪
屋檐下的溜溜——根子在上头
下雨不打伞——淋(临)着你了

香炉前打喷嚏——碰了一鼻子灰
鞋子没了底——脚踏实地
兄弟分家财——便宜不出外
秀才的钱褡子——书袋(呆)子
牙缝里剔肉——解不了馋
哑巴结婚——喜不可言
羊群里跑出驴来——就显你个子大
一分钱掰成两半花——会过日子
张果老倒骑驴——只向后看
钟馗改行——不管邪事
钟馗开饭馆——鬼不敢上门

(十一) 蒙城歇后语[①]

剃头掂铡刀——大干(倒)
枣核子解板——两锯(句)
三两棉花四张弓——细弹(谈)
脚脖子拴绳——拉倒
西瓜掉进油篓里——滑头
墙头上栽菜——难浇(交)
老龙王搬家——离海(厉害)
八月里的核桃——满仁(人)
一把柴火没有——烧啥
笼嘴子里蒸馍——撒气
连鬓胡子吹喇叭——毛鼓(估)
上鞋的不用锥子——针(真)管
盲人掉鞋——哪摸去
狗舔磨盘——团团转
墙上贴狗皮——不像画(话)
老鼠钻牛角——到头了
狗头上安角——出羊(洋)相
床底下放风筝——不见起
拄着拐棍上炭窑——找煤(霉)捣

半夜起来搂石磙——一头热
买张鏊子没有腿——砖(专)等着
吃荆条屙粪筐——肚里编
蚂蚁尿尿——见湿(识)不深
凉水煺鸡——一毛不拔
狗吃糖稀——拖拖不断
光腚束腰带——多一道道
怀里揣牛角——内里有弯
细粉炒豆芽——里戳外拐
纸糊的窗户——一戳就破
口传的家书——言而无信
盲人逛大街——目中无人
坐轿耍跟头——不识抬举
上山滚石头——石(实)打石(实)的
三九天不戴帽——冻(动动)脑筋
笼嘴子里点灯——心明眼亮
猪八戒吃酒糟——酒足饭饱
歪嘴骡子卖个驴价钱——坏在嘴上

[①] 蒙城县地方志编纂委员会.蒙城县志[M].合肥:黄山书社,1994.

拉屎屙个弹棉锤——进退两难
砍一斧头锯一锯——茬口不对
抱着元宝跳井——舍命不舍财
对着窗口吹喇叭——鸣(名)声在外

(十二) 泗县歇后语[①]

裁缝去掉剪子——光落尺(吃)了
屎壳郎打哈哈——张开臭嘴
烟袋窝里炒芝麻——小抠油
睡棺里搽粉——死要好看
老鼠给猫捋胡子——小巴结
顽皮人遇上短路(劫道的)的——人多没有动手的
四眼狗不咬人——怪吓唬人
鬼迷张天师——有法无处施
文姬归汉——别胡来
一枝红杏出墙来——对外开放
卖糖人树高楼——吹的
洋城湖上雾——西现城(极现成)
千里马拉车——大材小用
疤眼照镜子——自找难看
六指挠痒——快活加一
夜明珠长腿——活宝
黄鼠狼钻磨套——自充大尾巴驴
猫咬猪尿泡——瞎欢喜
借账买藕吃——窟窿套窟窿
十五里路不换肩——死抬杠
箩筐捉鳖——圆套圆(鼋)
狗皮挂在山墙上——不像画(话)
老山锣鼓——各打各的(喻各干各的)

癞蛤蟆爬在脚面上——不咬人怪麻煞人
老牛掉到枯井里——有力无处使
外奶奶的鞋——老样子
阴天脱土块——坏坯子
磕一个头放两个屁——行好没有作恶多
失火打板子——双晦气
屎壳郎搬家——滚蛋
蝎子掉在磨眼里——有一蜇有一挨
捋胡子过河——牵须过渡(谦虚过度)
孔明哭周瑜——要买人心
塑神匠不给神磕头——知道底的
连边胡子吹喇叭——毛鼓(估)
扳倒树摸老鸹——干稳当事
丈母娘嫂子——大岳母(大约摸)
独眼龙赶考——一眼难进(一言难尽)
二斤半的鲤鱼——巧个
二大娘的闺女——远一门子
阴天没柴火——有什么可烧的
王小盖猪圈——一心面朝南
蚂虾顶门——瞎撑劲

(十三) 濉溪歇后语[②]

① 泗县地方志编纂委员会.泗县志[M].杭州:浙江人民出版社,1989.
② 濉溪县地方志编纂委员会.濉溪县志[M].上海:上海社会科学院出版社,1988.

拉车跟个牛犊子——不使劲
秃子买木梳——没梳（说）的
凉水煺鸡——一毛不拔
癞蛤蟆不咬人——样难看
闺女穿她娘的鞋——老样
秃子头上别簪子——撬（俏）皮
黑碗蒜臼子（家庭用具）——一窑的货
兔子枕着狗腿睡——胆大
下雨顶筛子——漏得匀
八月的核桃——满仁（人）
屎壳郎（虫类）推车——滚蛋
麻脸照镜子——个人观点
墙头的茅草——顺风摆
没钱赶集——闲逛
顺梢吃甘蔗——节节甜
厕所里的石头——臭而硬
出窑的砖头——定型
大腿上诊脉——选错了地方
唱书的掉泪——替古人担忧
狗舔磨台——团团转
茶壶里装饺子——有嘴倒不出
鸭子吃蜗牛——食而不知其味
要饭的牵猴——玩心不退
裁缝掉了剪子——光落尺（吃）
泥菩萨过河——自身难保
连边胡子吹喇叭——毛鼓（估）
老鼠拉木锨——大头在后头
砍头郎喝烘柿——不露鼻脸
卖盆的不吆喝——敲缸
老鼠钻风箱——两头受气
快刀打豆腐——两面光
嘴抹石灰——白说
龙王搬家——离海（厉害）

卖梨膏的盖楼——熬的
马尾巴系豆腐——不能提
秫秸篾子攮狗——不是枪（腔）
王佐断臂——留一手
八月的柿子——老来红
抱着元宝跳井——舍命不舍财
狗吃糖稀——拖拉不断
狗咬骆驼——不沾耳
猫咬尿泡——瞎喜欢
豆腐掉到灰窝里——吹打不得
隔着靴子抓痒——不切实际
三月栽薯四月挖——急不可待
热锅上的蚂蚁——团团转
外甥打灯笼——照舅（旧）
大脚穿小鞋——前（钱）紧
木匠调线——一眼睁一眼合
快刀斩乱麻——利落
三十晚上盼月亮——没指望
石膏点豆腐——一物降一物
石板上栽花——难活
枣核解板——两锯（句）
螃蟹作揖——对夹
打绳的摆手——到劲
裹脚布围嘴——臭一圈
腊月的萝卜——冻（动）心
瞎子点灯——白费蜡
哑巴吃扁食——心中有数
哑巴吃黄连——有苦难言
聋子的耳朵——摆设
骑驴看书——走着瞧
骆鼓腰上山——前（钱）心重
秃子头上的虱子——明摆着
盐店失火——烧包
银行失火——燎了钱

237

老牛掉进枯井里——有力无处使　　一个指头和面——捣捣戳戳

（十四）太和歇后语[①]

周瑜当当——穷督都（嘟嘟）
张飞卖秤砣——人硬货也硬
猪八戒背个炭篓子——人没人，货没货
黄鼠狼衔个油果（油条）——对色
黄鼠狼生老鼠——一代不如一代
老鼠钻进风箱里——中间挨板，两头受气
石榴树上挂烧买——对撮

竹竿园里羊叫唤——别住角啦
驴跟牛抵头——舍着脸上
火柴盒脱坯——没大材料
小小虫（麻雀）衔个老豆虫——光看肥，咽不下去
泼嘴老鸹站树梢——恶鸣（名）在外
屎壳郎撑屁——扑空
陈老锡拾豆子——装穷

注：陈老锡家有百顷田，是太和首富。一次他在村后官路上发现地上撒一些豆子，认为踩了可惜，便蹲下去一个个拣起来，被认识他的人看见了，就留下这个歇后语。

巴老清吃肥皂——一块足够

注：巴老清即巴清光，太和著名塾师。他为人老实迂阔，他的朋友和他开玩笑，说某官请他吃饭，服务人员先送上洗脸水和一块香皂，他没见过香皂，误认为是食品，就勉强吃了。等服务人员再进来时，发现香皂没了，便又取一块送来，巴老清忙道谢说："一块足够。"此事纯属虚构，但传扬甚广。

王老和点主——糟、糟、糟

注：点主是旧社会一种隆重的丧仪。请本地有功名、有声望的人担任"点主官"，任务只是在写好的神牌上加个红点，使原来的"×××之神王"变为"……神主"。境北王老和被请为点主官，临场时，看到两旁站满礼宾，阶前跪满孝子，唢呐吹奏，围观如堵，精神紧张起来，他把点子点到王字旁边去了，使王字成了"玉"字。点后即便发觉，脱口说出"糟、糟、糟！"来。逐传为笑柄。至今县西北一带人在事情不妙，甚至打牌没起好时，还常用这个歇后语。

李老资的头——齐来

注：齐，方言有做"截断"用。李老资即李资贤，哥老会首领之一。哥老会起义失败，他被砍头。这句话常做"齐备"用。

王坟的棋杆——不值（直）

注：张阁乡王姓老坟旧有一对旗杆，因受水渍，有一根歪斜了，成了当地买物论价的歇后语。

[①] 太和县地方志编纂委员会.太和县志[M].合肥：黄山书社，1993.

饶家的功名——没有一文

注：境西饶姓，在清朝中后期出了许多举人、进士，但都是武科，当地人称为"没有一文(科)"。

史老逸的队伍——平拥(读翁)

注：太和方言把"拥"作"推"用，如"把墙'拥倒'"。平拥，形容人多势大，齐扑而来。史老逸即史逸宁，革命老干部。解放战争中，他成立一支武工队，作战勇敢，士顽闻风丧胆。故群众有此赞语。

（十五）涡阳歇后语[①]

一两棉花一张弓——慢弹慢弹（漫谈）
一根筷子叨藕菜——找眼子钻
一人一面镜子——各自对照
一把柴火不拾——没啥可烧
一个指头和面——捣捣戳戳
二亩地点一颗豆子——太信种
二斤半的鲤鱼——离它不成席
二大娘的闺女——远一门
七个端子打油——掂（颠）三倒四
八十年的干姜——老味
土地爷放屁——神气
小猪仔抢食——吃里爬外
六辈子得儿——七辈（齐备）了
刀打豆腐——两面光
小米跑到锅盖上——熬出来了
门神里卷灶爷——画（话）里有画（话）
王小二的磨——有眼无珠
木工吊线——睁一只眼闭一只眼
打场不带捞石——光滚（光棍）
失火挨板子——双晦气
对着镜子作揖——自己恭维自己

老鼠啃书本——咬文嚼字
阎王爷贴布告——鬼话连篇
年三十晾衣服——今年不干明年干
肉汤子洗脸——荤（昏）头荤（昏）脑
连边胡子吹喇叭——毛鼓（估）
豆腐渣上船——不是好货
扳倒树掏老鹳——干牢稳事儿
吹着尘土找裂缝——有意寻错
拉着胡子上船——牵须（谦虚）过渡（度）
买个兔子不剥头——留着面子
卖狗皮膏药出身——哄死人不偿命
泥巴狗子（泥鳅）作阴天——上下乱翻花
卖花圈的咬牙——恨人不死
歪嘴子吹火——一股斜（邪）气
闺女穿她娘的鞋——老样子
剃头的拍手——完了
隔着门缝看戏——看的没有听的多
豆腐掉到灰窝里——吹打不得
笼嘴子蒸馍——撒气
麻绳捆豆腐——不能提
粪池里冒泡——作到劲了

[①] 涡阳县地方志编纂委员会.涡阳县志[M].合肥：黄山书社，1989.

磕一个头放两个屁——行好没有作
　　恶的多
摔锅卖铁——自找吃亏

糊涂官断案——原告被告都担心
癞蛤蟆爬到脚面上——不咬人恶
　　心人

（十六）五河歇后语①

螃蟹横行——各有各的路径
螃蟹作揖——对夹子了
年三十晚上杀个鳖——有它过年，无
　　它过节
老鹰拴在鳖爪上——飞也飞不动，爬
　　也爬不动
癞蛤蟆躲端午——躲一时是一时
老鹰叼斧头——云里雾里砍
鸭子吃秤锤——跌咧嘴了

公鸡拉屎——一个头
蚂蚱吃秋秋——顺杆子溜
麻秸打狼——二下里害怕
磨拉撵鸡——多绕几道子
狗咬刺猬——没处下牙
过河拆桥——不留后路
借钱买藕——窟窿套窟窿
王洪王洪——郭四郭四（各事各事）

注：王洪，本县二铺人，清末为新疆巴里坤镇台。郭四（即郭宝昌），本县郭府人，清末为安徽寿春镇总兵。这句歇后语意为两个人，不是一回事。

（十七）萧县歇后语②

圣泉寺的水——喝一梆子
徐州不集——常市（事）
王淦打井——不出炭（舒坦）
　　（王淦，清末萧城人，在花甲寺开煤
　　窑因无法排水而停办）
买个鏊子没有腿——砖（专）等着
二月二的摺子——各人围（为）的
黑碗蒜臼子——一个窑的货
亲娘晚妗子——想起一阵子
关门打妗子——不讲舅（究）
小孩屙床——挪挪窝
半夜逮牛——不摸角
黄杨木刻宝盒——是正经木头
蚂虾炒韭（九）菜——十样还有鱼

（余）
漫地里拉石磙——改场（常）
胳肢窝夹茄子——有外心
裁缝丢了剪子——光剩尺（吃）啦
老鼠趴在屋脊上——活兽（受）
棉穗子上天——活线（现）
打柴人下山——两头担薪（心）
八月的核桃——满仁（人）
漫地里烤火——一面子热
水湿麻绳——自紧
绳匠摆手——到劲
狗咬鸭子——呱呱叫
楼上学瓦工——高抹
烟袋窝炒芝麻——小打油

---

① 五河县地方志编纂委员会.五河县志[M].杭州：浙江人民出版社，1992.
② 萧县地方志编纂委员会.萧县志[M].北京：中国人民大学出版社，1988.

扎纸匠不给神磕头——找清底的
兔子枕着狗腿睡——胆子不小
麻杆子打狼——两头害怕
屎壳郎推小车——滚蛋

狗皮贴到南墙上——不像画(话)
啄木鸟叨石碌——全仗嘴硬
被窝里划拳——没有外手
屙屎攥皮锤——使横劲

(十八) 颖上歇后语[①]

连面胡子吹喇叭——毛估谱
张箩筛的拍屁股——崩圈了
开茶馆的卖炊子——燎(了)不起
对着窗口吹喇叭——鸣(名)声在外
绱鞋不用锥子——针(真)好
秃头打伞——无发(法)无天
剃头的使锥子——各师傅各传授
剃头的扛铡——做大活的
竹篮子打水——落场空
西瓜掉到油篓里——大滑蛋
黄鼠狼给鸡拜年——不怀好心
一个手指头和面——戳戳捣捣
肉包子打狗——有去无回
卖棺材的咬牙——恨人不死
嘴上抹石灰——白讲
骑着驴看书——走着瞧
黄鼠狼生老鼠——一代不如一代

老和尚看着嫁妆哭——今生休想
兔子枕着狗腿睡——胆子大
听书的掉泪——替古人担忧
仨钱买个吕洞宾——把神仙看轻了
吃荆条屙粪箕——肚里编的
六指子扤痒——多一道了
瞎子放驴——撒不得手
狗皮贴到山墙上——不像画(话)
黄鼠狼吃油条——一顺色
乌龟打二踢——拙手笨脚
肚脐眼冒烟——腰(妖)气
迎风喃炒面——张不开嘴
扶着锄把撒尿——冲(充)棍
云彩眼里的绣鞋——不是凡脚(角)
瞎子拍皮球——不见起
一脚踢死麒麟——不知贵贱

① 颖上县地志办.颖上县志[M].合肥:黄山书社,1995.

参考文献

[1] 曲彦斌.中国民俗语言学[M].上海:上海文艺出版社,1996.
[2] 陈克.中国语言民俗[M].天津:天津人民出版社,1993.
[3] 谭汝为.民俗文化语汇[M].天津:天津古籍出版社,2004.
[4] 黄涛.语言民俗与中国文化[M].北京:人民出版社,2002.
[5] 丁剑.安徽掌故[M].合肥:黄山书社,1990.
[6] 萧遥天.中国人名的研究[M].北京:新世界出版社,2007.
[7] 杨芳.汉语谚语与汉文化[M].哈尔滨:哈尔滨出版社,2001.
[8] 倪祥和,乐玲华.汉语论集[M].合肥:安徽大学出版社,2014.
[9] 胡习之.汉语语言学及应用语言学研究[M].兰州:甘肃人民出版社,2006.
[10] 胡习之.语言交际美学[M].北京:中国文联出版社,2000.
[11] 胡习之.核心修辞学[M].北京:中国社会科学出版社,2014.
[12] 高群.修辞论稿[M].合肥:黄山书社,2012.
[13] 冷学人.江湖隐语行话的神秘世界[M].石家庄:河北人民出版社,1991.
[14] 钟敬文.民俗学概论[M].上海:上海文艺出版社,1998.
[15] 武文主.中国民俗学古典文献辑论[M].北京:民族出版社,2006.
[16] 雪涅.阜阳十八怪[M].北京:团结出版社,1996.
[17] 《话说宿州》编写组.话说宿州[M].合肥:安徽人民出版社,2006.
[18] 李良玉.阜阳历史文化概观[M].合肥:黄山书社,1998.
[19] 张宁,等.阜阳通史[M].合肥:黄山书社,1998.
[20] 梁家贵.皖北文化研究集刊:第三辑[M].合肥:黄山书社,2012.
[21] 胡利华.蒙城方言研究[M].合肥:合肥工业大学出版社,2011.
[22] 徐红梅.皖北方言词汇研究[D].广州:暨南大学,2003.
[23] 吴晓红.安徽颍上方言语法研究[D].南宁:广西大学,2006.
[24] 丁婷婷.淮北方言语音研究[D].上海:上海师范大学,2012.
[25] 岳刚.安徽五河方言语法研究[D].上海:上海师范大学,2010.

[26] 许丹荔.阜阳市地名的语言文化研究[D].合肥:安徽大学,2013.
[27] 孟庆惠.安徽省志·方言志[M].北京:方志出版社,1997.
[28] 阜阳市地方志编纂委员会.阜阳市志[M].合肥:黄山书社,1993.
[29] 阜阳县地方志编纂委员会.阜阳县志[M].合肥:黄山书社,1994.
[30] 阜阳市地方志编纂委员会.阜阳地区志[M].北京:方志出版社,1996.
[31] 凤台县地方志编纂委员会.凤台县志[M].合肥:黄山书社,1996.
[32] 临泉县地方志编纂委员会.临泉县志[M].合肥:黄山书社,1994.
[33] 阜南县地方志编纂委员会.阜南县志[M].合肥:黄山书社,1997.
[34] 颍上县地志办.颍上县志[M].合肥:黄山书社,1995.
[35] 太和县地方志编纂委员会.太和县志[M].合肥:黄山书社,1993.
[36] 界首县地方志编纂委员会.界首县志[M].合肥:黄山书社,1995.
[37] 亳州市地方志编纂委员会.亳州市志[M].合肥:黄山书社,1996.
[38] 蒙城县地方志编纂委员会.蒙城县志[M].合肥:黄山书社,1994.
[39] 涡阳县地方志编纂委员会.涡阳县志[M].合肥:黄山书社,1989.
[40] 利辛县地方志编纂委员会.利辛县志[M].合肥:黄山书社,1995.
[41] 周道斌.宿县地区志[M].北京:中国人民大学出版社,1995.
[42] 宿州市地方志编纂委员会.宿州市志[M].上海:上海古籍出版社,1991.
[43] 宿县县志编纂办公室.宿县志[M].合肥:黄山书社,1988.
[44] 秦隆兴.灵璧县志[M].杭州:浙江人民出版社,1990.
[45] 泗县地方志编纂委员会.泗县志[M].杭州:浙江人民出版社,1989.
[46] 砀山县地方志编纂委员会.砀山县志[M].北京:方志出版社,1996.
[47] 萧县地方志编纂委员会.萧县志[M].北京:中国人民大学出版社,1988.
[48] 淮北市地方志编纂委员会.淮北市志[M].北京:方志出版社,1999.
[49] 濉溪县地方志编纂委员会.濉溪县志[M].上海:上海社会科学院出版社,1988.
[50] 蚌埠市地方志编纂委员会.蚌埠市志[M].北京:方志出版社,1995.
[51] 怀远县地方志编纂委员会.怀远县志[M].上海:上海社会科学院出版社,1990.
[52] 五河县地方志编纂委员会.五河县志[M].杭州:浙江人民出版社,1992.
[53] 固镇县地方志编纂委员会.固镇县志[M].北京:中国城市出版社,1992.

后 记

"民俗语言"是"民俗语言文化"的泛称,包含了民俗语言与民俗语言现象两种形态。就民俗语言学学科意义下的民俗语言研究来说,国内外的研究时间并不长。

20世纪初,捷克斯洛伐克曾组建一个名为"民俗语言科学学会"的团体,并出版《民俗语言科学学会年报》。20世纪60年代以来,国际上社会语言学研究十分活跃。社会语言学深受早期文化人类学方法的影响,即注重语言与民俗的固有联系。曾任职美国社会科学研究院语言学委员会的戴尔·海姆斯于1974年出版《社会语言学基础:一种民俗学的研究》,就表明了社会语言学遵循的其实就是一种民俗语言学的方法这一观点。

从我国现代学术史来看,在"五四"时期有了民俗学与语言学的初步结合。从20世纪80年代开始,国内部分学者就民俗语言中的民间隐语行话、咒语、禁忌语、称谓、俗语、口彩等进行了一系列研究,出版了《中国民俗语言学》《民俗文化语汇》《语言民俗与中国文化》等著作,取得了一定的成绩,但针对皖北民俗语言的专门研究很少而且不成系统。因此我们于2009年底申报了安徽省教育厅人文社会科学重点研究基地重点研究项目——皖北民俗语言研究,2010年该项目获批(批准号为2010sk328zd)。本书即为该项目的最终成果。

皖北地区幅员辽阔,民俗语言文化丰富多彩,本书只能选择其中的一部分内容,尝试着运用民俗语言学的理论、方法,从民俗学、语言学、文化学等角度进行一些探索,企望通过皖北民俗语言在共时轴线探求皖北地区人民历史的物质、精神文化的底蕴。

本书很多语料来自皖北地区现当代相关志书,参考并引用了一些学者、时贤的论述与资料,在此向相关志书的编撰者,向有关学者、时贤致谢。

高　群　胡习之
2017年5月17日